Ang Lee Seifert / Theodor Seifert
Intuition – die innere Stimme

Ang Lee Seifert / Theodor Seifert

Intuition –
die innere Stimme

Walter

Bibliografische Information der Deutschen Bibliothek

Die Deutsche Bibliothek verzeichnet diese Publikation in der
Deutschen Nationalbibliografie; detaillierte bibliografische Daten
sind im Internet unter http://dnb.ddb.de abrufbar.

© 2006 Patmos Verlag GmbH & Co. KG
Walter Verlag, Düsseldorf
Alle Rechte vorbehalten.
Druck und Bindung: Clausen & Bosse, Leck
ISBN 3-530-42204-5
www.patmos.de

Inhalt

■ Danke

Wir danken unseren Freunden und Kollegen herzlich für ihre zuverlässige und hilfreiche Unterstützung bei der Arbeit an diesem Buch.
Besonders kompetent und gleichsam als Herzensanliegen gab uns
Dr. Klaus-Uwe Adam viele wichtige Hinweise. Ebenso wertvolle Lite-
raturempfehlungen bekamen wir von Dr. Lutz Müller. Ihr umfangreiches Fachwissen stellten uns Prof. Dr. Wolfgang Hofsommer sowie
Prof. Dr. Dr. Hinderk M. Emrich und Dipl.-Psych. Heiko Ernst mit
viel Engagement für dieses Thema zur Verfügung. Dipl.-Theol. Paul
Schmidt und Prof. Dr. Ralf Bolle sowie Dr. Konstantin Rößler über-
ließen uns freundlicherweise entsprechendes Anschauungsmaterial
und Dipl.-Betriebswirt Wilfried Sigloch inspirierte uns bei der Titel-
findung des Buches. Hilfreich war für uns auch Marlies Melson, die
sehr sorgfältig die Druckfahnen las.

Die Lektorin vom Walter Verlag, Dr. Christiane Neuen, überarbei-
tete mit viel Gespür für dieses Thema unser Manuskript. Und in Frau
Dr. Mathilde Fischer fanden wir – wieder einmal – eine kompetente,
richtungweisende Lektorin.

Nicht zuletzt danken wir auch unseren Klientinnen und Klienten,
die uns vertrauensvoll ihre eigenen Erlebnisse überlassen haben.

■ Einleitung

Das Merkwürdige an der Intuition ist: Wir kennen sie alle, die meisten Menschen verfügen über entsprechende Erlebnisse. Doch scheint etwas Unwirkliches mit ihr einherzugehen, denn wie kann es sein, dass wir solche Dinge wissen oder vorausahnen, die wir eigentlich nicht wissen können? So hat die Intuition manchmal auch etwas Beängstigendes, weil sie Räume öffnet und Zugänge ermöglicht, die mit dem gewohnten logischen Denken nicht erreichbar sind. Das ist die paradoxe Situation: Wir wissen um entsprechende Phänomene, im Grunde sind wir froh, dass es sie gibt, wir mögen sie aber nicht so recht ernst nehmen, werten sie ab. Es ist, als sei es uns peinlich, dass wir über die Fähigkeit der Intuition verfügen, als ob wir damit »komisch« wirken und nicht mehr als rational und vernünftig gelten. Am ehesten kann man die Intuition mit der Fähigkeit des Ahnens vergleichen.

Die Intuition ist eine Methode der Erkenntnisgewinnung: Wir sind in der Lage, zu wichtigen, für das praktische Leben entscheidenden Erkenntnissen zu gelangen, wenn wir uns ihrer bedienen und uns dieser Fähigkeit vor allem bewusst werden. Mit der Intuition können wir ebenfalls sehr rasch eine Gesamtsituation erfassen, was nicht ginge, wenn wir die einzelnen zugänglichen Beobachtungen nur miteinander vergleichen und logisch aufeinander abstimmen wollten. Von daher ist es klar, dass es sich beim intuitiven Erkennen um eine intellektuell-emotionale Erfassung eines Gegenstandes oder Vorganges handelt, welche die logische Analyse nicht außer Kraft setzt, ihr aber in vieler Hinsicht vorgeordnet ist und vor allem viel schneller abläuft, als es mit dem Denken möglich wäre. Dies erleben wir besonders im Straßenverkehr, wenn wir plötzlich ein Überholmanöver abbrechen, weil wir »das Gefühl haben«, es könnte uns ein anderes Auto entgegenkommen, obwohl die Straße im Augenblick noch frei ist. Sehr häufig bestätigt sich dieser Eindruck und wir sind froh, einen unter Umständen folgenschweren Unfall vermieden zu haben. Wie wenig wir allerdings mit der Intuition vertraut sind, zeigt die Alltagssprache, in der wir zur Beschreibung dieser Erlebnisse häufig das Wort »Gefühl« oder auch »Instinkt« verwenden. (Kapitel 1)

Wir werfen in diesem Buch viele spannende Fragen auf und beantworten sie so weit wie möglich. In jedem Fall steht fest, dass die Intuition zur Freiheit führt bzw. Freiheit beansprucht. Von Seiten der Neuro-Wissenschaften liegen schon bedeutende Ergebnisse vor, die wir in Verbindung mit anderen aktuellen Konzepten zur Intuition darstellen. (Kapitel 2)

Verfolgt man die Wirkungen der Intuition, so muss man in ihr eine wichtige psychische Fähigkeit, ja Kraft sehen, die besonders in der Psychoanalyse, hier vor allem von C.G. Jung, aber auch Eric Berne ausgearbeitet wurden. (Kapitel 3)

Die Intuition ist eng mit dem Unbewussten verbunden – wir finden sie in Träumen, Imaginationen und Synchronizitäten. Auch ihr Spiel in der Weisheits- und Orakellehre ist spannend, deshalb lassen wir uns auf das Phänomen des Channeling ein und schauen, wie erstaunlicherweise auch die Engel auf den Schwingen der Intuition wieder in unsere seelischen Räume einkehren. (Kapitel 4)

Die Intuition ist eine zuverlässige Begleiterin »vom Seelengrund zur Geisteshöhe«. Sie begleitet Mystikerinnen und Mystiker aller Kulturen und Religionen auf dem Weg zu Weisheit und Erleuchtung. (Kapitel 5)

Dass die Intuition in menschlichen Beziehungen, auch in geschäftlichen Angelegenheiten und vor allem in der Liebe eine entscheidende Rolle spielt, dürfte nicht verwundern. Vielleicht ist es gerade in der Liebe der Pfeil des Gottes Eros, der die Intuition in Gang setzt und zwei Menschen zueinander führt. In persönlichen, beruflichen und nachbarschaftlichen Beziehungen sowie in unseren Freundschaften ist es oft entscheidend, das rechte Wort zur rechten

Zeit zu finden – dabei hilft uns ein plötzlich auftretender intuitiver Gedanke. Nicht selten sind wir erstaunt, dass uns in bestimmten Situationen dieses oder jenes einfällt, obwohl wir überhaupt nicht darauf vorbereitet waren. Es sind genau die Ideen und Worte, welche die Situation klären oder den Konflikt lösen. Woher dieses Wissen kommt? Aus dem ganzheitlichen Erfassen einer Situation und dem unmittelbaren Gewahrwerden des Sachverhaltes in seinem inneren Wesen. Dies ist dann mit dem Gefühl von Gewissheit und Evidenz verbunden.

In der Psychotherapie hat man gelernt, dass die besten Ergebnisse in vielen Situationen dadurch erreicht werden können, dass die Psychotherapeutin oder der Psychotherapeut in einem Zustand der »gleichschwebenden Aufmerksamkeit« zuhört, um auf diese Weise Zugang zu unbewussten Zusammenhängen der Psyche – sowohl der des Patienten und der Patientin als auch seiner eigenen. Es ist der Intuition zu verdanken, dass Ärztinnen und Therapeuten ahnen, wie sich eine Situation entwickeln kann, was für die Patientin oder den Patienten gut ist, was ihrer oder seiner Zukunft dient. (Kapitel 6)

Wie die vielfältigen Beispiele zeigen, verfügt jeder Mensch über die Möglichkeit und Fähigkeit der Intuition. Kann man sie auch erlernen? Auch darauf gehen wir im Einzelnen ein. Voraussetzung dafür ist allerdings, dass man die Angst vor dem Unbekannten überwinden und sich diesen Phänomenen öffnen muss. (Kapitel 7)

Mit diesem Buch zeigen wir, über welch wunderbare und wichtige Fähigkeit der Mensch mit der Intuition verfügt, wie sie ihm hilft, das Leben zu bestehen und zur rechten Zeit das Rechte zu tun. Entscheidend ist dazu, für die ganzheitliche Schau der Intuition offen zu sein, sich auf sie einzulassen und ihr zu vertrauen, um in seinem Handeln sicher zu werden.

*»Dies ist das heilige Ziel meiner Wünsche und meiner Tätigkeit –
dies, dass ich in unserem Zeitalter die Keime wecke,
die in einem künftigen reifen werden.«*

(Friedrich Hölderlin in einem Brief
an seinen Bruder Karl, September 1793)

Kapitel 1

Wissen ohne zu wissen: das Phänomen der Intuition

■ »Ich wusste es!« – Intuition und Alltag

Eine Frau, die im Berufsverkehr zur Rushhour auf der linken Spur der Autobahn fährt, denkt noch über das anregende Gespräch nach, das sie vor einer halben Stunde mit ihrer Kollegin hatte. Sie achtet nicht besonders auf den Verkehr, schließlich fährt sie schon seit Jahren beinahe täglich diese Strecke. Sie fährt überhaupt gerne und gut mit ihrem Auto, das ihr zur »äußeren Haut« geworden ist. Auf einmal geht ihr durch den Kopf, dass sie bremsen sollte. Sie vergewissert sich schnell, ob der hinter ihr fahrende Wagen ihr diese Möglichkeit lässt, was glücklicherweise der Fall ist, und tritt zwei-, dreimal erst leicht auf die Bremse, um zu signalisieren, was sie vorhat. Und dann muss sie auch schon stark bremsen, weil plötzlich, ohne den Blinker zu setzen, das vor ihr fahrende Fahrzeug von der rechten auf die linke Seite wechselt und sich direkt vor ihren Wagen setzt. Es passiert zum Glück nichts, denn die Frau hat dieses Manöver »vorhergesehen«. Wie war das möglich? Was hat sie wahrgenommen? Nichts, was äußerlich sichtbar gewesen wäre – kein Umschauen des Fahrers vorne, kein allmähliches Herausfahren, das er vorher signalisiert hätte. Einfach nichts. Und doch hatte sie »gewusst«, dass es passieren würde – einfach so. Ihre Intuition hat sie gewarnt.

Wahrscheinlich gibt es viele Autofahrer und -fahrerinnen, die solche Situationen kennen, sie schon ein oder mehrere Male erlebt haben.

Im Grunde sind sie Autofahreralltag. Und doch sind sie etwas Besonderes: eine Fähigkeit, sich zu schützen, irgendwie ein »Frühwarnsystem«. Wir nennen dies Intuition.

Hier ist eine andere Autogeschichte, die vielleicht auch einige Menschen – so oder ähnlich – aus eigenem Erleben kennen:

Eine Frau fährt morgens mit dem Auto zur Arbeit und plötzlich denkt sie – sie weiß nicht, warum –, dass sie schon lange keinen Schaden mehr am Auto hatte. Sie führt dies auf ihr umsichtiges Fahren zurück und ist ganz stolz darauf. Nach Feierabend, am späten Nachmittag desselben Tages, will sie noch einkaufen gehen und sucht deshalb ein großes Parkhaus mitten in der Stadt auf. Natürlich sind in den unteren Etagen alle Plätze belegt und sie fährt, langsam nach links und rechts spähend, ob nicht doch irgendwo noch ein Platz frei ist, weiter nach oben. Da sieht sie – drei, vier Autos weiter vorne –, dass bei einem Wagen die Rückfahrscheinwerfer aufleuchten. Sie verringert ihr schon sehr langsames Tempo, setzt den Blinker nach rechts und hält an, um denjenigen, der ihr einen Platz freigibt, herausfahren zu lassen. Sie steht schon ca. zwei bis drei Sekunden, da wird ihr Auto plötzlich von hinten stark erschüttert: Der ihr nachfolgende Fahrer hat offenbar übersehen, dass sie angehalten hatte, und ist mit ziemlichem Tempo auf ihre hintere Stoßstange aufgefahren. Nun muss ihr Auto – nach vielen unfallfreien Jahren – in die Werkstatt. Sie erinnert sich an den entsprechenden überraschenden Gedanken am Morgen bei der Fahrt zur Arbeit. »Mir ist plötzlich richtig unheimlich zumute gewesen«, sagt sie, als sie von dem Vorfall erzählt.

Ihre Intuition hat ihr vorausgesagt, dass etwas mit ihrem Auto passieren würde. Dieses Vorauswissen aber ist der jungen Frau nicht geheuer. Kann die Intuition also auch erschrecken? Menschen, die sich noch nicht mit dieser Fähigkeit, die in ihnen schlummert, auseinander gesetzt haben, neigen dazu, irritiert und ängstlich auf sie zu reagieren. Für sie kann es hilfreich sein, die Art, wie sich ihnen die Intuition mitteilt, näher kennen zu lernen.

Eine weitere Intuitionsgeschichte, die eigentlich ebenso »alltäglich« ist, wenn man sich mit diesem Phänomen mehr beschäftigt:

Ein Mann, der allein lebt, bringt seine Kleidungsstücke gelegentlich in eine chemische Reinigung, vergisst jedoch meistens, sie nach der angegebenen Zeit wieder abzuholen. Erst wenn er eine bestimmte Hose anziehen will, bemerkt er, dass sie nicht im Schrank hängt. Vor einiger Zeit hatte er einen großen Posten seiner Kleidung zur Reinigung gebracht. Eines Morgens – er ist noch gar nicht richtig wach – blitzt der Gedanke in seinem Kopf auf: »Ich muss unbedingt meine Sachen aus der Reinigung holen!« Auf dem Weg zum Büro fährt er zuerst dorthin und die Frau hinter der Theke sagt zu ihm: »Da haben Sie aber Glück gehabt! Morgen schließen wir für drei Wochen, wir machen Urlaub.« Der junge Mann ist sehr dankbar für seinen morgendlichen Einfall, denn am Wochenende ist er zu einer Hochzeit eingeladen – da wollte er seinen guten Anzug, der in der Reinigung war, anziehen.

Hier betätigte sich die Intuition nicht als Frühwarnsystem, wie im Fall der Frau auf der Autobahn, doch sie erwies sich als nützliche Helferin. Das ist doch auch etwas!

Es gibt jedoch noch viel unglaublichere Geschichten, in denen die Intuition die Hauptrolle spielt – wie diese hier:

Ein Mann und eine Frau – sie sind Arbeitskollegen – haben sich heftig ineinander verliebt. Der Mann ist allerdings verheiratet und hat Kinder. An einem Samstag, ein paar Tage nach ihrer ersten intimen Begegnung, will sich die Frau mit einer Freundin in einem beliebten Einkaufszentrum der Stadt zum »Shoppen« treffen. Die beiden hatten sich am Tag zuvor zu einer bestimmten Zeit verabredet. Als die Frau sich nun auf den Weg machen will und ihren Mantel anzieht, wird ihr plötzlich ganz heiß und es »schießt ihr durch den Kopf« (so bezeichnet sie es hinterher): »Ich darf da jetzt nicht hingehen!« Sie kennt solche blitzartigen Eingebungen von sich, weiß, dass sie ihnen vertrauen kann. Deswegen hängt sie ihren Mantel zurück in den Schrank, ruft ihre Freundin an und sagt die Verabredung unter dem Vorwand, sie habe schreckliche Kopfschmerzen, kurzerhand ab. Sie legt sich aufs Bett und fällt eigenartigerweise sofort in einen kurzen, tiefen Schlaf. Später wacht sie mit einem Gefühl tiefer, aber auch wohliger Erschöpfung auf und verbringt den Nachmittag mit einem

Buch in ihrer Wohnung. Sie weiß, dass dieses Erlebnis etwas mit dem geliebten Mann zu tun hat.

Am Montag treffen sich die beiden wieder und er erzählt ihr, noch ganz aufgeregt: »Stell dir vor, was mir passiert ist: Ich war am Samstagmittag mit meiner Frau und den Kindern im Einkaufszentrum. Plötzlich wurde mir sehr heiß und ich hatte ganz stark das Gefühl, dass du jeden Moment um die Ecke kommen und vor uns stehen könntest. Du warst mir so nahe, es war, als wärst du tatsächlich da gewesen.« Daraufhin erzählt sie ihm ihr Erlebnis, das genau in der Minute geschah, als er sie so stark spürte.

Die beiden sind durch ein tiefes Wissen, das nicht mit dem rationalen Verstand zu erfassen ist, miteinander verbunden. Auch dieses Wissen ist Intuition, die man als Fähigkeit zur Wahrnehmung von Sinnzusammenhängen definieren kann. Diese Fähigkeit ist in jedem von uns angelegt, doch nicht immer finden wir Zugang zu ihr. Bei manchen Menschen ist sie ausgeprägter als bei anderen und im Stadium der Verliebtheit, vor allem in ihren Anfängen und wenn sie heftig ist, kann man solche Intuitionen erleben.

Leider scheuen sich manche Menschen aus Angst, mit ihnen könnte etwas nicht stimmen – »Vielleicht bin ich verrückt!« –, über solche Erlebnisse zu sprechen. Nein, sie sind nicht verrückt. Im Gegenteil. Die Intuition ist eine ganz natürliche Fähigkeit, die sich entwickelt hat, um den Menschen vor einer Gefahr zu warnen – weil sie sehr viel schneller als das kausale Denken arbeitet – oder um ihm eine Orientierung zu geben, wie wir es in den beschriebenen Beispielen gesehen haben.

In einem Zeitungsinterview mit Bruno Baumann, der als erster Mensch die Wüste Gobi im Alleingang durchquert hat, fanden wir folgende anschauliche Beschreibung der Intuition:

»Was macht die Wüste mit Ihnen?

Wenn ich aufbreche, bin ich ein Macher, ein Organisator. Ich versuche alles zu planen, alles zu bedenken. Aber genau mit dieser Einstellung riskierst du, in der Wüste den Verstand zu verlieren. Welche Ziele kannst du dir setzen, wo doch der Sand bis zum Horizont reicht und dahinter weitergeht? Wo eine Düne nach der anderen kommt? Du musst abschalten, nicht mehr vorausdenken. Du musst Gehen als Daseinsform begreifen, dann kommen dir fantastische Gedanken.

Und da denken Sie dann an …?

… früheste Kindheitserlebnisse zum Beispiel, die längst in meinem Gedächtnis verschüttet waren. Und dabei wird mir bewusst, dass der Mensch nicht nur den Verstand als Wissensquelle besitzt. Tief in uns drin ist auch so eine Art Bauchwissen, eine Intuition, die uns im Alltag nicht mehr zugänglich ist. Ich stand in der Wüste oft vor Entscheidungen, die Leben oder Tod bedeuten konnten: Gehe ich auf der Suche nach Wasser rechts um diese Düne herum oder links? Aus dem Bauch heraus habe ich richtig entschieden – und habe Wasser gefunden an einem Ort, an dem es eigentlich keines geben dürfte.«[1]

Hier ist das Wesen der Intuition geschildert, wie es eindrücklicher kaum möglich ist. Die Intuition führt den Betreffenden, sie erzählt ihm die Geschichten seiner Kindheit neu und sorgt für sein Überleben. Kann man von einer guten Freundin mehr erwarten?

Eine Art von Vorsorge seitens der Intuition erlebte auch eine Frau in einer Autobahnraststätte. Sie erzählt:

»Mein Mann und ich waren zu einem Kongress unterwegs. Nach vier Stunden Autobahnfahrt legten wir eine Pause ein und ich bestellte mir an der Theke einer Raststätte einen Cappuccino. An dieselbe Theke kam kurz nach meiner Bestellung ein Mann und rief der Kellnerin zu: ›Mir bitte auch einen Cappuccino – einen großen!‹ Oh, dachte ich, eigentlich hätte ich auch gerne einen großen. Doch da die Kellnerin schon mit der Zubereitung des Kaffees beschäftigt war, äußerte ich meinen Wunsch nicht mehr. Kurz darauf brachte sie mir einen – großen! – Cappuccino. Offenbar hatte ihre Intuition zu meinem nicht ausgesprochenen Wunsch eine Beziehung hergestellt – ohne dass wir beide davon wussten – und mir nach der anstrengenden Autofahrt einen großen Kaffee zugestanden.«

Die Intuition kann also fürsorglich sein wie eine Mutter. Einer unserer besten Freunde ist ein ausgesprochen intuitiver Mensch. Oft fragen wir ihn: »Woher weißt du das?« Jedes Mal antwortet er – lachend, weil er weiß, dass wir es wissen: »Das sagt mir meine Intuition.«

Wenn er uns in München vom Bahnhof abholt – er steht immer pünktlich am entsprechenden Gleis –, fährt er stets eine andere Strecke zu seiner Wohnung. Wieder fragen wir ihn: »Wieso fährst du nicht die gleiche Strecke wie das letzte Mal?« »Weil ich weiß, dass wir so heute am schnellsten durchkommen.« Wir standen mit ihm wirklich niemals in einem Stau oder gerieten in ein Verkehrschaos, weder zu günstigen noch zu ungünstigen Tageszeiten, weder vom Bahnhof zu seiner Wohnung noch von seiner Wohnung zum Bahnhof.

Dass der Anzeiger seines Tanks im Auto oft auf Null steht, daran haben wir uns gewöhnt. Und wir haben uns abgewöhnt, ihn darauf aufmerksam zu machen. Denn seine Erklärung ist: »Ich weiß. Doch für diese Fahrt reicht das Benzin noch.« Woher er das weiß? Siehe oben.

In seinem Arbeitszimmer steht ein sehr großer Schreibtisch, der eigentlich nicht so heißen dürfte, denn zum Schreiben ist an ihm kein Platz. Er ist nämlich nicht nur mit allen möglichen Papieren, Büchern (die keinen Platz mehr in den voll gestopften Regalen gefunden haben), Musikkassetten und CDs bedeckt – nein, all dies liegt dort übereinander geschichtet. Das Ganze ist ein einziges Chaos. Doch das ist nicht weiter schlimm, denn wenn es beispielsweise darum geht, den Namen oder die Adresse eines bestimmten Menschen ausfindig zu machen, dann meint unser Freund: »Moment! Ich hatte das doch auf einem Zettel notiert ...« Er greift zielsicher in den Papierhaufen auf dem Tisch und zieht – jedes Mal wieder zu unserer Überraschung – ein winziges Stück Papier hervor, auf dem das Gesuchte steht. Wir schauen uns dann meist vielsagend an und unterdrücken die Frage: »Woher weißt du ...?«

Was ist sein »Geheimnis«? Es ist ganz sicher die Intuition. Unser Freund ist kein Genie, doch die schöpferische Kraft, die auch Künstler auszeichnete, wirkt ebenfalls in ihm. Wir wissen nicht, wo die

Intuition die Inhalte hernimmt, die sie – manchen Menschen mehr, manchen weniger – zur Verfügung stellt. Dass sie aber aus einem unendlich großen Reservoir schöpft, können wir immer wieder erleben.

Was intuitive Menschen auszeichnet, vor allem wenn sie extravertiert – nach außen gerichtet – sind, ist die Leichtigkeit, mit der sie Gegenwärtiges in die Zukunft tragen. Niemals bleibt der intuitive Mensch in der Vergangenheit stecken, denn das Neue, noch nicht Sichtbare, das auch scheinbar noch nicht zu wissen ist, zieht ihn nach vorne. Er oder sie kann gar nicht anders. Da ist immer das Wittern des noch nicht Bekannten, da lockt schon der Duft der geöffneten Rose, wenn sie noch eine verschlossene Knospe ist.

Sehr beeindruckt hat uns ein Experiment, das in der Neurobiologie durchgeführt wurde:

In einem bildgebenden Verfahren wurden Probandinnen und Probanden drei verschiedene Bilder gezeigt: eine schöne Blume, eine erotische Szene, ein wildes Tier. Die am Kopf der Probanden angebrachten Elektroden maßen die Höhe der Erregungskurve, die beim Betrachten der Bilder im Gehirn ausgelöst wurde. Die der Blume lag im mittleren, die der erotischen Szene – wen verwundert das? – schnellte steil in die Höhe und die des Tieres blieb im unteren Bereich. Soweit war nichts besonders Spektakuläres an dieser Untersuchung.

Doch dann kam ein anderer Wissenschaftler auf die Idee, die Daten dieser Untersuchung genauer anzuschauen. Er wollte wissen, wie die Ausgangslage der drei Kurven war. Die Probanden hatten nicht gewusst, welches Bild sie erwartete, also müssten alle drei Linien zu Beginn die gleiche Ausgangsposition aufweisen. Doch da gab es eine Überraschung: Die Linie, die beim Anblick der erotischen Szene in die Höhe schnellte, war schon zu Beginn die höchste Linie, die der Blume die zweithöchste und die des Tieres lag auch hier im unteren Bereich.

Ohne also zu wissen, was sie erwartete, hatte sich das Gehirn der Probanden von Anfang an intuitiv auf das eingestellt, was erst nachher bekannt wurde.

Gibt es ein besseres Beispiel dafür, dass die Intuition einfach vorhanden ist? Wir werden im Laufe unserer Ausführungen noch zeigen, dass die Intuition immer gegenwärtig ist – ob wir sie nun wahrnehmen oder nicht.

Die Intuition taucht in mancherlei Gestalt auf, sie hat viele verschiedene Gesichter. Sie kann sich als »Frühwarnsystem« betätigen; sie kann am Morgen schon einmal darauf hinweisen, was am Abend geschehen wird; sie passt auf, dass ein Mann die passende Kleidung für eine Hochzeit im Schrank hängen hat; sie mischt sich in eine Liebesbeziehung ein und steuert die betreffenden Personen so, dass diese sich nicht unversehens in einer misslichen Lage befinden; sie weist Wüstenwanderern den Weg zum Wasser; sie steuert das Leben von Menschen derart, dass diese ihre ganze Kreativität entfalten können; ja, sie sorgt selbst für einen großen Cappuccino, wenn dieser gebraucht wird. Sie ist wie eine gute Freundin, eine fürsorgliche Mutter oder wie ein warnender Vater. Sie lockt und zieht Menschen, die sich ihr anvertrauen, in die Zukunft, in das Neue, noch Unbekannte hinein, sie macht das Leben an- und aufregend, auch sicher und leicht. Und vor allem: Sie fördert das, was uns Menschen von anderen Lebewesen unterscheidet: Bewusstheit und Kreativität.

Aber die Intuition hat auch andere Seiten, die wir nicht mögen. So wie sie für kreative Menschen förderlich ist, kann sie auch kriminelle Energie unterstützen. Einbrecher z. B. verfügen über ein »sicheres Gespür«, wo und wann sie bei ihren Beutezügen nicht überrascht werden. Kinder mit guten intuitiven Fähigkeiten werden von skrupellosen Gangstern gerne als Taschendiebe eingesetzt. Auch Betrüger, die alte, gutgläubige Menschen oder allein lebende Personen unter windigen Vorwänden um viel Geld erleichtern, setzen ihr intuitive Kreativität dafür ein. Manipulationen in wirtschaftlichen und politischen Zusammenhängen gehen häufig auf das Konto der Intuition. Gerade bei hohen und riskanten Geldgeschäften spielt die Intuition *die* entscheidende Rolle.

Die Intuition wirkt nicht nur bei intelligenten oder gebildeten Personen. Sie kann bei geistig ganz einfach strukturierten Menschen genauso erscheinen wie bei den verstandesmäßig gut organisierten.

Manchmal sieht es so aus, als würden die unkomplizierten Menschen besonders häufig von der Intuition ergriffen. Bei manchen wimmelt es nur so von intuitiven Einfällen, obwohl sie auf Grund ihrer geringen Schulbildung mit überaus einfachen Tätigkeiten beschäftigt sind. Sie erspähen vieles im Voraus, ahnen alles Mögliche und Unmögliche. Oft leben sie ganz vergnügt vor sich hin und wundern sich meistens auch nicht über ihre antizipatorischen Fähigkeiten. Im Gegenteil, sie nehmen diese gelassen als Gegebenheit hin, manchmal auch als »Geschenk des Himmels«. Überall gibt es Menschen, die mit ihren Intuitionen Geschäfte – oft dubioser Art – machen, wie »die Zukunft vorhersagen«, »aus der Hand lesen« usw. Viele haben sich diesen »Segnungen« schon ausgesetzt und sind in der Tat überrascht und beeindruckt von dem, was sich später als richtig herausstellte. Der ganze Bereich der Parapsychologie und der Spukgeschichten gehört dazu, aber hier können wir nicht näher darauf eingehen.

In diesem Zusammenhang ist wichtig zu wissen: Die Intuition bewertet nicht. Sie ist frei, einfach da – in jedem Menschen angelegt – und kümmert sich nicht darum, wie mit ihr umgegangen wird. Die Werte und Maßstäbe muss der Mensch setzen. Ihm bleibt es überlassen, wie er mit dieser Gabe, über die er verfügen kann, wenn er sie bewusst erlebt, umgeht, was er daraus macht.

So hatten schon die Griechen des Altertums einen Gott für die Intuition. Es war Hermes, Sohn des Zeus und der Nymphe Maia. Es heißt, dass er sehr bald seine Wiege verließ und von Anfang an auf Abenteuer und lustige Streiche aus war. Weil er am liebsten da und dort umherzog, gab sein Vater ihm einen Zauberstab und geflügelte Schuhe. Er musste aber auch, um etwas Ernsthaftes zu leisten, die Toten ins Totenreich geleiten. Darüber hinaus wurde er der Patron für Wanderer und Kaufleute – denn diese brauchen eine gut funktionierende Intuition. Da er in seiner Kindheit seinem Bruder Apollon einige Kühe stahl und sich anderweitige Schelmereien ausdachte, machten ihn auch die Diebe zu ihrem Schutzherrn. Im Lateinischen hieß er später »Merkur«, wie der schnelle Planet am Himmel, der im Geburtshoroskop für die Begabung des Handels und der Geldgeschäfte zuständig sein soll.

Die Intuition ist also keineswegs ein Merkmal unserer Zeit und auch nicht eines optimal entwickelten Verstandes. So wie sie wertunabhängig ist, erweist sie sich als zeit- und bedingungslos.

■ Eins mit den Dingen: die Intuition der frühen Menschheit

Die Intuition wird von vielen Menschen heute wiederentdeckt – vielleicht weil es gerade die Zeit ist, in der man besonderes Geschick braucht, um sich in der Welt zurechtzufinden. Doch sie war schon immer da. Als geistige, von der Materie unabhängige Funktion bot sie den Menschen auf ihrer Suche nach Orientierung in dieser Welt eine umfassende Hilfe an. Das diskursive Denken, das die Dinge erst in ihre Teile zerlegt, um sie dann wieder zu einem neuen Ganzen zusammenzufügen, beherrschten die Menschen in der Frühzeit noch nicht. Es blieb einem späteren Entwicklungsabschnitt des Bewusstseins vorbehalten. Diese zerlegende Art des Denkens ist allerdings auch heute nicht allen Menschen eigen, denn dazu bedarf es einer entsprechenden Schulung. In den Ausbildungsstätten der westlichen Welt, der Industrienationen, ist das diskursive Denken eine Selbstverständlichkeit. Aber in Ländern, in denen andere Kulturwerte herrschen, in denen andere Dinge wichtig sind, die wir vielleicht für unsinnig oder rückständig halten – wir sollten uns dieser Werturteile möglichst enthalten –, ist auch heute noch eher die Intuition für die Orientierung der Menschen bedeutungsvoll.

Der französische Philosoph und Ethnologe Lucien Lévy-Bruhl hat sich in der ersten Hälfte des vergangenen Jahrhunderts mit dem Unterschied zwischen dem Denken der sog.»Naturvölker« und dem der industrialisierten Nationen auseinander gesetzt. Er bezeichnete das Denken der »Naturvölker« als »prälogisch«.

Die Bewusstseinsentwicklung des Menschen erfolgt in verschiedenen Entwicklungsschritten: Bei Kindern ist da zunächst eine Vorstellung, die dem archaischen Weltbild entspricht, dann folgt die animistisch-magische Anschauung, darauf die mythische, die schon eine gewisse Ordnung beinhaltet, und der Erwachsene verfügt schließlich über unser bekanntes wissenschaftlich-rationales Denken: »Was ist das, wie heißt das, wie sieht es aus, wie baut es sich auf, was ist, wenn ich es auseinander nehme, lässt es sich wieder vollständig zusammensetzen?«

Den Völkern, die noch sehr verbunden mit der sie umgebenden Natur sind, ist diese Art des Denkens fremd. Im Gegensatz zu unseren Kindern, die mit etwa sieben Jahren in die Schulen gehen, haben sie den letzten Entwicklungsschritt vom »primitiven« oder »prälogischen« zum diskursiven Denken nicht mitvollzogen. Warum nicht?

Lévy-Bruhl beschreibt es so: »Sich in den Gedankengang eines Melanesiers zu versetzen [...] ist nicht leicht. [...] Er ist fast immer unfähig, logisch zu denken. Was er nicht unmittelbar durch die Wahrnehmung seiner Sinne erfasst, ist für ihn Zauberei oder eine magische Handlung; darüber länger nachzudenken, wäre eine ganz unnötige Arbeit.«[2]

Man könnte die Melanesier geradezu beneiden wegen ihrer Scheu über alles Mögliche nachzudenken, wenn es doch genügt, sich dem sinnlich Erfahrbaren zuzuwenden. Vielleicht wollen sie sich das Leben einfach nur leicht machen – oder fehlt es ihnen an Verstand? Lévy-Bruhl hat bezweifelt, dass sie nicht genügend Verstand besäßen. Sie seien auch nicht dumpf, starr oder schläfrig. Denn wenn sie etwas wirklich interessiere, erwiesen sie sich als scharfsinnig, urteilsfähig, geschickt und gewandt.

Obwohl Lévy-Bruhl den Begriff nicht verwendet, beschreibt er doch sehr anschaulich die Intuition als besondere Geisteshaltung der Naturvölker. Seine Beobachtungen zeigen recht deutlich, dass die Intuition eine sehr gute Möglichkeit ist, sich in der Welt zurechtzufinden.

Für die Völker vergangener Zeiten, die noch keine Industrialisierung kannten, und auch für die, welche heute noch relativ frei von unseren modernen technischen Errungenschaften leben, war und ist es auf Grund ihrer viel engeren Verbundenheit mit der Natur nicht notwendig, diskursiv zu denken. Da die Natur aber nicht nur idyllisch ist – wie wir sie aus unseren sicheren Behausungen heraus oftmals idealisieren –, sondern auch zahlreiche Gefahren birgt, vertrauen diese Menschen ihrer Intuition, die in ihnen natürlicherweise angelegt ist, in der Regel bedingungslos. Für sie ist es nicht wichtig, nur in eine Richtung zu schauen oder ein Detail besonders scharfsinnig zu betrachten. Sie sind vielmehr darauf angewiesen, ein weites Feld schnell zu überfliegen, d. h. eine Menge Details aufzunehmen, die ihnen im Einzelnen jedoch nicht bewusst werden. Damit wären sie vollkommen überfordert. Doch dieser geraffte Überblick über eine Situation macht ihnen sofort klar, ob sie fliehen müssen oder in aller Ruhe weiter ihrer Tätigkeit nachgehen können. Das blitzschnelle Erkennen einer Gegebenheit, die wir Intuition nennen, dient also ihrem Schutz und ist hierfür viel sinnvoller als das diskursive Denken, das die Dinge erst auseinander nimmt, um sie dann wieder zusammenzusetzen und dadurch zu verstehen. Die Intuition ist also von größtem Wert, weil sie das Überleben sichern hilft. Und nicht nur das: Sie brachte den Geist und damit das menschliche Bewusstsein in die Welt, wie C. G. Jung schreibt:

»Der Mensch ist vermöge seines reflektierenden Geistes aus der Tierwelt herausgehoben und demonstriert durch seinen Geist, dass die Natur in ihm eine hohe Prämie eben gerade auf die Bewusstseinsentwicklung gesetzt hat. Durch sie bemächtigt er sich der Natur, indem er das Vorhandensein der Welt erkennt und dem Schöpfer gewissermaßen bestätigt. Damit wird die Welt zum Phänomen, denn ohne bewusste Reflexion wäre sie nicht.«[3]

Besser kann man das Erwachen des Bewusstseins im Menschen wohl kaum beschreiben. Wir können demnach vermuten, dass die Intuition als erste Bewusstseinsfunktion einfach vorhanden war, gewissermaßen »vom Himmel gefallen« ist. So wird sie auch heute oft noch erlebt. Das Gleiche geschieht jedes Mal, wenn ein kleines Menschenkind das Licht dieser Welt erblickt. Es lebt zuerst aus seiner Intuition heraus, bevor nach und nach die anderen Orientierungsfunktionen, mit deren Hilfe es dann die Welt entdeckt, entstehen. Damit entwickelt sich auch das Ich-Bewusstsein mit seinen weiteren drei Funktionen: Empfinden, Fühlen und Denken (vgl. Kapitel 3).

Es gab und gibt immer Menschen, deren Intuition sich überdurchschnittlich entfaltet hat. Mit dieser Gabe ausgestattet, mögen sie sich verpflichtet fühlen, anderen Menschen mit ihrer Veranlagung zu nützen, sie daran teilhaben zu lassen – sei es, dass sie etwas Künstlerisches schaffen oder besonders kreativ irgendwelche Aufgaben erfüllen. Es ist das Los der Künstlerinnen, Seher, Prophetinnen und Zukunftsforscher.

Hiermit kommen wir zu einem Bereich, der sich von den erlebten Intuitionen, die wir zu Beginn dieses Kapitels beschrieben haben, wesentlich unterscheidet. Zu sehen und zu wissen, was künftig sein wird, bedarf noch anderer Geisteszustände als solche, die man braucht, um zu spüren, dass ein Auto auf die andere Spur wechseln wird, dass es nicht gut ist, jetzt in ein bestimmtes Einkaufszentrum zu gehen usw. Was vor allem eine Seherin oder einen Propheten ausmacht, ist der Bezug zum Heiligen, zum Göttlichen – wie immer dies von der entsprechenden Person im jeweiligen Kulturkreis verstanden wird. Dieser Bezug ist nicht abhängig von einer bestimmten Religion. Er gleicht eher einem unbestimmten Fühlen des großen, unpersönlichen Göttlichen.

In diesem Zusammenhang sei einer der größten spirituellen Denker mit prophetischen Gaben unserer Zeit erwähnt: der Inder Jiddu Krishnamurti. Er lehrte unermüdlich die Menschen, dass sie keiner Führung bedürfen, sondern dass sie aufwachen müssen, und er betonte: »Dieses große Vertrauen in das menschliche Potenzial wurzelte in dem Glauben, dass jedes Individuum unbegrenzter Entwicklung fähig ist, wenn es den kulturellen Ballast abwerfen kann, der sein Dasein beschwert.«[4]

Viele spirituelle Lehrerinnen und Lehrer machen deutlich, wie die persönliche Seele des Einzelnen und das unpersönliche Göttliche zu einem spirituellen Ganzen verschmelzen können. Genau dies vermag die Intuition, wenn sie den Bereich des Alltags transzendiert und den Blick in höhere Dimensionen des Bewusstseins weitet. Die Seherinnen vergangener Zeiten erlebten diese Art der Intuition noch in ihrer Ganzheit, den biblischen Propheten zeigte sie sich fast ausschließlich bezogen auf den männlichen Gott. Die Seherinnen und Propheten unserer und der künftigen Zeit werden wieder beide Dimensionen – die männliche und die weibliche – zusammenschauen und uns die Freiheit vermitteln, auf die Krishnamurti schon hingewiesen hat.

■ Das Wissen der Seherinnen und Propheten

Beginnen wir mit einer Seherin, die zu der Zeit lebte, als die matriarchale Gesellschaftsstruktur der patriarchalen weichen musste – mit Kassandra.

Den Ausdruck »das ist ein Kassandraruf« kennen sicher viele Menschen. Doch eher wenige werden wissen, wie dieser »Kassandraruf« zustande gekommen ist. Hier ist seine Geschichte:

Kassandra war zur Zeit des antiken Griechenlands die Tochter des Königs Priamos und der Königin Hekabe im kleinasiatischen Troia, das im Westen der heutigen Türkei liegt. Homer, der große Sänger und Dichter, besang vor ca. 3000 Jahren die Zerstörung von Troia durch die Griechen in seinem berühmten Epos *Ilias*. Kassandra war, wie es sich für eine Königstochter ziemt, Priesterin im Tempel des Apollon. Er konnte die Gabe des Sehens der Zukunft vermitteln, die Kassandra sich deshalb wünschte, weil sie erkannte, dass sie auf Grund der besonderen Träume, die sie hatte, für diese Aufgabe geeignet war. Apollon verliebte sich in sie und verlieh ihr diese Gabe. Weil Kassandra sich ihm jedoch sexuell verweigerte, spuckte Apollon ihr erbost in den Mund. Denn er konnte ihr die Sehergabe nicht mehr nehmen, sie jedoch »zurückspucken«, d. h.: Niemand würde ihren Prophezeiungen glauben. Seither spricht man vom »Kassandraruf«, wenn jemandem nicht geglaubt wird, der auf einen zukünftigen Missstand oder gar ein mögliches Unglück, das einer Tat folgen wird, hinweist. Dessen Warnung wird als allzu pessimistische Sicht abgewertet.

Wahrscheinlich gab es zur damaligen Zeit auch andere Seherinnen. Warum sind sie nicht so berühmt geworden wie Kassandra? Das mag daran liegen, dass Homer sie in seiner *Ilias* besingt. Dieses Werk Homers ist wohl deshalb bis heute noch bekannt, weil es darin nicht nur um einen großen Krieg geht, sondern auch um den Übergang von einer wichtigen Menschheitsepoche in eine andere. Die Zeit des Mutterrechts ging zu Ende, die matriarchale Gesellschaftsform wurde gestürzt, was im homerischen Epos sehr anschaulich erzählt wird.

Kassandra hatte sehr richtig gesehen, dass ihre Heimatstadt Troia zerstört werden würde, doch das wollten die Troer ihr nicht glauben, sie meinten, Kassandra sei eine Verräterin. Die Tragik der Seherin, die das eigene Unglück voraussah, hat Christa Wolf in der bewegenden und spannenden Erzählung *Kassandra* meisterhaft herausgearbeitet. Sie beschreibt auch sehr anschaulich die Intuition, das »Handwerkszeug« der Seherin:

> »Für die Griechen gibt es nur entweder Wahrheit oder Lüge, richtig oder falsch, Sieg oder Niederlage, Freund oder Feind, Leben oder Tod. Sie denken anders. Was nicht sichtbar, riechbar, hörbar, tastbar ist, ist nicht vorhanden. Es ist das andere, das sie zwischen ihren scharfen Unterscheidungen zerquetschen, das Dritte, das es nach ihrer Meinung überhaupt nicht gibt, das lächelnde Lebendige, das imstande ist, sich immer wieder aus sich selbst hervorzubringen, das Ungetrennte, Geist im Leben, Leben im Geist. Anchises meinte einmal, wichtiger als die Erfindung des verdammten Eisens hätte die Gabe der Einfühlung für sie sein können.«[5]

Besonders schön ist hier die Formulierung »das lächelnde Lebendige«, denn in der Tat erkennt die Intuition alles, was mit Leben zu tun hat. Sie fußt nicht auf Theorien, auf Gedankengebilden. Dass dieses Lebendige allerdings nicht nur zum Lächeln anregt, zeigen die Geschichten der biblischen Propheten. Doch bevor wir zu ihnen kommen, sei noch eine andere Frau aus der Umbruchzeit, als die matriarchale Gesellschaftsform von der patriarchalen abgelöst bzw. zu diesem Übergang gezwungen wurde, erwähnt: die starke Frau Medea, die wir heute als »Powerfrau« bezeichnen würden. Auch sie kam aus einem matriarchalen Volk, das im heutigen Georgien lebte, und auch sie war eine Königstochter. Doch eine ganz andere als die sensible Träumerin Kassandra.

Von Medea erzählt die griechische Mythologie, dass sie eine Zauberin, ja, wohl auch eine Göttin war. Sie half dem Mann, in den sie sich verliebte, das einst geraubte »Goldene Vlies« wieder an den Platz, der ihm gebührte, zurückzubringen. Dafür sollte Jason, so hieß der Mann ihrer Liebe, sie heiraten – was er auch tat. Doch nach einigen glücklichen Jahren erklärte er ihr, dass er sich zu Gunsten einer anderen Frau wieder scheiden lassen wollte, was Medea mit tiefem Zorn erfüllte. Sie tötete Glauke, die junge Rivalin, und – aber hier widersprechen sich die Mythen – auch ihre Kinder aus der Ehe mit dem untreuen Mann.

Medea war keine Seherin wie Kassandra, doch sie war eine Zauberin, d. h. sie verfügte über außergewöhnliche Kräfte und vor allem über ein besonderes Wissen. Sie war eine Frau, die von der Gabe der Intuition erfüllt war, die das unbegrenzte Göttliche mit der fühlenden Seele und dem nützlichen Sachverstand verband. Wenn Medea auch als eine Göttin beschrieben wird, dann heißt das, dass sie Zusammenhänge sehen und erkennen konnte, die allein mit dem rationalen Verstand nicht zu fassen sind. Sie wusste aber auch um ganz konkrete Alltagsweisheiten und sie unterdrückte in ihrer Seele keine der natürlichen menschlichen Regungen.

Ihr »heiliger« Gegenstand, der ihr Leben bestimmte, war das »Goldene Vlies«. Es war ihr möglich, die symbolische Bedeutung dieses Schaffells zu sehen. Einerseits, mit dem Alltagsverstand betrachtet, ist es einfach das Fell eines Schafes, eines Widders. Andererseits, als Symbol gesehen, ist es eine Kostbarkeit, etwas Besonderes, etwas Heiliges. Denn das »Goldene Vlies« verlieh seinem Besitzer Macht, Ansehen und möglicherweise auch Reichtum. Vielleicht wurde ihm sogar die Kraft der Unbesiegbarkeit oder Unsterblichkeit zugeschrieben, wobei diese beiden Begriffe auch symbolisch und nicht konkret zu verstehen sind. Unsterblich zu sein kann z. B. heißen, noch lange von den Nachfahren als ein edler, tapferer, ruhmreicher Mensch geehrt zu werden.

Ein ähnliches Symbol finden wir später in verschiedenen mittelalterlichen Sagen, vor allem bei den Kelten, wenn es um das geheimnisvolle Gefäß, den »Gral«, geht. In den mittelalterlichen Gralsdichtungen wird er entweder als ein Kelch oder als Christi Abendmahlsschüssel, in der bei der Grablegung sein Blut aufgefangen wurde, beschrieben. In Wolfram von Eschenbachs *Parzival* ist der Gral ein Stein mit wunderbaren Kräften. Immer aber ist er nur von einem Menschen mit aufrichtigem Geist und einem reinen Herzen zu erlangen. Wahrscheinlich ist mit dem »Gral« dieses reine Herz selbst gemeint.

Sowohl das Vlies als auch der Gral sind Sinnbilder der starken Tugendhaftigkeit, der Reinheit und Wahrhaftigkeit. Sinnbilder jedoch kann man nicht mit dem diskursiven Denken begreifen, man kann sie nur in der intuitiven Schau erfassen. Oder anders gesagt: Mit der Ratio, dem diskursiven Denken vermag man etwas auseinander nehmen und erklären, die Intuition dagegen begreift – was auch immer – ganzheitlich und lässt die inneren Zusammenhänge erkennen.

Medea selbst ist ein Sinnbild. In ihr wird das starke Weibliche beschrieben, das über Leben und Tod herrscht. Jedes neue menschliche Leben wird von einer Frau geboren, die sich – bewusst oder unbewusst – zuvor entschieden hat, ob sie das Kind zur Welt bringt oder nicht. In der vorpatriarchalen Zeit spiegelte sich dies in der dreifaltigen Göttin, im Bild der Frau mit den Lebensabschnitten »junges Mädchen«, »gebärfähige Frau« und »altes Weib« oder »Todesmutter«. Sowohl das Leben als auch der Tod waren weiblich und die Dreifaltige war im Grunde eine Einzige, das Ganze, das, was immer wiederkehrt, der natürliche Kreislauf von Leben und Tod. So unmittelbar am »Puls des Lebens«, verantwortlich für dieses Leben zu sein, bedeutet Macht, ist andererseits aber auch ängstigend. Diese Angst vor dem scheinbar unheimlichen Weiblichen veranlasste vermutlich den Tragödiendichter Euripides, der das Drama der Medea bekannt machte, sie am Ende nicht nur als Mörderin ihrer Rivalin, sondern auch ihrer eigenen Kinder darzustellen.

Medea ist aber auch Sinnbild für das gekränkte Gefühl. Sie verhalf Jason zur Macht, sie weihte ihn in ihre außergewöhnlichen

Künste ein, ließ ihn teilhaben an ihrem Wissen, hob ihn zu sich empor. Und dann verriet er sie. Einen solchen Verrat begeht ein Mann nicht ungesühnt. Das Gefühl, dem Frauen meistens näher stehen als Männer, ist verletzt und will Genugtuung; es ist mit Füßen getreten worden und will wieder aufgerichtet werden. Natürlich wollte Medea Jason strafen, deshalb tötete sie die Rivalin. Durch den Tod ihrer eigenen Kinder wäre sie jedoch noch verzweifelter gewesen. Dieses Motiv ist nicht zu verstehen, es scheint eine Erfindung des Dichters zu sein.

Der Mythos von Medea beschreibt im Grunde nicht die persönliche Verletzung einer einfachen Frau, er schildert die »großen«, kollektiven Mechanismen, denen die einzelnen, »kleinen« Menschen unterliegen. Medea wird auch eine Göttin genannt. Ihr Schicksal symbolisiert das eines Volkes zu einer bestimmten Zeit, und zwar jene, in der das Eingebundensein der Menschen in ihre natürliche Umgebung aufgebrochen wurde, eine Zeit, in der die Einheit von Geist und Materie, dem Göttlichen und der Seele, eine scharfe Trennung erlitt. Intuition, natürliche Urteilskraft und Spiritualität durften nicht mehr zusammenkommen. Die Zeit, in der die Intuition eher gelebt werden konnte, ging mit der gesellschaftlichen Veränderung, die durch männliche Machthaber erzwungen wurde, zu Ende. Das heißt nicht, dass die Intuition ausschließlich eine weibliche Domäne wäre – Männer können sich ihr genauso gut anvertrauen –, doch die hauptsächlich intuitive Betrachtungsweise, wie sie in der matriarchalen Zeit überwog, hatte und hat in patriarchaler Zeit nicht mehr diese überragende Bedeutung.

Die Sicht von der Einheit der Welt, eine Sicht, die es unterlässt, die Welt in ihre Teile zu zerlegen und entweder nur das eine oder nur das andere zu untersuchen und zu beschreiben, wurde verworfen. Geist und Materie wurden getrennt, waren keine Einheit mehr. Dass beide sich lediglich in unterschiedlichen Zuständen zeigen, so wie es auch in den alten östlichen Weisheiten bis heute beschrieben und mittlerweile von der modernen Physik bestätigt wird, wurde damals nicht erkannt. Diese Sicht der getrennten Welt brauchte keine Intuition – im Gegenteil, die Intuition schuf eher Verwirrung bei den Menschen, die sich im diskursiven Denken übten, aus dem dann die Naturwissenschaften entstanden. Das ist weder zu beklagen noch zu bedauern, es ist einfach die Entwicklung des menschlichen Bewusstseins, die so erfolgen musste. Und wir verdanken unserem Denkvermögen ja auch einiges an Erkenntnissen und an Lebensqualität. Doch die Zusammenschau, welche der Intuition eigen ist, wurde eher zurückgedrängt, natürlich nicht von allen Menschen, denn es gab und gibt die Intuition ja weiterhin und ohne intuitive Einfälle kommt auch die Wissenschaft nicht aus.

Die Intuition leuchtete in bestimmten Bereichen noch auf, vor allem wenn und wo Propheten auftraten, um zukünftige Entwicklungen vorherzusagen. Doch diese Visionen hatten einen gänzlich anderen Charakter als die der Seherinnen oder »Zauberinnen«, der weisen Frauen. Erstens waren die Propheten jetzt überwiegend männlichen Geschlechts, und zweitens kam das Gesehene nicht mehr aus dem großen Wissen des kollektiven Unbewussten. Jetzt war es nicht mehr eine Seherin, die durch Träume und verschiedene Geisteszustände das Geschick der Zukunft erfasste, wie es Kassandra tat, oder eine Zauberin, die über außergewöhnliches, intuitiv erworbenes Wissen verfügte. Jetzt entstand die Zukunftssicht nicht mehr aus einer Zusammenschau der eigenen Seele und dem unbegrenzten, unpersönlichen Selbst heraus, sondern es wird ausdrücklich gesagt, dass der Eine Gott, der von nun an die Geschicke der Menschen bestimmte, seine nur männlich gefärbte Botschaft an die Propheten gegeben hat. Wenn wir diese Zäsur, die Abspaltung des Weiblichen, in der Menschheitsgeschichte in Bezug auf die Entwicklung des Bewusstseins betrachten, dann stellen wir fest, dass sich aus dem »Wir-Bewusstsein« – das Männliche und das Weibliche gehören zusammen – das »Ich-Bewusstsein« etablierte: »Ich bin der Herr, dein Gott.« Die Geschichte konzentrierte sich jetzt immer stärker auf den Einzelnen, auf die »Führer« des Volkes Israel: Noah, Abraham, Mose und all die anderen, die im Alten Testament beschrieben werden. Dass diese Entwicklung auch sinnvoll gewesen ist, werden wir weiter unten noch darstellen.

Die spirituelle Dimension der Intuition ist also von da an nicht mehr jeder Frau – und jedem Mann – frei verfügbar, sie wird nur Auserwählten zuteil, wird von höchster Instanz aus kontrolliert. Anders konnte sich das Patriarchat damals nicht etablieren als durch allseitige und stete Präsenz und Kontrolle durch den allein herrschenden Gott, der das Ich-Bewusstsein symbolisiert. Und so ist es durch die Jahrtausende bis heute geblieben: Das Machtgefüge hält sich, weil es alles Wesentliche unter seiner Kontrolle hat – wie in den großen Bereichen der Wissenschaft, des Bildungs- und Gesundheitswesens sowie der Finanzwelt heute zu sehen ist. Auch die Frage des einzelnen Menschen »Wer bin ich, wie verhalte ich mich?« ist mit einer ständigen Reflexion und inneren Kontrolle über dieses Ich verbunden.

Hier nun können wir aber ein Fragezeichen setzen. Wenn, wie es scheint, die Intuition sich ihren Bereich zurückerobert, dann könnte dies der Anfang sein, das einseitige Kontrollgefüge allmählich zu unterminieren und eines Tages aufzulösen – was über kurz oder lang sowieso geschehen wird, denn eine Einseitigkeit lässt sich nicht auf Dauer aufrechterhalten. Wir erleben es heute deutlich, dass bei einer zu starken Betonung des »Ich« das Wir-Gefühl und die Werte der Mitgeschöpflichkeit, des Mitgefühls außer Acht gelassen werden, was uns allen und vor allem auch unserem schönen, empfindsamen Planeten Erde nicht gut tut. Insofern würde die Intuition eine wichtige Funktion erfüllen: einem System, das aus dem Gleichgewicht geraten und einseitig geworden ist, wieder ins Lot zu verhelfen, die Schieflage zu überwinden und für eine gesunde, Gleichheit und Ganzheit herstellende Mittellage zu sorgen.

■ Zeichen der Zeit

Im Grunde besteht das Wissen um Zukünftiges darin, die verschiedenen Zeichen, die zu jeder Zeit aus dem Unbewussten auftauchen, zu erkennen und zu deuten.

Bleiben wir noch ein wenig bei einem biblischen Propheten. Über Elia hat der südamerikanische Schriftsteller Paulo Coelho ein faszinierendes Buch geschrieben. Bei Künstlern, zu denen Coelho gehört, spielt die Intuition immer eine große Rolle. Sie schöpft Material aus dem unendlichen Bereich des Unbewussten und inspiriert den betreffenden Menschen zu einem künstlerischen Werk. In Coelhos Buch *Der fünfte Berg* meldet sich der Prophet Elia zu Wort, d. h. eine neue Version seines Prophetseins entsteht in Coelhos Geist:

Elia ist auf der Flucht. Ausgetrocknet von der Sonne, hungrig und müde legt er sich an einem Bach nieder. Da sieht er einen Raben, der ihm gegenüber auf einem Ast sitzt.

»›Ich lerne‹, sagte er zum Vogel, ›auch wenn ich ein unwürdiger, unnützer Schüler bin, denn ich bin zum Sterben verurteilt.‹ ›Du hast entdeckt, wie einfach alles ist‹, schien der Rabe zu antworten. ›Man muss nur Mut haben.‹

Elia lachte, denn er hatte einem Vogel die Worte in den Mund gelegt. Das war ein vergnügliches Spiel. […] Und er beschloss fortzufahren. Er würde Fragen stellen und sich so selbst eine Antwort geben können, als wäre er ein wahrer Weiser.«[6]

Nun beginnt ein Dialog, der etwas Besonderes ist: Elia spricht mit dem Raben. Eigentlich spricht er mit sich selbst, der Rabe dient ihm dabei lediglich als Mittler zwischen seinem Ich-Bewusstsein (ich, Elia) und dem, was aus dem Unbewussten erscheint. Es gehört ebenfalls zu Elia, doch es war ihm bis dahin nicht bewusst. C. G. Jung nennt diese Art eines Dialogs »Aktive Imagination«. Wir wissen nicht, ob Coelho diese wirksame Methode der Selbstreflexion kennt – wahrscheinlich nicht, sonst hätte er sie wohl erwähnt. Doch da solche Dialoge im Grunde sehr alt sind – die Ägypter wandten sie schon vor 5000 Jahren an –, hat er sie ganz einfach aus sich selbst heraus entdeckt, denn sie ist ein natürlicher Vorgang, der manchmal spontan in einem Menschen auftaucht.[7]

Indem Coelho die Geschichte der Berufung des Elia zum Propheten in seinem Buch immer wieder in Form einer Aktiven Imagination beschreibt, bringt er eine dritte Ebene in das Geschehen hinein: In den biblischen Berichten spricht der rein männliche Gott mit den

Propheten und diese geben die göttlichen Ratschlüsse ihrem Volk weiter. Bei Coelho gibt es in Elia – der eigentlich gar nicht Prophet werden will – außer dem göttlichen Gegenüber eine weitere innere Instanz – dargestellt in einem Raben –, die sich mit ihm auseinander setzt. Das heißt, es gibt nicht nur wie in den biblischen Erzählungen das Eins zu Eins zwischen Gott und Prophet, sondern die Vielfalt der Seele, die sich dem Ich-Bewusstsein des Menschen mitteilt. Und damit ist die Sicht auf das rein Männliche aufgebrochen. Die Frage des Raben »Wer bist du?« weist darauf hin, dass das Wir-Bewusstsein sich wieder meldet. Es geht nicht mehr allein darum: Wer bin ich? Oder: Ich, der Herr, dein Gott! Sondern: Wir! Wir alle, unsere seelische Gegebenheit nimmt Kontakt auf: Zu uns selbst, zu unserem Gegenüber, zur Natur und den Dingen der Welt und zum Göttlichen, das jetzt auch nicht mehr einseitig, nur männlich, gedacht werden kann.

Die Intuition, die sich im Bewusstsein der Menschen zur biblischen Zeit nur in einer bestimmten, im Vergleich zu heute, eingeschränkten Weise bemerkbar machen konnte, hat ihre Flügel wieder ausgespannt und bringt dem betreffenden Menschen vielschichtigere Botschaften, als es damals möglich gewesen wäre. Vor allem wenn dieser Mensch ein Prophet ist.

Doch es gibt nicht nur Propheten, die göttliche Ratschlüsse empfangen und weitergeben. In ganz gewöhnlichen, profanen Bereichen sucht sich die Intuition als Zukunftskraft ihre »Opfer«. (Es ist legitim, hier einmal den Begriff »Opfer« zu verwenden, denn nicht alle Menschen sind über die Heimsuchungen ihrer Intuition beglückt, manche erleben sie auch als lästig oder gar ängstigend. Gerade wenn jemand plötzlich von einem »Wissen« überfallen wird, dass etwas Schlimmes oder Schreckliches geschehen wird – wie bei Kassandra –, kann sich dieser Mensch als Opfer fühlen.)

Doch wenden wir uns zunächst den modernen »Propheten« aus dem profanen Bereich der Konsumgesellschaft zu.

Außer der Beziehung zu sich selbst und der zur Familie, sowohl zur eigenen – wenn es eine gibt – als auch zur Herkunftsfamilie, nimmt nichts im Leben eine so zentrale Stelle ein, wie die Berufstätigkeit. Dass dieser wichtige Lebensbereich ohne eine gut entwickelte Intuition weder erfolgreich noch erfreulich ist, mag eine Binsenweisheit sein. Dennoch lohnt es sich, ihn zum Thema Intuition ein wenig näher anzuschauen.

Wer z. B. in einem Großraumbüro arbeitet, weiß, wie entscheidend für die Arbeitszufriedenheit eine gute Beziehung zu den Kolleginnen und Kollegen ist. Da diese Beziehungen jedoch in aller Regel nicht auf einer persönlichen Freundschaft beruhen, man sich also nicht sehr vertraut ist und nicht weiß, was der andere gern hat, was ihm missfällt, wofür die andere sich interessiert, was die Lieblingsbeschäftigungen in der Freizeit sind usw., ist das konfliktfreie Miteinander, das gute Betriebsklima weitestgehend auf die Intuition angewiesen. Das »Gespür« für die Bedürfnisse der anderen – natürlich immer auch für die eigenen! – kann, da in der Regel spezifische Informationen fehlen, nur aus der Intuition gewonnen werden. Der Einzelne bekommt irgendwie mit, wie es dem anderen gerade geht, und stellt sich unbewusst darauf ein – weil das für alle Beteiligten die beste Art ist, miteinander gut auszukommen. Wenn ein Außenstehender in eine solche Gruppe hineinkommt, wird er unweigerlich spüren, wie die Atmosphäre beschaffen ist. Er kann das Klima dieses Büros spüren, hat sofort entweder ein freies oder aber ein dumpfes Gefühl – ohne genau zu wissen, wodurch es erzeugt wird. Es ist einfach seine Intuition. Wenn jemand in einer solchen Situation nichts spürt oder nicht sagen kann, wie das Klima der Gruppe sich anfühlt, ist er wahrscheinlich nicht im Kontakt mit seiner Intuition. Das gibt es natürlich auch. Nicht alle Menschen sind für die Intuition, die in ihnen angelegt ist, offen und bereit, sie wahrzunehmen. Das ist schade, denn die Intuition erleichtert das Leben im sozialen Bereich und verhindert, dass man unversehens in die berühmten Fettnäpfchen, die ja überall herumstehen können, hineintritt. Hinter den heute sehr beliebten, weil notwendigen Begriffen »emotionale Intelligenz« und »soziale Kompetenz« verbirgt sich nichts anderes als die Intuition für die Bedürfnisse der Mitmenschen bzw. für die Stimmungen, die im Miteinander erzeugt werden. Man könnte genau so gut von »sozialer Intuition« oder »intuitiver Intelligenz« sprechen. Ein intelligenter Mensch, der auch kompetent in seinem Arbeitsbereich ist, aber keine Intuition hat bzw. sie nicht beachtet, kann kläglich scheitern, wenn es um die Beziehung zu anderen Menschen geht. Und umgekehrt kann ein nur durchschnittlich begabter und unzureichend kompetenter Mensch mit viel Intuition sowohl eine zufrieden stellende Arbeit leisten und gute Geschäfte machen als auch stimmig mit den anderen zurechtkommen.

Dass ein Verkäufer ohne Intuition mit leerem Auftragsbuch nach Hause kommt, ein Personalchef ohne Intuition immer die falschen Leute einstellt oder ein Manager ohne eine entsprechende Intuition sein Unternehmen »an die Wand fährt«, ist leicht einzusehen. (Natürlich kann es auch noch andere Gründe für den schlechten Zustand eines Betriebes geben, z. B. Selbstüberschätzung oder Habgier).

Von Bankmanagern, also Bankern in den Vorstandsetagen, mit denen wir sehr viel gearbeitet haben, wissen wir, dass diese bei einer Kreditvergabe letztlich ihre Intuition entscheiden lassen. Natürlich müssen erst alle Informationen über die Bonität eines Kreditnehmers ausgelotet und errechnet werden, doch was zum Schluss den Ausschlag für ein Ja oder Nein gibt, ist in aller Regel das »Bauchgefühl«. Wir haben noch nie erlebt, dass jemand von ihnen gesagt hätte, er würde allein auf Grund von Zahlen einen Kredit erteilen oder verweigern. Und alle sagten immer: »Mit meiner Intuition bin ich noch nie hereingefallen. Sie hat sich im Nachhinein stets als richtig erwiesen.« Wenn man bedenkt, wie sensibel Geldgeschäfte sind, wie viele unsichere Faktoren und Schwankungen sie enthalten, müssen wir vor diesen Erfahrungen großen Respekt haben. Die Intuition scheint in der Tat eine Art »Zaubermittel« zu sein, mit dem man sehr viel im Leben erreichen oder sich, zieht man sie nicht zu Rate, vermasseln kann.

Nicht umsonst spielt die Intuition heute in den zahlreichen Weiterbildungs- und Selbsterfahrungsangeboten für Manager jedweder Art eine zentrale Rolle. Ohne explizite und eindringliche Hinweise auf die Klugheit der Intuition kommen solche Seminare heute nicht mehr aus. Auch das zeigt, dass der Intuition wieder mehr Aufmerksamkeit geschenkt wird, dass sie neu ins Bewusstsein der Menschen tritt, dass ihr heute wieder der Wert zugemessen wird, der ihr gebührt. Denn ohne sie wären wir alle »tumbe Toren« oder zumindest unleidliche Zeitgenossen. Eine gut ausgeprägte Intuition macht uns zu differenzierten Kulturmenschen – ganz gleichgültig, um welche Art von Kultur es sich handelt. Wer ohne Intuition kocht, wird auf ein bestimmtes Niveau der Esskultur verzichten müssen. Wer ohne geschärftes Interesse und eine damit einhergehende Intuition in eine Kunstausstellung geht, wir nichts von diesem Besuch haben, wird sich nur langweilen. Ebenso kann sich jemand in Gesprächen oder Diskussionen unbehaglich fühlen, wenn ihm das »Gespür« für das innere Thema, das in solchen Zusammenkünften enthalten ist, fehlt.

In den siebziger und achtziger Jahren wurden Manager in entsprechenden Schulungen auf die »lateralen Präferenzen« des Gehirns hingewiesen: Die rechte Hirnseite ist zuständig für die emotional-ganzheitlichen – eben auch die intuitiven Aktivitäten – und die linke Hirnseite mehr für die rational-analytischen. Es wurden Fragebögen entwickelt, um eine eher Rechts- oder Links-Dominanz der Testpersonen zu messen. Später gab es ein Testverfahren – es ist heute noch in Gebrauch –, das die Dynamik eines »dreieinigen Gehirns« bestimmen sollte. In dem Diagramm erschien der Stammhirn(Urhirn)-Anteil in grüner, der Zwischen(Althirn)-Anteil in roter und der Großhirn(Neuhirn)-Anteil in blauer Farbe. In Führungskreisen bei Großkonzernen sprach man dann von den Grünen (die eher am Althergebrachten hängen), den Roten (die eher intuitiv handeln) und den Blauen (die eher rational denken).

Kinder und Heranwachsende kann man ohne Intuition nicht so leicht für etwas interessieren oder gar begeistern. Die meisten von uns haben sicher noch Erinnerungen an einige geist- bzw. intuitionslose Lehrer und Lehrerinnen, die versuchten, ihre Schüler allein mit Faktenwissen zu füttern. Erst mit Hilfe der entsprechenden Intuition und, in ihrem Gefolge, der Kreativität wird ein Unterrichtsstoff interessant und lebendig.

Erzieherinnen und Erzieher, in deren Obhut sich Vorschulkinder befinden, wissen sehr wohl, dass ohne Intuition für die Kleinen und deren Bedürfnisse nichts auszurichten ist, dass sie mit ihren Erziehungsmaßnahmen und Beschäftigungsangeboten ins Leere laufen und sich dabei völlig verausgaben und erschöpfen. Insofern kommt der Intuition auch ein psychohygienischer Wert zu. Sie hat hier sowohl für die seelische als auch für die körperliche Gesundheit Bedeutung, im weitesten Sinne sogar für den Selbsterhaltungstrieb.

Schon kleine Kinder und erst recht Jugendliche wissen um die Vorzüge der Intuition, ohne dass sie dieses Wissen so benennen würden. Kleinkinder können sehr gut abschätzen, ob sie der einen oder anderen Rivalin ihr Schäufelchen auf den Kopf hauen dürfen oder ob sich das nicht empfiehlt, weil die Betreffende sofort zurückschlagen würde – wobei diesem Wissen meistens keine erlebten Erfahrungswerte zu Grunde liegen, weil Kinder auf Spielplätzen oft wechselnde Bekanntschaften machen. Manch eine Mutter beklagt sich, dass ausgerechnet ihr Kind immer wieder zum »Opfer« der anderen wird, dass regelmäßig ihr Kind von anderen Kindern gehänselt oder irgendwie traktiert wird, während es immer auch die Kinder gibt, denen niemand zu nahe tritt, die stets oben auf sind und alles bekommen, was sie wollen. Schon in ganz jungen Jahren zeigt es sich, ob ein Kind zum »Alpha-« oder aber zum »Omegatier« heranwächst. Die »Alphas« werden respektiert und geschont, wohingegen die »Omegas« für alles herhalten und die Prügel einstecken müssen. Kinder können noch nicht rational erkennen, ob sie ein starkes oder schwaches anderes Kind vor sich haben. Sie ahnen bzw. »wissen« es aus ihrer Intuition heraus, die bei ihnen noch in ganz natürlicher und von daher stark ausgeprägter Weise vorhanden ist. Sie lernen erst im Laufe ihres Lebens – leider! –, ihre ursprünglich angelegte Intuition zu unterdrücken oder gar ganz zu verdrängen. In Selbsterfahrungsgruppen und Seminaren findet man später die einstigen

»Alpha«- oder »Omega«-Kinder wieder. Auch jetzt nehmen sie schnell entweder die Führungsposition ein und wehren sich gegen das, was ihnen unzumutbar scheint, oder sie unterwerfen sich und lassen vieles, auch Böses, mit sich geschehen. Beide verhalten sich also weiterhin wie einst, wie sie es »einstudiert« haben. Und wieder wissen auch die Erwachsenen, wie sie sowohl mit der einen Sorte, als auch mit der anderen umgehen müssen. Woher »wissen« sie das? Es heißt, dieses Wissen speise sich aus der Ausstrahlung des betreffenden Menschen. Was aber ist diese »Ausstrahlung«? Wie, wodurch, womit strahlt jemand sein Bestreben, oben und vorne sein zu wollen, aus? Wie, wodurch und womit signalisiert der andere, dass er lieber weiter hinten bleibt und sich klein macht?

Wenn wir diese Fragen beantwortet haben, wissen wir, wie Intuition funktioniert. Dazu brauchen wir die Kenntnis, dass jeder Mensch über Intuition verfügt. Bei den einen ist sie stärker ausgeprägt als bei den anderen, was wohl auf frühkindlichen Erfahrungen beruht: darauf, ob die natürliche Intuition sein durfte oder ob sie dem Kind bald abtrainiert wurde, indem man ihm nicht glaubte oder es als dumm hinstellte. Eltern, die selbst ein gestörtes Verhältnis zu ihrer Intuition haben, werden auch ihren Kindern nichts über den Wert der Intuition vermitteln können. Wenn Eltern – die es durchaus gut meinen – ihr Kind allzu früh und allzu ausschließlich mit »vernünftigem«, rationalem Wissen, also mit reinen Fakten, klar umrissenen Informationen füttern, haben sie schnell ein altkluges Kind vor sich, das sich mit intuitiver Einfühlung in sich selbst, in andere und in Situationen schwer tut. Mit diesen Kindern spielen dann meistens die anderen Kinder nicht gerne, sie werden schnell an den Rand gedrängt, aus Gruppen ausgeschlossen. Weil sie aber immer wieder solche Ausschlüsse erleben, ziehen sie sich jedes Mal stärker auf das, was sie können, zurück: auf ihr vernünftiges, rational begründbares (Besser-)Wissen. So entsteht ein Teufelskreis, der manchmal ein Leben lang nicht zu stoppen ist. Die sozialen Fettnäpfchen stehen dann massenweise zum Hineintreten bereit.

Intuition gehört aber auch zu den Zweiflern. Menschen, die eine bestimmte Sichtweise der Dinge, so wie sie ihnen vermittelt wird, hinnehmen, ohne weiter nachzufragen oder darüber nachzudenken, werden von Zweifeln nicht geplagt. Andere jedoch, die nur das annehmen, worüber sie erst gründlich nachgedacht oder es selbst erfahren haben, leben sowohl mit dem Zweifel als auch mit der Intuition. Denn der Zweifel beinhaltet, dass es mehr als nur eine Möglichkeit gibt, wie etwas sein kann. Die Intuition spielt immer mit mehreren Varianten einer Sache, sie schenkt die Freiheit, etwas ganz anders aussehen zu lassen, als es zunächst scheint. Einer der bekanntesten Zweifler unserer Zeit war Jean-Paul Sartre, der sagte, er habe nie etwas akzeptiert, ohne es in irgendeiner Weise in Frage zu stellen. Und doch ist er auf Grund seiner Intuition für das, was er der Gesellschaft vermitteln konnte, eine große Persönlichkeit in Fragen der Ethik, Verantwortlichkeit und Gerechtigkeit geworden. Er wird noch heute, auch und gerade von jungen Leuten, sehr geschätzt.

Wissenschaft beruht ebenso auf dem Zweifel. Eine Wissenschaftlerin oder ein Wissenschaftler ist kein Mensch, der einfach nur das hinnimmt, was und wie es ihm gesagt wird. Er will nicht glauben, sondern wissen. Deshalb untersucht er die Phänomene, auf die er sich spezialisiert hat. Er bildet aus einer Annahme – »so könnte es sein« – eine Hypothese und baut auf ihr sein Untersuchungsdesign auf. Wenn er seine Untersuchungen abgeschlossen hat, dann weiß er oder sie: »Aha, so ist das also.« Doch meistens folgt auf diese Erkenntnis gleich die nächste Frage und er macht sich wieder auf die Suche nach neuem Wissen. Seine Intuition führt ihn immer weiter, lässt ihn spüren, dass es noch mehr Zugänge zum Verständnis einer Sache gibt.

Diese Art von Zweiflern sind allerdings nicht zu verwechseln mit den ständig Misstrauischen, die hinter jeder Aussage etwas Falsches wittern. Misstrauen gründet in einer allgemeinen Angst, meistens einer tiefen Lebensangst. Solche Personen sind nicht neugierig, ahnen nicht die verschiedenen Möglichkeiten einer Sache, sie vertrauen weder den anderen, noch ihrer eigenen Intuition, sondern sind stets darauf bedacht, sich vor angeblichen Widersachern zu schützen.

Menschen hingegen, die neugierig sind, die mehr, besser und anders wissen wollen, machen sich die Intuition zur Freundin. Denn die Intuition weist nicht nur weitere Spielräume des Lebens auf, sie gestaltet es auch bunter, interessanter und aufregender.

Kapitel 2

Wege zum Verständnis der Intuition

■ Intuition in der Alltagssprache

Viele Menschen reagieren auf ihre Intuition, obwohl die meisten mit diesem Begriff zunächst nicht viel anfangen können, ja, dieses Wort oft noch gar nicht gehört haben. »Intuition« – was ist das? Nachdem wir es den Fragenden erklärt haben, sagen sie fast immer: »Ach so, das Bauchgefühl!« Oder: »Ja, das ist das, was ich manchmal spüre ohne sagen zu können, wo es herkommt oder wovon es ausgelöst wurde.«

»Fühlen« und »spüren« sind also die Begriffe, die meistens gewählt werden, wenn es um Intuition geht. Einige sagen auch: »Ich habe es geahnt.« Oder: »Da war so eine Ahnung.« Doch dieses Wort ist nicht so beliebt wie »fühlen« und »spüren«. »Ahnung« klingt eher ein bisschen mystisch, hört sich in der Fantasie von vielen nach Gedankenübertragung oder Hellsehen an. Und mit diesem Bereich wollen die Wenigsten etwas zu tun haben. Dagegen sind »fühlen« und »spüren« ganz harmlos. Im Gegenteil: Da heute vielfach über die Kopflastigkeit der Menschen in der Leistungsgesellschaft geklagt wird, ist es wünschenswert und zu begrüßen, wenn jemand so richtig echt »fühlt« und »spürt«. Und auch der Bauch kommt zu neuen Ehren. Nicht nur als dehnbarer Essensbehälter, sondern als feines Instrument für tiefer gehende Kommunikation. Denn Neurobiologen haben inzwischen herausgefunden, dass es im menschlichen Bauch, vor allem in den Darmwänden, viele Zellverbände gibt, wie sie bisher nur im Gehirn gefunden wurden. Es stimmt also durchaus und ist sinnvoll zu sagen: »Ich denke mit dem Bauch.« Insofern können wir die Intuition ruhig in unserer körperlichen Mitte verorten. Zumindest genauso gut wie im Gehirn. Dennoch bezeichnen die Begriffe »fühlen« und »spüren« nicht exakt das, was wir unter Intuition verstehen.

Das Lexikon definiert:

»INTUITION (mittellateinisch zu lateinisch intueri »betrachten«), spontanes geistiges Erfassen, eine auf Wissen und Erfahrung beruhende plötzliche Erkenntnis; ein Moment wissenschaftlichen Forschens und künstlerischen Gestaltens. – In irrationalistischen Erkenntnistheorien (besonders der Lebensphilosophie) ist Intuition eine nicht auf Erfahrung beruhende Erkenntnis, sondern wird gefühlsmäßig, durch »innere Eingebung« erzeugt. In der phänomenologischen Philosophie bilden Intuition (»Anschauung«) und Evidenz (»Einsicht«) den Anfang der Begründung von Wissenschaft.«[8]

Das »Gefühl« lässt sich aus der Intuition nicht heraushalten. Braucht und soll es auch nicht, denn es begleitet jede Intuition. Letztendlich ist kein Mensch jemals ohne irgendein Gefühl – ob er es wahrnimmt oder nicht. Dennoch wird der Begriff »Gefühl« in der Umgangs- und Alltagssprache meistens nicht klar verwendet.

In einer Intuition kann auch ein Ja oder Nein, können Freude, Trauer, Wut und andere Gefühle stecken. Trotzdem spürt man das »Intuitions-Gefühl« auf eine noch andere Weise, vielleicht eher als Verwunderung, als Überraschung, manchmal verbunden mit etwas Unheimlichem oder einer fragenden Ängstlichkeit: »Was geschieht hier? Was ist los? Hat das Schicksal etwas mit mir vor? Etwas Schlimmes oder etwas Gutes? Muss ich besorgt sein, oder darf ich mich freuen?«

So genau werden die Gefühle und Fragen natürlich kaum im Bewusstsein desjenigen, den eine Intuition »heimsucht«, erkennbar sein – deswegen nicht, weil wir nicht gewohnt sind, mit differenzierender Achtsamkeit die vielfältigen Stimmungslagen in unserem

Inneren wahrzunehmen und auch nicht bewusst genug den ständig stattfindenden »Gesprächen« in unseren Köpfen zu lauschen. Was wir meistens lediglich wahrnehmen ist etwas Unbestimmtes – es kann leise oder auch heftig sein –, das wir einfach »Gefühl« nennen. Und wir lokalisieren dieses Gefühl im Bauch, während wir Denken dem Kopf zuordnen. Denken mit dem Bauch und fühlen mit dem Kopf können wir uns nicht vorstellen, obwohl beides immer im Kopf stattfindet und auch mit körperlichen Sensationen – ob wir sie nun wahrnehmen oder nicht – einhergeht.

Denn Denken und Fühlen gehören zusammen. Ich kann nichts denken, ohne dass dazu das entsprechende Gefühl auftaucht. Die vier Schritte nach denen unser Gehirn ständig arbeitet, sind nämlich: *wahrnehmen* – einen äußeren oder einen inneren Stimulus; *erinnern* – liegt bereits eine Information darüber vor?; *bewerten* – ist es gefährlich oder harmlos?; *handeln*. Auf diesen vier Schritten baut unsere Sicherheit auf. Wenn diese Abfolge – auf Grund einer Erkrankung, z. B. Alzheimer, oder einer Verletzung des Gehirns – nicht mehr möglich ist, kann sich der betreffende Mensch kaum noch sicher in der äußeren und auch in seiner inneren Welt orientieren. Da Erinnerungen stets gefühlsbetont und das Bewerten auch eine Leistung des Fühlens ist, sind wir ständig vielfältigen Gefühlen ausgesetzt. Kein Wunder also, dass auch – und gerade! – die Intuition mit diesem Begriff bezeichnet wird. Denn sie ist in der Regel nichts Selbstverständliches, nichts Alltägliches, sondern eher etwas Außergewöhnliches und ruft von daher gleich eine ganze Palette von Emotionen hervor. So stimmt es also, wenn wir zu Intuitionen »Gefühl« sagen. Wie so oft hat der »Volksmund« auch hier Recht. Wir dürfen es nur nicht allzu streng sehen oder mit wissenschaftlichen Erkenntnissen gleichsetzen. Doch wir dürfen den »Volksmund« mit Reflexionen aus verschiedenen Wissenschaftsbereichen flankieren.

Wir werden im nächsten Kapitel noch eingehender auf das Fühlen Bezug nehmen.

■ Intuition braucht Freiheit – sie führt zur Freiheit

Die moderne Naturwissenschaft, vor allem die populäre, lässt Dogmen schmelzen, wie Schnee (von gestern) in der Frühlingssonne. Aufgeschlossene Menschen lassen sich heute nicht mehr so leicht durch eine bestimmte Lehrmeinung, eine nicht überprüfte Behauptung oder einen reinen Glaubenssatz beeindrucken und beeinflussen. Denn jeder kann sich über das Gebiet seines Interesses durch die verschiedenen Medien informieren. Auch wer nicht aktiv nach bestimmten wissenschaftlichen Untersuchungen forscht, erhält schon über Tageszeitung, Rundfunk- und Fernsehnachrichten die wichtigsten Informationen. Mit den neuesten Ergebnissen aus den Ernährungswissenschaften, aus Medizin und Sport, Umwelt und Technik werden wir beinahe überhäuft. Doch das ist sicher besser, als nicht informiert zu werden oder in einem Land zu leben, in dem die Medien zensiert und die Menschen mit manipulierenden Behauptungen »gefüttert« werden.

Wenn eine totalitäre Staatsmacht aufrechterhalten und gefestigt werden soll, darf der Geist der unter dieser Herrschaft lebenden Menschen nicht frei sein. Er darf sich nicht aufschwingen zu Höhen und Weiten oder niederlassen wie ein in Freiheit lebender Vogel. Dieser Vogel, der ein schönes Bild für die Intuition ist, wird vielmehr in einen Käfig gesperrt und bewacht. Nicht nur das: er wird manipuliert, indem nicht erwünschte Inhalte abgewertet und durch zensierte ersetzt werden. Das geht am Besten durch Beeinflussung des diskursiven Denkens: Ihm werden Regeln, Maßstäbe und Werte vermittelt, die, weil sie sich aufeinander beziehen, miteinander verzahnt sind und dadurch einander bestätigen, selbst den kritischen Denkern einleuchten müssen. Widerspruch ist somit gar nicht möglich. Einzig die Intuition vermag in dieses fest gefügte System, das auch unter dem Begriff »Ideologie« bekannt ist, einzubrechen, es ins Wanken zu bringen und, wenn sie eine große Vision enthält, sogar zu erschüttern und niederzureißen. Allerdings bedarf es großer Tapferkeit und Treue zu sich selbst, um den von der Vision aufgezeigten Weg zu gehen. Dieser wird vom Unbewussten nicht nur angeregt, sondern oft als Aufgabe und Verpflichtung erlebt, wie die Geschichte der sozialen Bewegungen und Revolutionen zeigt. Hier ist der »Ort« der Intuition im System der Psyche, sie ist das »Fenster« durch das die Vision dem Bewusstsein zugänglich wird.

Die Intuition ist frei und wird im persönlichen Leben durch die von C. G. Jung beschriebene Aktive Imagination Schritt für Schritt bei der Verwirklichung der Vision unterstützt. Um die Kraft der Seele nützen zu können, ist allerdings erforderlich, dass wir um ihre Möglichkeiten wissen. Deshalb müssen wir sowohl mit ihrer bewussten als auch ihrer unbewussten Seite umgehen lernen. Die Aktive Imagination ist *das* Handwerkszeug dafür.

Die Bedeutung der Intuition zeigt sich meistens sehr individuell und in alltäglichen, aber auch komplexen, schwierigen Situationen. Dennoch ist festzuhalten, dass es nicht nur individuelle Intuitionen gibt, sondern auch viel umfassendere im Kollektiven. Hier berühren wir den bereits besprochenen Bereich des Visionären und der Prophetie, der sicher nicht ausschließlich durch Intuition gekennzeichnet werden kann, für den aber diese Fähigkeit eine ausschlaggebende Rolle spielt. In einigen Menschen ist das Potenzial angelegt, über den persönlichen Lebensraum hinaus zu intuieren und Zugänge zu unbewussten Kanälen zu öffnen, die ohne die Intuition nicht möglich wären. Es sind allerdings wenige und daher besondere Menschen, die eine solche Veranlagung in sich tragen und von der Gesellschaft entsprechend wahrgenommen und gewürdigt oder auch verfolgt werden. Diese intuitiven Menschen sind den Machthabern, die ein Volk in eine bestimmte Ideologie zwingen wollen, natürlich ein Graus. Sie können sie nicht zulassen, weil die Gefahr besteht, dass sie das etablierte System aufweichen.

Aus Erfahrungen von Missachtung und Verfolgung, die im kollektiven Unbewussten gespeichert sind, haben viele Menschen, oft von Kindheit an, Ängste und Hemmungen gegenüber dem unkontrollierbarem Geschehen der Intuition und den Möglichkeiten der Freiheit des Geistes aufgebaut. Sie scheuen sich, ihre Einfälle anderen zu erzählen, manche wollen sich selbst erst gar nicht mit dem, was ihnen per Intuition zufällt, auseinander setzen und verdrängen es sogleich in seelische Tiefen, aus denen es möglichst nicht mehr entweichen soll.

Dass sich solche Ängste entwickelten, verwundert nicht, wenn wir daran denken, wie z.B. noch vor nicht allzu langer Zeit mit Menschen umgegangen wurde, die Intuitionen im religiösen Bereich erlebten: mit den Mystikerinnen und Mystikern. Heute sind die Aufzeichnungen der Hildegard von Bingen und des Meister Eckehart sehr beliebt und für viele Menschen wegweisend, denn sie enthalten das Wesen der Intuition sozusagen in Reinkultur. Doch wir leben auch in einem Land, in dem der Geist (wieder) frei schweben darf und offen ist für die Intuition.

Gerade die Naturwissenschaft, und dort vor allem die Physik und die Hirnforschung, haben zum Verständnis der a-rationalen Funktion der Intuition außerordentlich viel beigetragen. An diesen beiden Wissensbereichen zeigen viele Menschen großes Interesse. »Physik« und »Hirnforschung« sind geradezu »Zauberbegriffe« geworden. Obgleich viele, die sich für solche »Zaubereien« begeistern, nur sehr wenig bis fast nichts von diesem schwierigen, hochkomplexen Fachwissen wirklich verstehen. Die Menschen sind wahrscheinlich deshalb so beeindruckt von der »Heisenberg'schen Unschärferelation« oder der Dynamik zwischen dem »Limbischen System« und dem »Neocortex«, weil sie intuitiv spüren, dass diese Wissensbereiche zwei Tore zu einer Welt sind, die uns noch weitgehend unbekannt ist. Wir ahnen jedoch, dass diese Welt die Enge unserer heute erfassbaren Wirklichkeit übersteigt.

Die Freiheit des Geistes, über die wir oben geschrieben haben, wird möglich, wenn immer mehr Menschen sich für vieles interessieren, sich mit vielen verschiedenen Wissensbereichen auseinander setzen.

Frauen und Männer, deren Bewusstheit sich weiterentwickelt, lassen sich auf Dauer kein X für ein U vormachen; sie beginnen vielmehr, ihren eigenen Intuitionen zu vertrauen, sie ernst zu nehmen. Und sie begeben sich dann auf einen neuen Weg – den Weg des Wissens und der Freiheit. Wie C.G. Jung erkannte, beeinflusst das Unbewusste das Bewusste: die Intuition das kollektive Bewusstsein, aber auch umgekehrt das Bewusste das Unbewusste, indem der Mut zur Offenheit die Intuition weckt. Hierin wird deutlich, dass die Intuition sowohl einen Zugang zum Unbewussten als auch zum Bewussten hat. Sie wirkt also als Mittlerin: Sie holt sich aus dem kollektiven Unbewussten, dem großen Speicher aller Menschheitserfahrungen, das, was die Einzelnen gerade für die Weiterentwicklung ihres Bewusstseins brauchen. Für einige wird der Erkenntniszuwachs, den sie durch die Intuition erhalten, zur Aufgabe und sie entscheiden sich, dieses neue Wissen in die Welt zu tragen.

Solche Individuen werden zu »Lichtgestalten«, die einen starken Eindruck auf die Menschen ihres Kulturkreises hinterlassen. Buddha und Jesus sind solche überaus weit ausstrahlende Gestalten, aber auch nicht ganz so bedeutende Persönlichkeiten, wie z. B. – zu unserer Zeit – Martin Luther King mit seinem unvergessenen, höchst persönlichen Bekenntnis »Ich habe einen Traum«. Dieser Mann war inspiriert von der Idee – d. h. von einer umfassenden Intuition ergriffen –, dass Ungerechtigkeit und Unterdrückung, Rassenhass und Diskriminierung, Feindseligkeiten gegen Wehrlose und Minderheiten eines Tages aufhören müssen, um einer echten Menschlichkeit Platz zu machen.

Sein Zeitgenosse John F. Kennedy war auch eine solche Lichtgestalt, der – ebenfalls einer Intuition folgend – sein Credo der Welt vermittelte: dass ein Mann tut, was er tun müsse, ohne Rücksicht auf persönliche Konsequenzen, trotz aller Hindernisse und Gefahren, denn das sei die Grundlage aller menschlichen Moral.

Auch Mutter Theresa ging konsequent den Weg, der sich ihr intuitiv erschloss. Und selbst Frauen, die zunächst nur verwöhnt, reich und launisch wirkten, wie Kaiserin Elisabeth von Österreich im 19. Jahrhundert oder später, im 20. Jahrhundert, Prinzessin Lady Diana am englischen Königshof, hinterließen das Leuchten von Persönlichkeiten, die als »schöpferische Nonkonformisten« bezeichnet werden können. Diese Forderung hatte Martin Luther King in einer seiner Ansprachen formuliert: die nachdenklichen, sehenden, bewussten Menschen mögen schöpferische Nonkonformisten werden. Sowohl Kaiserin Elisabeth als auch Diana rebellierten – jede auf ihre Art –

gegen die Zwänge der verstaubten höfischen Etikette. Obwohl ihnen viel Widerstand von den in ihren Konventionen erstarrten Familien entgegengebracht wurde, ließen sie sich auf ihrem Weg nicht beirren. Sie konnten nicht anders, als das zu leben, was sich ihnen von innen her zeigte, was sie als ihre innere Wahrheit erkannten. Sie waren, ebenso wie Martin Luther King und andere »lichte Persönlichkeiten«, zutiefst von der Intuition bewegt, dass es die freie Entfaltung des Individuums geben kann und soll.

Auch die neuen Revolutionsbewegungen von jungen Menschen – Studierenden, Frauen und Männern aus verschiedenen Völkern – lassen sich von der Intuition leiten. Sie wollen den Menschen Demokratie vermitteln. Aber nicht mit militärischen Mitteln, nicht mit Waffen. Sie rufen ihre Anhänger zum zivilen Ungehorsam auf und regen sie zu entsprechenden intuitiven Einfällen an. Inzwischen gibt es verschiedene Organisationen und Stiftungen, die sich »Fackeln der Freiheit« nennen. Sie richten Trainingslager für junge Frauen und Männer ein und stellen große Summen Geld zur Verfügung, um ihre Idee der Weltdemokratie zu verwirklichen.

Letztendlich ist das die Botschaft der Intuition: Jeder Mensch ist einmalig und erlebt deshalb die Welt in einer jeweiligen Einzigartigkeit. Aus dem großen Speicher des Menschheitsbewusstseins taucht eine Idee auf, vermischt sich mit den bisherigen Lebenserfahrungen eines einzelnen Menschen und verwandelt sich dadurch zu einem neuen Gebilde, das im wissenschaftlichen Bereich auch Erkenntnis genannt wird. Plötzlich hat jemand Wissen über Zusammenhänge, das sich ihm bisher so nicht gezeigt hat. Doch dieser Prozess kann nur in der Befreiung des Geistes stattfinden, starre Regeln und Dogmen lassen ihn nicht zu. Wo diese herrschen, sind dem Vogel die Flügel gestutzt, sitzt er in der Enge des Käfigs, und die äußere Welt zeigt sich ihm als eine, die durch ein gleichförmiges Gitter strukturiert und begrenzt ist. Weil die Intuition in ihrem innersten Kern das Wesen der Freiheit enthält, weil sie mit jedem Gedanken, jeder Idee immer die Autonomie mit transportiert, wird sie von Menschen, die Macht über andere ausüben wollen, als gefährlich erlebt und entsprechend verunglimpft, entstellt und unterdrückt.

Inzwischen haben leider viele Menschen ihr inneres intuitives Wissen über die Fähigkeit, sich unbegrenzt entwickeln zu können, so wie Krishnamurti es gesehen hat, verloren. Es wurde von der Macht der verschiedenen Institutionen mit ihren verordneten Ritualen zugeschüttet. Doch wie eine ganz gewöhnliche Blume, z. B. ein kleines Löwenmaul, zwischen den Ritzen einer Steintreppe hinauf ans Licht wachsen kann, ist es jedem Menschen möglich, den Ballast von einengenden Botschaften und Zuschreibungen abzuwerfen und sich wieder auf seine natürlichen Gaben zu besinnen. Denn der Mensch ist nicht als Untertan gedacht, sondern als freies, sich selbstbestimmendes Individuum – begabt mit den Fähigkeiten der Vernunft und dem intuitiven Verständnis seiner selbst und der Welt.

■ Aktuelle Konzepte der Intuition

Was versteht die aktuelle Psychologie unter Intuition? Im Lehrbuch *Psychologie* von P. G. Zimbardo lesen wir im Abschnitt über »Kognitive Verzerrungen« (zum Stichwort »Intuition« finden wir nur an dieser Stelle einen Hinweis):

> »Beispielsweise lehrt die persönliche Erfahrung viele nützliche Dinge und hilft offensichtlich dabei, der Welt Sinn zu verleihen. Unter zahlreichen Bedingungen jedoch erweisen sich Schlussfolgerungen aufgrund persönlicher Intuition solchen auf der Basis statistischer Belege, die objektiv aufgrund vieler ähnlicher Fälle zusammengetragen wurden, unterlegen [...]. Trotzdem neigen wir dazu, den Mythos der Validität unserer Intuition und unserer persönlichen Sensibilität aufrechtzuerhalten und ignorieren oder verwerfen bessere objektive Belege, die weniger anfällig für subjektive Irrtümer sind.«[9]

Wie in diesem Zitat deutlich wird, hat Zimbardo ein völlig anderes Verständnis der Intuition als wir es hier vertreten: Für ihn ist sie nicht ein inneres wegweisendes und vorausschauendes Wissen, sondern ein eher subjektives belangloses Urteil, das gefällt wird, ohne entsprechende objektive Daten zu kennen. Eine solche doch eher abwertende Einstellung ist jedoch bei den meisten, oft das Leben entscheidenden Fragen, die sich im Kontext der Intuition aufdrängen, gar nicht relevant, denn es geht nicht um ein bloßes »Ich weiß es nicht«. Auch der große Bereich des Visionären, für den die Intuition eine entscheidende Rolle spielt, wird nicht einmal andeutungsweise berührt. Die Definition der Intuition durch Zimbardo zeigt deutlich, wo die Kognitionswissenschaften heute stehen: Was nicht mit den fünf Sinnen erfasst, was nicht logisch erschlossen werden kann, darf nicht sein, ist unwissenschaftlich oder gar unseriös. Dennoch wissen wir, dass es mehr Sinne gibt als die fünf klassischen des Menschen. Verschiedene Tiere verfügen über Informationskanäle, die uns weitgehend verschlossen sind. Noch?

Ganz aktuell haben wir z.B. nach dem verheerenden Tsunami am 26. Dezember 2004 erfahren, dass viele Tiere auf Sri Lanka die Küstengebiete vor dem Tsunami verlassen hatten. Man weiß heute: Elefanten reagieren auf Schallwellen, vor allem im ultratiefen Bereich; Fische registrieren Druckänderungen im Wasser; Vögel richten sich nach Magnetfeldern; Schlangen orten infrarote Strahlung; und Haie messen Temperaturunterschiede von weniger als einem Zehntel Grad. Über bestimmte Informationskanäle reagieren Tiere mit ihrem angeborenen Sicherheitsinstinkt also auf bevorstehende Veränderungen ihrer Umgebung.

Wir Menschen scheinen diesen Instinkt verloren zu haben – vielleicht auf Grund unserer Überzeugung, dass wir nur das glauben bzw. wissen dürfen, was die kognitiven Wissenschaften uns mit ihren empirischen Untersuchungen und logischen Schlüssen zumessen. Vielleicht verstärken sie aber gerade dadurch unsere Unsicherheit, die wir den Phänomenen der Naturkräfte gegenüber erleben? Wenn wir nur den Messgeräten und der Logik vertrauen dürfen und wir dahingehend erzogen werden zu glauben, dass es alles, was nicht naturwissenschaftlich untersucht und erklärt ist, gar nicht gibt, verlieren wir nach und nach und immer mehr das Vertrauen in Wahrnehmungsbereiche und den Zugang dazu, die eigentlich auch uns Menschen zugängig sein könnten. Wenn es gesellschaftlich an-erkannt wäre, würden sicher viele Menschen von Eingebungen vor Katastrophen berichten, die nicht alltäglich waren.

In der Tat wurde einige Zeit später von einer Gruppe alter Frauen in einem kleinen Dorf auf Sri Lanka, die alle in der Nacht vor dem Tsunami Alpträume hatten, berichtet. Sie entschlossen sich daraufhin, am nächsten Morgen in ihrem Dorf zu bleiben und nicht an die Küste zu gehen. Was ihnen möglicherweise das Leben gerettet hat. Offensichtlich kann sich die Intuition auch in Alpträumen äußern. Die Frage hierbei ist allerdings, ob wir solchen inneren Geschehnissen genügend Aufmerksamkeit schenken, sie richtig zu deuten wissen und dieses dann auch in eine entsprechende Handlungsweise umsetzen.

Der amerikanische Neurologe Antonio R. Damasio hat mit seinem Buch *Descartes' Irrtum* in den 90er Jahren eine kleine wissenschaftliche Revolution ausgelöst, denn er hat nachgewiesen, dass Denken, Fühlen und Empfinden im menschlichen Gehirn nicht getrennt lokalisiert sind, sondern stets gemeinsam auf Reize jedweder Art reagieren.

Damasio hat sein Buch *Descartes' Irrtum* genannt, denn für den französischen Philosophen und Mathematiker René Descartes, der im 16. Jahrhundert lebte, war das Denken vom Gefühl und den Empfindungen völlig getrennt. Für ihn war nur das Denken dem Ich-Bewusstsein des Menschen zugehörig. Und nur aus diesem Denken bestehe die Seele. Sein wissenschaftliches Credo lautete demnach: »Cogito ergo sum.« »Ich denke, also bin ich.« Dieser Sicht fühlte sich die westliche Wissenschaft bis heute verpflichtet, d.h. bis zu dem Augenblick, in dem Damasio auf Grund seiner Untersuchungen feststellte, dass es so nicht stimmt. Er hatte nämlich herausgefunden, dass Menschen, deren Gehirn an einer bestimmten Stelle verletzt worden war, oder sich auf Grund verschiedener Lebensumstände nur sehr ungenügend hatte entwickeln können, nicht mehr in der Lage sind, sich emotional und sozial zu verhalten. Sie konnten aber auch keine rationalen Entscheidungen treffen, denn an dieser Stelle des Gehirns ist sowohl das Denken als auch das Fühlen lokalisiert.

Descartes hatte also nicht Recht mit seiner Behauptung, dass allein das Denken den kultivierten Menschen ausmache. Das Fühlen gehört immer dazu, wie es auch C. G. Jung in seiner Ich-Psychologie beschreibt (vgl. Kapitel 3). Damasio konnte also zeigen: Zu jeder Wahrnehmung wie auch zu jedem Denkprozess gehört in irgendeiner Form das Fühlen. Jede Reaktion auf einen Stimulus, sei sie positiv oder negativ, geht mit einem Gefühl und einer Körperempfindung einher, auf Grund derer eine Erkenntnis entstehen und eine Entscheidung getroffen werden kann. Körper, Seele, Geist lassen sich einfach nicht trennen, wenn es um menschliches Verhalten geht.

Aus dieser Feststellung heraus entwickelte Damasio den Begriff »somatischer Marker«. Er besagt, dass auf jeden – sowohl von außen als auch von innen kommenden – Stimulus eine Körperempfindung entsteht. Diese kann entweder bewusst wahrgenommen werden, z. B. als Kribbeln, Ziehen oder Rumoren im Bauch, das entweder als angenehm oder unangenehm erlebt wird und einen entsprechenden Handlungsimpuls auslöst – man begibt sich dann bewusst in die entsprechende Situation hinein oder man meidet sie. Aber der Stimulus kann auch den Weg am Bewusstsein vorbei nehmen. Wenn Letzteres der Fall ist, dann ist es eine Intuition, die den Betreffenden spontan handeln lässt. Damasio schreibt:

»Doch was ist ein schöpferischer Akt in der Mathematik? Er besteht nicht darin, neue Verbindungen zwischen mathematischen Größen herzustellen, die bereits bekannt sind. [...] Schöpferisch sein heißt gerade, keine unnützen Verbindungen herzustellen, also nur die vorzunehmen, die nützlich sind und eine kleine Minderheit darstellen. [...]

Erfinden heißt, [...] wählen. [...] Man denkt an einen Käufer, vor dem man eine große Zahl von Waren ausgebreitet hat und der sie jetzt eine nach der anderen untersucht, um seine Wahl zu treffen. Hier wären die Objekte, die zur Wahl stünden, so zahlreich, dass ein ganzes Leben nicht ausreichte, sie zu prüfen. Das tatsächliche Geschehen läuft ganz anders ab. Die unergiebigen Verbindungen dringen noch nicht einmal ins Bewusstsein des Erfinders.

Nie tauchen in seinem Bewusstseinshorizont Verbindungen auf, die nicht auch wirklich nützlich sind, ausgenommen einige Kombinationen, die er verwirft, die aber in gewissem Maße die Merkmale nützlicher Verbindungen tragen.«[10]

Ob es sich nun um Erfindungen bzw. kreatives Tun handelt oder darum, einer Dachlawine auszuweichen: das Gehirn ist in der Lage, sehr schnell Entscheidungen unter Ausschluss des Bewusstseins zu treffen. Wenn wir erst unsere Schrittgeschwindigkeit, die Höhe des Daches und die Fallgeschwindigkeit der Lawine berechnen müssten, hätten wir keine Chance, dem nassen Schlag auszuweichen. Die Entscheidungsgeschwindigkeit, also die Intuition, über die unser Gehirn verfügt, dient also unserem Schutz. Wenn wir uns in diesem Zusammenhang einmal klar machen, zu welchen komplexen und blitzschnellen Operationen unser Gehirn fähig ist und vor allem wie oft es, im Grunde permanent, diese Operationen im Leben eines Menschen ausführen muss, dann könnte einem schwindlig werden bzw. sollten wir mit noch mehr Ehrfurcht die Intelligenz unseres Gehirns und das Leben überhaupt betrachten. Die Intuition stellt ja nur eine von verschiedenen Funktionen in diesem äußerst differenzierten und komplexen Geschehen dar. Doch eine sehr wichtige und bedeutsame, wie wir noch weiter sehen werden.

Die erste Grundlage, aus der das Gehirn seine Berechnungen für eine schnelle Entscheidung holt, ist das angeborene Material, das ihm zur Verfügung steht. Dazu gehören zunächst die allgemein menschlichen Programmierungen, die Instinkte: der Überlebensinstinkt, zu dem Hunger und Durst gehören; der Fortpflanzungsinstinkt mit der Sexualität; der Schutzinstinkt mit Angst als Signal und Aggression als Verteidigung; der Selbstbehauptungsinstinkt; der Instinkt, der nach Ruhe und Schlaf verlangt. Dazu gehören dann die Bedürfnisse nach Sicherheit, Bindung und Selbstwert, gefolgt von kognitiven und ästhetischen Bedürfnissen sowie dem Drang nach Selbstverwirklichung und schließlich der Wunsch nach Transzendenz, nach Spiritualität, d. h. danach, sich mit dem Kosmos im Einklang zu fühlen. Hinzu kommen die persönlichen Programmierungen der Gene, die wiederum sehr viel unterschiedliches Material enthalten, denn die genealogische Kette eines Menschen ist lang. Auch die Prägungen aus den frühkindlichen Erfahrungen, den Einflüssen der Eltern sowie dem sozialen Lernen ergeben die Basis für die schnellen Entscheidungsprozesse im Gehirns.

Einen weiteren bedeutsamen Faktor, der für die Intuition eine große Rolle spielt, möchten wir an dieser Stelle herausgreifen. In einem Beitrag der Zeitschrift *Psychologie Heute* wird berichtet:

»Die Intuition bedient sich der Summe unserer Erfahrungen – weshalb wir zu besonders guten intuitiven Lösungen auf solchen Gebieten kommen, in denen wir Experten sind. […] Schachmeister beispielsweise brauchen nur fünf Sekunden, um sich die Stellung der Figuren in einem fortgeschrittenen Spiel einzuprägen und die Partie »blind« fortzuführen. Diese Fähigkeit basiert auf Tausenden gespielter und analysierter Partien und dem schnellen (Wieder-) Erkennen von Spielzügen. Erfahrene Ärzte oder Automechaniker sind gleichermaßen zu intuitiven Schnelldiagnosen in der Lage, weil auch sie jeden neuen Fall an einer Unmenge von Fallbeispielen abgleichen können. Wenn Spitzenköche traumwandlerisch sicher ihre Zutaten auswählen oder die Gerichte würzen oder wenn erfolgreiche Manager weit reichende Entscheidungen treffen, greifen sie ebenfalls auf große Bestände prozeduralen Wissens zurück – die Intuition stellt ihnen das Know how zur Verfügung, während das rationale Denken eher auf das Know what spezialisiert ist. Wenn wir intuitiv denken und handeln, brauchen wir oft nur eine sehr geringe Menge von Fakten oder Informationen, um zu einem Urteil zu gelangen oder eine Entscheidung zu treffen.«[11]

Dazu ein Beispiel:

Eine Ärztin erzählte, dass sie unlängst, als sie in der Klinik Notdienst hatte, bei einem Patienten, der eingeliefert wurde, sofort wusste, welche Maßnahmen für ihn die optimalen wären. Sie teilte diese ihren

Kolleginnen und Kollegen sowie dem Pflegepersonal mit. Doch die fanden, so aufwändige Maßnahmen seien hier nicht nötig, die herkömmlichen würden völlig genügen. Die Ärztin ließ sich verunsichern und führte nur das Vorgehen durch, das die Kollegen für ausreichend hielten. Später sah sie jedoch, dass die Maßnahmen, die sie sofort gesehen hatte, genau die richtigen für diesen Patienten gewesen wären. »Zum Glück«, sagte sie, »ist der Patient nicht geschädigt worden. Doch ich habe mir vorgenommen, dass ich mich in Zukunft nicht mehr verunsichern lasse, sondern meiner Intuition traue und das mache, was sie mir rät.«

Es ist im Grunde nicht verwunderlich, dass die Intuition in dem Bereich, in dem ein Mensch sich gut auskennt, am besten funktioniert. Für Psychotherapeutinnen und Psychotherapeuten ist es das Gebiet der Beziehungen; für jemanden, der oft mit dem Auto fährt, sind es die vielfältigen Situationen, die im Straßenverkehr vorkommen; für den Manager ist es die Marktsituation; für den Banker sind es Geldgeschäfte; und Eltern reagieren häufig mit Intuitionen, wenn es ihre Kinder betrifft.

Da, wo die Intuition auf eine große Anzahl von bereits vorliegenden Informationen zurückgreifen kann, funktioniert sie besser als in Bereichen, die dem Betreffenden eher fremd sind. D. h. die Intuition ist – nicht nur, aber auch – angewiesen auf Daten der Vergangenheit. Ebenso funktioniert es bei der Partnerwahl. In der Kognitionspsychologie hat man anhand von Fotos menschlicher Gesichter herausgefunden, dass wir bei der Wahl unserer Partnerinnen und Partner diejenige Person bevorzugen, die eine gewisse Ähnlichkeit mit dem jeweils gegengeschlechtlichen Elternteil aufweisen. Auch dass wir die Attraktivität anderer Menschen am Aussehen unserer Eltern messen, stellen Biologen und Biologinnen längst nicht mehr in Frage. Die meisten Tiere lernen in ihrer Kindheit, mit wem sie sich später paaren sollen. Nur wir Menschen meinen nach wie vor, wir träfen ganz individuelle Entscheidungen, wenn es um Partnerschaft und Familie geht.

Das Phänomen der unbewussten Partnerwahl kann am besten mit Hilfe einer Entdeckung, die italienische Hirnforscher vor ca. 20

Jahren machten, erklärt werden. Die Forscher experimentierten mit einem Affen (er wurde narkotisiert, bevor man die Messfühler in seinem Gehirn anbrachte – das Gehirn selbst ist schmerzunempfindlich), um mehr über den Teil des Gehirns zu erfahren, der Handeln ermöglicht. Sie wollten also die Handlungsimpulse und ihr Zustandekommen untersuchen. Da das Gehirn von Affen dem des Menschen sehr ähnlich ist, konnte man in diesem Experiment auch viel über menschliches Handeln erfahren. Die Aufgabe des Affen bestand darin, nach einer Erdnuss, die vor ihm auf dem Tisch lag, zu greifen und sie zu essen. Jedes Mal, wenn er dies tat, feuerten in einem bestimmten Hirnareal – im prämotorischen Cortex – eine Anzahl von bestimmten Neuronen auf.

Plötzlich wurden die Forscher jedoch von einem Phänomen überrascht, mit dem sie nicht gerechnet hatten: Die Erdnuss war vom Tisch gefallen und einer der Versuchsleiter hob sie auf. Trotzdem feuerten die Neuronen in der Handlungsregion des Affen, als wäre er es gewesen, der die Nuss vom Tisch genommen hätte. Natürlich wiederholten die Forscher diesen Vorgang und stellten zu ihrer Überraschung fest, dass es gleichgültig ist, wer die Nuss aufhebt. Auch wenn der Affe lediglich beobachtet, dass die Nuss aufgehoben wird, geraten seine Neuronen in Aktivität. Seither werden diese Nervenzellen im Gehirn – beim Affen und beim Menschen – Spiegelneurone genannt, denn sie feuern nicht nur bei einer eigenen Tätigkeit, sondern auch dann, wenn ein anderer eine bestimmte Tat ausführt und diese von einem Gegenüber beobachtet wird. Diese Nervenzellen im Gehirn ermöglichen, dass Lebewesen andere Lebewesen – insbesondere die der eigenen Gattung – nachahmen können und dies auch tun. Wenn man einem Säugling die Zunge herausstreckt, dann tut er dies ebenfalls, und die Mutter, die ihr Kind füttert, öffnet oft unbewusst in gleicher Weise ihren Mund, wie sie es sich vom Kind wünscht.

Die Spiegelneuronen sind verantwortlich dafür, sagen die Hirnforscher, dass wir intuitiv über Mimik, Gestik und Stimme – die Spiegelneuronen sind auch mit dem Sprachareal und dem »Belohnungssystem« im Gehirn verbunden – die Stimmungen und Absichten des Gegenübers fast so erleben, als wären es unsere eigenen. Wir können uns auf Grund der Spiegelneuronen gleichsam in den anderen hineinversetzen, wodurch Empathie, Mitgefühl und intuitives Erfassen der jeweiligen Situation ermöglicht werden. Und vor allem – das ist wichtig – sind wir darauf angewiesen, von anderen wahrgenommen und entsprechend stimuliert zu werden, weil unser »Belohnungssystem« aktiviert werden möchte – damit wir uns wohl fühlen.

Hierher gehört auch die Auffassung vieler Wissenschaftler und Wissenschaftlerinnen, dass die Intuition auf unbewussten Wahrnehmungen im Menschen beruht. Sie meinen, dass wir Menschen als geistige Wesen in der Lage sind, nicht nur mit dem umzugehen, was mit den Sinnen aufgenommen wurde und uns als feste Daten vorliegt, sondern auch mit dem, was sich unterhalb der Bewusstseinsschwelle befindet. Genau diese Ansicht, dass wir Sinnesdaten über die Spiegelneuronen und Informationen aus einem anderen, uns unbewussten Bereich, abrufen können, wird uns später noch beschäftigen. Denn hier sind wir mit der äußerst spannenden Frage konfrontiert, was Intuition – jenseits des Bekannten und Fassbaren – eigentlich ist.

Wie kommt es z. B., dass die Intuition aus den Informationen, die ihr aus der Vergangenheit vorliegen, eine Aussage über die Zukunft machen kann? Dass Autofahrer unerwartet plötzlich auf meine Spur wechseln können, ist im Informationsmaterial der Vergangenheit zwar gespeichert, doch woher weiß ich, dass dieser Wagen gerade jetzt auf meine Seite ausschert? Welcher meiner Aufmerksamkeit entgangenen Hinweise bedient sich meine Intuition? Hier können nicht allein die Spiegelneuronen am Werk sein, denn ich kann der vor mir fahrenden Person nicht ins Gesicht schauen. Aber vielleicht sind diese Hinweise meiner Aufmerksamkeit gar nicht wirklich entgangen, ich habe sie mir bloß nicht bewusst gemacht? Dann wäre die Intuition gleichzusetzen mit einer Form der Bewusstheit, die blitzschnell entsteht, wenn es um meinen Schutz oder Vorteil geht. Die Intuition wäre demnach mit einem schnellen Rechner zu vergleichen, der die Aufgabe erfüllt, sich um mein Wohlergehen zu kümmern. Dass dieser Rechner unermüdlich Tag und Nacht im Gehirn arbeitet, ist eines der großen Wunder, die das Leben für uns bereithält.

In diese Richtung zielen auch die großen Traditionen des Ostens, vor allem in Japan, die sich mit dem Bogenschießen, dem Schwertkampf oder den Selbstverteidigungsstrategien befassen. Da gibt es eine schöne Geschichte:

Zu einem großen Meister der Schwertkunst kam ein junger Mann, der diese erlernen wollte. Er wollte auch gleich wissen, wie lange die Ausbildung dauern wird. Der Meister meinte, ungefähr sechs Jahre. »Und wenn ich mich sehr anstrenge?«, fragte der junge Mann. »Dann wirst du sicher 12 Jahre brauchen«, antwortete der Meister.

Der junge Mann entschloss sich zu bleiben und fragte, womit er anfangen könne. Der Meister wies ihn an, das Abendessen zuzubereiten. Am nächsten Morgen musste der Junge das Frühstück bereiten, danach das Mittagessen und dann wieder das Abendessen. So vergingen drei Jahre. Eines Tages, als der junge Mann gerade wieder in der Küche stand, spürte er plötzlich einen harten Schlag auf dem Hinterkopf und sank ohnmächtig zu Boden. Als er erwachte, stand der Meister neben ihm, lachte schallend und sagte: »Steh auf und bereite das Essen.« Drei weitere Jahre vergingen. Eines Tages, in der Küche, traf ihn wieder ein Schlag des Meisters. Dieses Mal jedoch nicht so heftig, weil der Schüler inzwischen gelernt hatte, achtsam zu sein, und seinen Kopf gerade noch ein wenig zur Seite drehen konnte. Wieder stand er drei Jahre lang täglich in der Küche, bis er eines Tages dann – er bereitete gerade sehr sorgfältig das Abendessen zu – sich plötzlich umdrehte und dem Meister, der hinter ihm stand, das erhobene Schwert aus der Hand nahm. »Du bist fertig«, sagte der Meister daraufhin, »du kannst nach Hause gehen.«

Das Konzept des Ostens, Intuition zu fördern, ist also, neben dem Sammeln von Erfahrung, die totale Aufmerksamkeit auf den jeweiligen gegenwärtigen Augenblick. Vor allem im Zen-Buddhismus wird dieser Bewusstseinszustand eingeübt. Wer also mit voller Achtsamkeit stets bei dem ist, was er gerade tut, dem entgeht nichts, was um ihn herum geschieht. Er braucht nicht vorher zu wissen, was nachher sein wird, weil es für ihn Vergangenheit und Zukunft nicht gibt. Er ist gleichsam aus der Zeit herausgetreten und agiert immer nur im Hier und Jetzt. Das, was wir Intuition nennen, ist für diesen Menschen nicht nötig, denn er lebt im ständigen Wissen, was gerade gut und richtig ist, was getan werden muss und was nicht. Er verfügt sozusagen jederzeit über das absolute Wissen, – ein Begriff von C. G. Jung, der aus vielen Beobachtungen und seinen daraus gewonnenen Erkenntnissen schloss, dass Raum, Zeit und Materie in der Psyche aufgehoben sind, mit dem Seelischen in eines zusammenfallen und so ein »absolutes Wissen« ermöglichen.

In den Ländern des Ostens ist diese Annahme nicht fremd, im Gegenteil, es wurde immer schon so gesehen, da es dort ja nicht zu der gleichen Spaltung des Denkens gekommen war, wie bei uns im Westen. Deshalb brauchen die Menschen, die diesen Bewusstseinstraditionen angehören, nicht zwischen Denken und Intuition und auch nicht zwischen Geist und Materie zu unterscheiden. Das alte chinesische Weisheits- und Orakelbuch *I Ging* (vgl. Kapitel 4) basiert auf dieser Sichtweise.

Die Trennung von Geist und Materie, die dann auch eine von richtig und falsch, gut und böse hervorrief, nennt der Ägyptologe Jan Assmann *Die mosaische Unterscheidung*. Er beschreibt in seinem gleichnamigen Buch[12], wie Mose eine Weltveränderung schuf, als er mit den Zehn Geboten, die Gott ihm auf dem Berg Sinai übermittelte, zu seinem Volk zurückkam. Was es bis dahin in der Göttervielfalt nicht gab, war die Trennung von richtig und falsch. Der Eine Gott, von dem Mose sprach, war rein geistiger Natur und von nun an der wahre Gott für das von Mose geführte Volk. Alle anderen Götter, die bis dahin verehrt wurden, galten als nicht wahr, nicht real, nicht existent. Von nun an musste unterschieden werden: der Mensch, Mose, war diesem Einen Gott verpflichtet und allein dieser Eine Gott bestimmte das Leben der Menschen. Nur die Menschen, die an Ihn glaubten, waren die von dem Einen Gott auserwählten, also die wahren Menschen. Wie es in der *Genesis* heißt, trennte dieser Gott Himmel und Erde, also Geist und Materie. Diese Unterscheidung, die auch eine Scheidung ist – Gott ist von denen, die nicht an Ihn glauben, geschieden – hat von da an das Denken der Menschen, die in dieser religiösen Tradition aufgewachsen sind, geprägt.

Aus dieser Trennung entwickelte sich parallel zur monotheistischen Religion das wissenschaftliche Denken, das ebenfalls zwischen wahr und falsch unterscheidet. Ein Drittes gibt es nicht, kann es nicht geben, denn was wäre es? Ein bisschen wahr und ein bisschen falsch? So können und dürfen ein Wissenschaftler und Wissenschaftlerinnen, die ja den schlüssigen Beweis ihrer Hypothesen liefern oder sie widerlegen lassen müssen, nicht denken. Von daher leuchtet es ein, dass die Intuition, die sich aus einer Zusammenschau mehrerer Perspektiven heraus offenbart, keinen Eingang in den Bereich der Wissenschaften finden konnte. Sie hebt ja gerade die Spaltung, das Entweder-oder auf, ihre Botschaft lautet: Sowohl-als-auch – und vielleicht noch: Ein-bisschen-mehr-dazu.

Heute ist sie – unter Vorbehalt – auch wieder im Wissenschaftsbereich erlaubt und sogar willkommen, zumindest wenn es um die Hypothesenbildung geht.

Hier stellt das Jung'sche Konzept der vier Ich-Funktionen (vgl. Kapitel 3) eine wesentliche Erweiterung dar, denn es bezieht die Intuition als gleichwertige Ich-Funktion mit ein, neben Empfinden, Fühlen und Denken. Um es hier schon vorwegzunehmen: eine Ich-Funktion ist eine Orientierungsfunktion, die es den Menschen ermöglicht, sich in der Vielfalt der Lebensereignisse zurechtzufinden, sie zu strukturieren, voneinander zu unterscheiden und sich die jeweiligen Handlungsmöglichkeiten bewusst zu machen.

Da sich sowohl die religiöse als auch die wissenschaftliche Unterscheidung zwischen richtig und falsch, wahr und unwahr gehalten hat, ist anzunehmen, dass diese Entwicklung sinnvoll gewesen ist. Wie wir im nächsten Kapitel sehen werden, brauchten wir sie, damit im menschlichen Bewusstsein ein »Ich« entstehen konnte, ein Zentrum, um das herum sich die innere Welt kristallisieren konnte. Nur wenn ich davon ausgehe, dass es richtig und falsch gibt – nur diese Zwei, kein Drittes! –, muss ich mich entscheiden, was ich tue, wie ich mich verhalte. Wenn z. B. Eltern ihrem Kind sagen: »Es ist ganz egal, was du tust«, bleibt der junge Mensch unsicher in seinem Verhalten. Wenn umgekehrt strenge Eltern das Kind für alles oder das meiste tadeln, gewinnt es ebenfalls keine Sicherheit im Leben. Das heißt, die Bewusstheit seiner selbst, das so wichtige Selbstbewusstsein und damit die Selbstverantwortung, kann sich nur dann ausprägen, wenn es eine Unterscheidungsmöglichkeit zwischen richtig und falsch, gut und böse gibt.

Doch wenn uns etwas selbstverständlich geworden ist, wir es integriert haben, brauchen wir darauf kein großes Augenmerk mehr zu richten. Dann können wir den Blick heben und uns dem zuwenden, was uns noch nicht so selbstverständlich oder noch nicht so vertraut ist – in unserem hier behandelten Fall: der Intuition.

Ein weiteres Konzept der Intuition finden wir in der alten indischen Lehre von den sieben Energiefeldern, Chakras genannt. Nach dieser Yoga-Tradition ist im menschlichen Zentralnervensystem ein feinstoffliches Energiesystem eingeschlossen, das mit den Hormondrüsen des endokrinen, innersekretorischen Drüsensystems in Verbindung steht. Dieses Energiesystem beginnt am unteren Ende der Wirbelsäule und endet in der Großhirnrinde. Es ist in sieben Energiefelder aufgeteilt, die alle miteinander verbunden sind. Den einzelnen Feldern oder Chakras (= Kreis, Bewegung) werden bestimmte Bewusstseinszustände, die in jedem Menschen vorhanden sind, zugeordnet. Dieser Übungsweg heißt *Kundalini*(= Schlangenkraft)-*Yoga*, denn die latent vorhandene, aber noch unerweckte Bewusstseinsenergie befindet sich wie eine zusammengerollte Schlange im Beckenboden und wartet auf ihre Erweckung. Mit Hilfe einer bestimmten Vorgehensweise, die der Yogi erlernt, kann sich diese Energie die Wirbelsäule entlang aufrichten, wie sich eine Schlange an einem Baum entlang erhebt, die einzelnen Felder energetisieren, bis sie im obersten, dem Scheitelchakra, zu ihrer Vollendung erwacht ist. Der Mensch, der dies erreicht, sei von Leben und Tod befreit.

Für uns ist das Ajna-Chakra, das im Bereich der Zirbeldrüse lokalisiert ist, interessant. Denn es wird auch als »Drittes Auge« oder, weil es das sechste Chakra ist, als »Sechster Sinn« bezeichnet. Es sieht, was die beiden physischen Augen für sich allein nicht sehen können. Da es zwischen den beiden Augen pulsiert, kann es das wahrnehmen, was auch die physischen Augen erblicken, dieses – das Linke und das Rechte – zusammenfügen und daraus eine Einheit bilden, die dadurch mehr wird, als die Summe von Zweien, mehr als rechts und links zusammengenommen, nämlich ein neues Drittes. Es ist das Sehen, das wir Intuition nennen.

An dieser Stelle wollen wir nochmals auf einen Seher der alten Zeiten Bezug nehmen, auf Teiresias. Er wird in der griechischen Mythologie mit einem ganz besonderen Schicksal beschrieben:

Teiresias überraschte einmal die Göttin Athene beim Baden, was einem Sterblichen nicht zustand. Da legte Athene ihre Hände über seine Augen, so dass er blind wurde. Zum Trost schenkte sie ihm die Gabe des Sehens. Ähnlich wie bei Kassandra hat also auch hier das Göttliche die Hand im Spiel, wenn es um die Sehergabe geht. Es gibt aber noch eine andere Version über Teiresias' Schicksal: Er hätte einmal zwei Schlangen beobachtet, die sich paarten. Daraufhin griffen die Schlangen ihn an, er wehrte sich und tötete das Weibchen. Da wurde er in eine Frau verwandelt und musste das Leben einer berühmten Hure führen. Doch sieben Jahre später sah er an der gleichen Stelle wieder zwei sich paarende Schlangen, die ihn ebenfalls angriffen. Nun tötete er das männliche Tier und wurde wieder zum Mann, der den Ruf hatte, weise zu sein.

Eines Tages gab es Ehestreit zwischen dem Götterpaar Zeus und Hera. Zeus gab seiner Frau durch seine zahlreichen Liebesabenteuer immer wieder Grund zur Eifersucht. Sie machte ihm schwere Vorwürfe und er argumentierte dagegen, dass sie dafür, wenn er mit ihr das Lager teile, die größeren Freuden habe. Hera widersprach und weil sie sich nicht einigen konnten, holten sie Teiresias, damit er ihren Streit nach seiner persönlichen Erfahrung schlichte. Teiresias gab Zeus Recht, was Hera so erboste, dass sie Teiresias blendete. Doch Zeus machte den Schaden wieder gut, indem er Teiresias das innere Sehen verlieh.[13]

Diese vergnügliche Episode mag darüber hinwegtäuschen, dass mythologische Erzählungen einen lebenswahren Hintergrund in sich tragen, der oft auf den ersten Blick nicht zu erkennen ist. Hier geht es zunächst um physische Blindheit, um eine Veränderung der Augen. Wenn Teiresias geblendet ist, dann bleibt ihm zum Sehen nur das »dritte Auge«, die Intuition. Durch sie wird er erst zum »Seher«. D. h. nur wenn er das, was er mit seinen physischen Augen sieht, ausschalten vermag, ist ihm das Sehen anderer Dimensionen möglich. So können auch ganz normale Menschen immer dann etwas intuitiv erfassen, wenn sie gewissermaßen ihre physischen Augen schließen und in dem Sinne »nach innen« schauen, wo Bilder und Fantasien auftauchen, für die sonst wenig Raum besteht. Das bedeutet, dass sie in ihrem Inneren dem Unbewussten gegenübertreten und sich damit dem Bereich annähern, den man das »absolute Wissen« nennt.

C. G. Jung hat im Rahmen seiner Überlegungen, vor allem zur Synchronizität (vgl. Kapitel 4) darauf hingewiesen. Wir werden in Kapitel 7 noch näher beschreiben, wie wir uns Schritt für Schritt dem Raum des absoluten Wissens nähern können. Dies ist gemeint, wenn gesagt wird, dass sich mit dem sechsten Chakra Tore in andere Dimensionen öffnen lassen.

Interessant sind in der Geschichte von Teiresias auch die beiden Schlangen. Wenn sie sich paaren, sind sie ineinander verschlungen und dann sehen sie aus, wie die beiden Schlangen, die sich um den Äskulapstab winden, der heute noch Sinnbild für die ärztliche Heilkunst ist. »Äskulap« bezieht sich auf »Asklepios«, den griechischen Gott der Heilkunde. Die Schlange kann sich spiralartig aufrichten. In dieser Haltung zeigt sie dieselbe Form, welche die DNS, die Grundsubstanz allen Lebens, aufweist. Noch treffender ist die Form der DNS dargestellt, die auch Doppelhelix, also doppelte Spirale, genannt wird, wenn zwei ineinander verschlungene Schlangen sich zeigen. So wie Teiresias sie beobachtet hat. Er sah das, was auch die Schamanen Südamerikas – diese mit Hilfe der das Bewusstsein stimulierenden halluzinogenen Pflanze Ayahuasca – gesehen und »kosmische Schlange« genannt haben. Sie sagen, dass diese kosmische Schlange das Wissen vom Leben in sich trage, sowie Natur und Kosmos miteinander verbinde.

Der Anthropologe Jeremy Narby schildert seine aufregenden

Erfahrungen, die er bei Schamanen im südamerikanischen Urwald machte. Wie die Indianer sah auch er zwei umeinander verschlungene Schlangen und erkannte in ihnen die Form der DNS. Er schreibt: »Eine Tatsache bewegte mich ganz besonders: die astronomische Länge der DNS, die in einem menschlichen Körper enthalten ist – 200 Milliarden Kilometer. Hier, dachte ich, ist das Seil zum Himmel, von dem die Aahaninca sprechen: Es ist in uns allen, und es ist lang genug, um Himmel und Erde miteinander zu verbinden.«[14]

In vielen alten Kulturen, wie z. B. in Ägypten wurde das Bild der Schlange häufig erwähnt.[15] Das ist nicht verwunderlich, wenn wir heute wissen, dass sie mit ihrer Gestalt die Form der Grundsubstanz des Lebens und Träger der Erbinformationen symbolisiert. Dass die Doppelhelix der Ort ist, aus dem die Intuition kommt, führen wir später noch aus.

Das Ajna-Chakra oder »Dritte Auge« lokalisiert den Ort im Gehirn, an dem die Zirbeldrüse sitzt. Sie nun spielt eine besondere Rolle im Denken des schon erwähnten Philosophen und Mathematikers Descartes: »Nach Descartes' Auffassung tritt der Geist in der Zirbeldrüse in Wechselwirkung mit dem Gehirn, doch weder er noch irgendein anderer hat je erklären können, wie das geschieht.«[16]

Was wissen wir heute über die geheimnisvolle Zirbeldrüse? Sie produziert das Hormon Melatonin, welches als oberste Kontrollinstanz bezeichnet wird, denn es sorgt für langes Leben und für Lebensqualität. Melatonin reguliert die biologische Uhr des Körpers und die Ausschüttung aller wichtigen Hormone.

Eine österreichische Forschergruppe hat herausgefunden, dass bei vielen Menschen nicht genügend Energie in dem Gehirnbereich, wo die Zirbeldrüse sitzt, vorhanden ist, wodurch ihnen der Zugang zu ihrer Intuition erschwert wird. Am Institut für angewandte Biokybernetik und Feedbackforschung in Wien ist es den Forschern und Forscherinnen gelungen, ein Messsystem für die innerkörperliche Lebensenergie und deren Fluss (entlang der Wirbelsäule) zu entwickeln. Sie trainieren diese Energie über das richtige Anspannen des Beckenbodenmuskels, Pubococcygeus-Muskel (Pc-Muskel).[17]

Das ist die Antwort des Westens auf das alte Yoga-Wissen des Ostens. In der Tat gibt es auch eine spezielle Yogaform, das Kriya-Yoga (Kriya heißt Tat, Ausführung, Mühe), das seinen Übungsweg auf das Training des Pc-Muskels aufbaut.

Kapitel 3

Intuition als psychische Kraft

■ Die vier Ich-Funktionen in der Analytischen Psychologie

Aus den bisherigen Beschreibungen wurde deutlich, dass die Intuition eine relativ bestimmte Funktion der Psyche oder des menschlichen Geistes ist, die wie sich auch entwicklungsgeschichtlich zeigt, sehr viele Lebensmöglichkeiten eröffnet. Genau hier stellt sich die Frage, in welchen Gesamtkontext der psychischen Organisation die Intuition gehört, denn sie ist nicht die einzige Funktion des menschlichen Bewusstseins, genauer des Ich-Bewusstseins. Zu dieser Thematik hat C.G. Jung sehr umfangreiche Studien ausgearbeitet und das Konzept von vier Ich-Funktionen, von ihm ursprünglich »Orientierungsfunktionen des Bewusstseins« genannt, vorgelegt. Die vier Funktionen sind: Empfinden, Intuieren, Denken und Fühlen. In diesem Gesamtkonzept ist die Intuition also *eine* von vier Grund legenden Funktionen, die dem menschlichen Ich zur Orientierung und Lebensbewältigung zur Verfügung stehen.

Hört man Gesprächen über längere Zeit zu, so fällt die außergewöhnlich häufige Verwendung des Wortes »Ich« auf. Das Ich muss also im persönlichen Erleben, wie es sich in der Sprache darstellt, eine zentrale Bedeutung einnehmen. »Ich weiß …«, »Ich will …«, »Ich kann mir vorstellen …«, »Ich fühle oder fühle nicht …« usw.

Die Handlungs- und Erlebnismöglichkeiten, die sich in der Alltagssprache mit dem Ich verbinden, sind zahlreich. Dieses Ich oder, wie es auch genannt wird, das Ich-Bewusstsein, ist offenbar in der Lage, seine Aufmerksamkeit in jeweils verschiedene Richtungen zu lenken: ich kann mir Gedanken machen; ich spreche über meine Gefühle; ich beobachte sehr sorgfältig, was meine Kinder derzeit tun; ich kann zweifeln, hoffen, aggressiv und freundlich sein usw. Wir sind also in der Lage, von unserem Ich ausgehend oder um unser Ich herum eine nicht überschaubare Fülle von Denk-, Fühl- und Verhaltensmöglichkeiten anzuordnen. So definiert Jung das »Ich« folgendermaßen:

> »Es ist ein komplexer Faktor, auf den sich alle Bewusstseinsinhalte beziehen. Er bildet gewissermaßen das Zentrum des Bewusstseinsfeldes, und insofern dieses die empirische Persönlichkeit umfasst, ist das Ich das Subjekt aller persönlichen Bewusstseinsakte. Die Beziehung eines psychischen Inhaltes zum Ich stellt das Kriterium des Bewusstseins desselben dar, denn kein Inhalt ist bewusst, der nicht im Subjekt vorgestellt wäre.«[19]

Diese etwas abstrakte Beschreibung dessen, was wir in der Alltagssprache »Ich« nennen, zeigt die kaum zu überschätzende Bedeutung dieser Seite der menschlichen psychischen Organisation. Mit dem Ich ist das Gefühl der Eigenständigkeit und des Subjekt-Seins verbunden. Die uralte Frage »Wer bin ich?« lässt sich ohne differenzierte und komplexe Annahmen über das menschliche Ich nicht beantworten; zugleich bleibt aber der fast paradoxe Tatbestand bestehen, dass mit diesem kleinen Wort die ganze Fülle der Möglichkeiten menschlichen Erlebens und Bewusstseins zusammengefasst und zugänglich dargestellt wird.

Jungs Beobachtung, dass der komplexe Faktor »Ich« auf einer somatischen und einer psychischen Grundlage beruht, wurde inzwischen in den Forschungen der Jung'schen Analytischen Psychologie, der Freud'schen Psychoanalyse und der Tiefenpsychologie bestätigt. Große Funktionsbereiche des Ich sind eben nicht bewusst, sondern unbewusst und bestimmen trotzdem sehr wesentlich das Verhalten des Einzelnen. Viele körperlichen Reize überschreiten nur zum Teil die Bewusstseinsschwelle; die meisten bleiben unbewusst oder unterschwellig. Ein großer Teil dieser Reize ist schlechthin bewusstseinsunfähig und es besteht kein Anlass, ihnen eine psychische Natur verleihen zu wollen.

Es ist im Rahmen dieses Buches nicht möglich, ausführlicher auf die heutigen Ich-psychologischen Forschungen einzugehen; es steht aber außer Zweifel, dass dem Ich, wie man es auch definieren mag, eine ganz zentrale Rolle für das Verständnis der menschlichen Persönlichkeit und ihr Verhalten zukommt. Noch einmal C. G. Jung:

> »Als Bezugspunkt des Bewusstseinsfeldes ist das Ich das Subjekt aller Anpassungsleistungen, soweit diese überhaupt vom Willen vollzogen werden. In der seelischen Ökonomie spielt daher das Ich eine bedeutungsvolle Rolle. Seine Stellung darin ist dermaßen wichtig, dass das Vorurteil, das Ich sei das Zentrum der Persönlichkeit oder das Bewusstseinsfeld sei die Psyche überhaupt, keineswegs guter Gründe ermangelt.«[19]

Heute ist es selbstverständlich, dass das Ich als ein »Funktionskomplex« verstanden werden muss. Jung hat vorgeschlagen, die vier Funktionen – empfinden, intuieren, denken, fühlen – wie in einem Koordinatensystem anzuordnen, mit einer senkrechten Achse, welche das Empfinden und die Intuition als Pole kennzeichnet und einer waagerechten, die durch Denken und Fühlen bestimmt ist.

Die senkrechte Achse ist die Wahrnehmungsachse, die waagerechte die Urteilsachse. Im Zentrum dieses Koordinatenfeldes steht das Ich, das in der Lage ist, wie eine souveräne Schaltstelle diese Funktionen zielgerichtet einzusetzen, und zwar mit Hilfe einer spezifischen psychischen Energie, die ihm zur Verfügung steht. Sie ist als Willensenergie bekannt und der menschlichen Persönlichkeit von jeher zugeschrieben worden. C. G. Jung hat sich mit der Frage des Willens intensiv auseinander gesetzt und in ihm eine disponible psychische Energie als im Ich-Bewusstsein frei verfügbare Libido gesehen.[20] Die umfangreichste und kompetenteste Einführung in die Jung'sche Ich-Psychologie wurde von *Adam*[21] beschrieben, der wir im Wesentlichen folgen. Nun zu den einzelnen Funktionen:

Die *Empfindungsfunktion* ist ein Informationen verarbeitendes

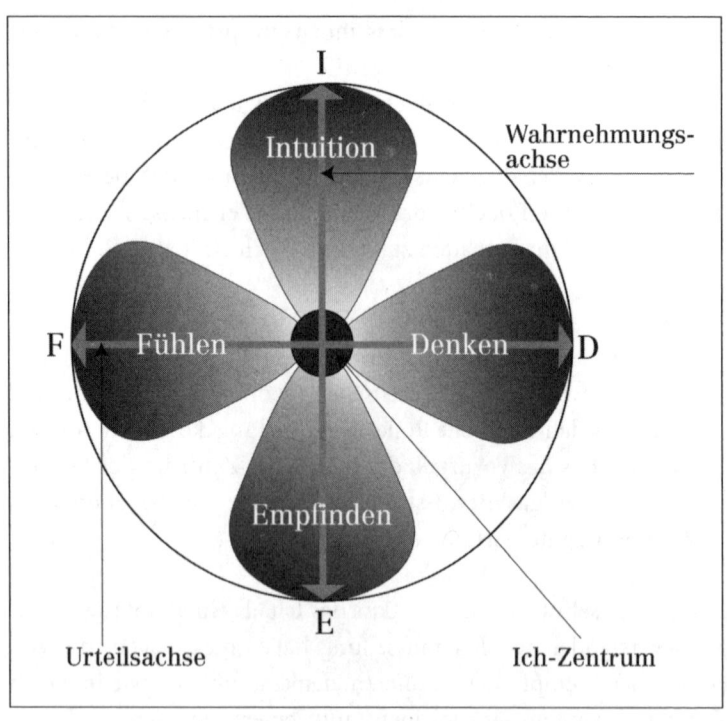

Funktions-System mit den Achsen (aus: Adam 2003, S. 41)

System, das sämtliche Stimuli aufbereitet, die über die Sinnesorgane vermittelt werden. Sehen, hören, schmecken, tasten, riechen usw. sind ihre Domäne – vieles hiervon haben wir mit den Tieren gemeinsam. Insofern ist sie eine grundsätzliche materielle Basis, um sich in der Welt zurechtzufinden und zu verankern. Die Empfindungsfunktion »konstatiert, was real da ist. Über sie ist eine Bestandsaufnahme des Vorhandenen möglich, und sie ermöglicht das Faktenwissen, den Tatsachensinn und das Tatsachengedächtnis. Damit bildet sie das Fundament der Realitätswahrnehmung oder der Realitätsfunktion, an der aber auch die Denkfunktion beteiligt ist«.[22] Die Empfindungsfunktion ist also das zentrale Instrument des Ichs, sich in der Welt zurechtzufinden.

Anders funktioniert die *Intuition*, denn sie ist definitionsgemäß unabhängig von den Sinnesorganen und der körperlichen Reizaufnahme.

»Sie beruht auf einer immateriellen Wahrnehmung und arbeitet rein geistig. Damit hat sie Zugang zum unbewussten Wissen, und zwar sowohl zum eigenen Unbewussten wie auch im Prinzip zum kollektiven Unbewussten der Menschheit. Die Inhalte der Intuition treten als Bild- oder Worteinfall, als Fantasie, Ahnung oder spontan, plötzlich und – im wahrsten Sinne des Wortes – ›unvermittelt‹ ins Bewusstsein. Dadurch kommen originäre, überraschende und kreative Ideen hoch, die im günstigsten Fall blitzlichtartig eine verzwickte Lage erhellen und klären können. Durch die Intuition ist nämlich ein ganzheitliches Erfassen von Sachverhalten und Szenarien möglich. Die Intuition hat auch einen ›Riecher‹ für Zukünftiges, für keimhaft in der Gegenwart liegende Möglichkeiten. Intuitive Eingebungen können nicht begründet werden, d. h. ihre Herkunft kann im Allgemeinen nicht ermittelt werden. Sie sind nicht von wahrgenommenen Dingen oder denkerisch oder logisch ableitbar.«[23]

Die Intuition ist also eine ganz andere Orientierungsfunktion als das Empfinden. Da wir gerade in der westlichen Welt sehr darauf trainiert sind, alles logisch zu begründen oder zumindest mit faktischen Beobachtungen zu belegen, ist uns diese Funktion, so wichtig und zentral sie im Alltagsleben funktioniert, eigentlich fremd. Sie ängstigt also eher als dass man auf sie zählt. Gerade was die Intuition betrifft, bedarf es eines besonderen Vertrauens zu den im Grunde doch unerschöpflichen Möglichkeiten der menschlichen Seele, die Bewusstes und Unbewusstes umfasst. Der Zugang der Intuition zum Unbewussten macht sie so »verdächtig«, denn sie vermittelt Inhalte, die man eigentlich nicht wissen, sehen oder denken kann. Sie ist zweifellos die Quelle künstlerischen und kreativen Handelns, der Ursprung genialer Ideen in verschiedenen Lebensbereichen.

Da diese beiden Funktionen auf der vertikalen Achse – Empfinden und Intuieren – einfach gegebene Tatbestände sind, hat C. G.

Jung sie als irrationale Funktionen, Adam als »a-rationale Funktionen« bezeichnet, weil das Wort irrational eher negativ befrachtet ist, was in andere Bereiche führt, als mit den Ich-Funktionen beabsichtigt ist.

Die *Fühlfunktion* stellt »wie die Denkfunktion eine beurteilende Ich-Funktion dar, die Lebenssituationen, Zustände oder Menschen nach den ihr eigenen Fühlkriterien bewertet. Dies umfasst in erster Linie die ganze Bandbreite zwischen angenehm und unangenehm«[24]. Damit ist jedoch die Vielfalt der Reaktionsmöglichkeiten und Wertpolaritäten der Fühlfunktion nicht erschöpft, es gehört hierher neben angenehm und unangenehm, sympathisch und unsympathisch usw. die ganze Fülle der Polaritäten menschlichen Fühlens.

Vor diesem Hintergrund ist es einleuchtend, dass die Fühlfunktion, wie Jung sie definiert hat, eine urteilende Funktion ist, denn die Unterscheidung zwischen angenehm und unangenehm stellt eine Bewertung dar. Wie auch die anderen Funktionen ist die Fühlfunktion polar angelegt, hier handelt es sich um die Polaritäten von angenehm und unangenehm, sympathisch und unsympathisch, schön und hässlich, gut und böse usw.

Das Fühlen, wie Jung es beschrieben hat, also das gefühlsmäßige Bewerten, ist nicht unbedingt gleichzusetzen mit den Gefühlen, die gemeint sind, wenn jemand eine starke Emotion oder einen Affekt zeigt. Angst z. B. kann auch mit körperlichen Begleiterscheinungen einhergehen, die der Empfindungsfunktion zuzuschreiben sind; Wut lässt oft verletzende Gedanken entstehen und gehört dann auch zur Denkfunktion; Freude und ein gehobenes Lebensgefühl gehen vielleicht mit neuen Ideen einher und sind somit der Intuition zuzuordnen.

Die Fühlfunktion kann man auch als »ethische Funktion« bezeichnen, denn gerade in diesem Bereich kommt es darauf an, sehr klar das Gute, dem Einzelnen und der Allgemeinheit Fördernde vom Schlechten, von dem was Schaden anrichtet, zu unterscheiden.

Die *Denkfunktion* gehört zu den urteilenden Ich-Funktionen, ebenso wie das Fühlen.

»Sie unterscheidet zwischen richtig und falsch und beruht auf den Grundlagen der aristotelischen Logik. Die Denkfunktion ordnet Bewusstseinsinhalte in Kategorien und hat die Fähigkeit, Kritik zu üben, zu nachvollziehbaren Schlussfolgerungen zu gelangen und Beweisgänge durchzuführen. Nach Jung ist das Denken eine der Grundfunktionen, die, ihren eigenen Gesetzen gemäß, gegebene Vorstellungsinhalte in einen begrifflichen Zusammenhang bringt [...].«[25]

Von unserer westlichen Erziehung her sind wir in der Regel erst dann zufrieden, wenn sich ein Eindruck im Nachhinein noch rational oder logisch begründen lässt. Erst nach dieser Prüfung sind wir sicher, uns ihr anvertrauen und auf sie verlassen zu können. Genau das ist der wesentliche Punkt, und hier setzt die Jung'sche Ich-Psychologie kritisch an, indem sie diesen Primat des Denkens relativiert, wie wir an den drei anderen, dem Denken gleichwertige Grundfunktionen, sehen.

»Insgesamt repräsentiert die Denkfunktion das, was wir Ratio, Intellekt und analytischen Verstand nennen, worin schon eine mögliche Einseitigkeit zum Ausdruck kommt, wenn sich das Denken rein rationalistisch, intellektualistisch und analytisch-reduktiv verhält. An sich aber ist die Fähigkeit des analytischen Verstandes eine wichtige Geistesgabe: auf den Spuren des Kausalitätsgesetzes Ursachenforschung zu betreiben und etwas zu seinen Ursprüngen zurück zu verfolgen.«[26]

Das Verständnis der genannten vier Ich-Funktionen wurde von C. G. Jung dahingehend ergänzt und verfeinert, dass er die grundsätzlichen Einstellungsweisen der Extraversion und Introversion hinzugenommen hat. »Diese beiden Einstellungsweisen kennzeichnen den Fluss psychischer Energie, der entweder vom Ich zu den äußeren Objekten führt (Extraversion) oder zunächst einen Umweg über die inneren Objekte und subjektiven Gegenebenheiten macht (Introversion).«[27]

In diesem Gesamtkonzept hat jede der genannten Ich-Funktionen eine extravertierte und eine introvertierte Seite, auf die hier im einzelnen aber nicht eingegangen werden kann; wir verweisen auf die grundlegenden Studien von Adam.

In der persönlichen Entwicklung ist es oft schwierig zu erkennen, dass man das Leben vielleicht nur vom extravertierten Standpunkt aus sieht. Wenn man sich von den äußeren Dingen des Lebens zu sehr faszinieren lässt, verliert man den Zugang für das Verständnis zum »eigenen Inneren«.

Umgekehrt versteht ein Mensch, der hauptsächlich introvertiert ausgerichtet ist, nicht, wie man sich von äußeren Gegebenheiten so intensiv beeinflussen und steuern lassen kann. Gerade in Partnerschaften ist die jeweilige Einstellung oft Ursache für manche Probleme. Viele Frauen klagen darüber, dass Männer nicht über ihre Gefühle sprechen, und nicht wenige Männer halten die »Gefühlsduselei« ihrer Frauen für hysterisch. Wer jedoch ein Ohr hat für das, was Paare miteinander tun und wie sie miteinander reden, wird sehr rasch erkennen, dass die Problematik dahinter zwischen dem Unterschied der jeweiligen Einstellungen besteht. Wenn nun noch hinzukommt, dass dann jeweils eine der genannten Ich-Funktionen dominant ist, also z. B. die Denkfunktion oder die Intuition, so kann man sich vorstellen, welch endlose Vielfalt von komplexen Konfliktmöglichkeiten sich daraus ergeben.

Mit dem Ich als Orientierungsfunktion setzt sich auch die Transaktionsanalyse auseinander.

■ Die Ich-Zustände in der Transaktionsanalyse

Eric Berne, der die Transaktionsanalyse entwickelte, maß der Intuition eine hohe Bedeutung zu. Nicht nur sei sie für den psychotherapeutischen Prozess unerlässlich, sie begünstige auch vieles andere im Leben des Menschen:

»Man könnte sogar so weit gehen, einzuräumen, dass wir durch die Intuition im täglichen Leben mehr und Richtigeres lernen als durch verbalisierte Beobachtungen und Logik. Wir neigen dazu, auf das stolz zu sein, was wir sprachlich erfassen, aber es ist möglich, dass bei unseren wichtigsten Entscheidungen die leise und zarte Stimme der Intuition ein zuverlässigerer Führer ist.«[28]

Um zu verstehen, was das Wesen der Intuition im transaktionsanalytischen Verständnis ausmacht, ist es notwendig, einiges über das Berne'sche Ich-Konzept zu wissen.

Wenn ein Kind zur Welt kommt, bringt es nicht nur einen vollständig entwickelten und funktionierenden Körper mit, sondern auch eine Seele, in der schon vieles angelegt ist. Eigenschaften und Fähigkeiten seiner Eltern und deren Vorfahren sind in seinem Genom enthalten, aber auch Material aus allgemein menschlichen Erfahrungen und Verhaltensweisen, die überzeitlich und überkulturell sind. Ohne dass man es einem Kind erklären müsste, weiß es, was eine Geste bedeutet. Kleine Kinder deuten in der Regel sehr bald den Gesichtsausdruck ihrer Eltern richtig, sie erfassen – intuitiv! – die Atmosphäre, die in der Familie herrscht. Heute wissen wir aus der Hirnforschung, dass dabei auch die Spiegelneuronen in Funktion treten.

Berne nannte diesen seelischen Zustand, in den das Kind von Anfang an eingebunden ist, »Archäopsyche«. Darin ist bereits alles enthalten, was ein Mensch braucht, um sich zu seiner ganz eigenen Wesensart und Bestimmung zu entwickeln. Aus dieser Archäopsyche wächst im Laufe der Kindheit ein junges Ich heran, das auf seine individuelle Weise die Welt erfasst und auf diese zugeht, zunächst – auf Grund der allgemein menschlichen Veranlagung – spontan, intuitiv und neugierig. Spontaneität, Intuition und Entdeckerfreude sind die Grundeigenschaften, mit denen sich das Kind in seiner Umwelt zurechtfindet.

Die Intuition ist also – wie oben schon deutlich wurde – die erste Orientierungsfunktion, die den Menschen mit dem Geistigen verbindet. Wer kleine Kinder beobachtet, ist oft erstaunt darüber, was sie alles erfassen und wie absichtslos sie damit umgehen. Auf der Ebene der Empfindungen reagieren sie dann sowohl auf die Wahrnehmungen ihres eigenen Körpers als auch auf die Stimuli von außen. Und sie urteilen auch von früh an, d. h. sie geben sowohl den angenehmen als auch den unangenehmen Empfindungen einen entsprechenden Ausdruck. Schmeckt ihnen etwas nicht, verziehen sie das Gesicht zu einer Grimasse; ist ihnen zu warm, strampeln sie die Decke weg usw. Das Denken sowie das Fühlen – im Sinne der Jung'schen Fühlfunktion – setzt ein, wenn sie gelernt haben, was dieses oder jenes bedeutet und welche Folgerungen es nach sich zieht. Die vier Ich-Funktionen, wie sie in der Analytischen Psychologie beschrieben werden, werden auch in der Transaktionsanalyse von Beginn an im Ich-Zustand des Kindes als verankert gesehen. Die individuelle Entwicklung gibt allerdings der einen oder anderen Funktion den Vorzug, so dass der erwachsene Mensch später dazu neigt, vornehmlich zuerst mit der in ihm am besten angelegten Fähigkeit auf Stimuli, die ihn erreichen, zu reagieren.

Doch das Kind ist nicht nur mit seiner Innenwelt konfrontiert – natürlich spielt auch die äußere Welt eine bedeutende Rolle. Das, was Mutter und Vater sowie andere Familienmitglieder und später alle Personen, mit denen das Kind zu tun hat, ihm zeigen und sagen – wobei das Averbale stärker und schneller wirkt, als das Verbale – hinterlässt einen bleibenden Eindruck in seiner Seele. Berne nennt diesen Teil – weil er von außen kommt – »Exteropsyche« und siedelt in ihm den Ich-Zustand des »Eltern-Ichs« an. Es ist der Ich-Zustand der Autoritäten, denn so erlebt das Kind die Erwachsenen, vor allem verständlicherweise die Personen, die es etwas lehren und/oder die es zurechtweisen.

Dann entwickelt sich im jungen Menschen noch das »Erwachsenen-Ich«, das Berne der »Neopsyche« zuordnet. Es ist der Ich-Zustand, in dem aktuelle Informationen gesammelt, ausgewertet und gegebenenfalls weitergegeben werden und der den Erwachsenen so reagieren lässt, wie gesunde Erwachsene sich eben ihrem Alter gemäß verhalten.

Über diese drei Ich-Zustände verfügt jeder Mensch, er kann jederzeit den einen oder anderen mit psychischer Energie besetzen und daraus handeln.

Das ist, sehr kurz gefasst, die Theorie. In der Praxis sieht es allerdings so aus, dass die drei Ich-Zustände nicht in so abgegrenzter Weise energetisiert werden. Das wäre nicht nur langweilig, sondern sinnlos. Die Erfahrung, die jeder Mensch mit sich selbst und mit anderen machen kann, zeigt, dass sich Erwachsene sehr wohl in bestimmten Situationen kindlich verhalten, dass sie aber auch belehrend, beschützend, nährend, moralisierend und zurechtweisend sein können, d. h. sie wechseln oft sehr rasch zwischen den einzelnen Ich-Zuständen hin und her, sind einmal das fröhliche oder ängstliche kleine Mädchen, der ausgelassene oder bockige kleine Junge; ein anderes Mal ein wohlwollender oder unzufriedener Vater, eine nährende oder nörgelnde Mutter. Solange solche verschiedenen Verhaltensweisen in die entsprechende Situationen passen, ist das völlig in Ordnung und normal. Schwierigkeiten treten erst dann auf, wenn sich in der aktuellen Lage Reaktionen aus einem bestimmten Ich-Zustand zeigen, die in dieser Situation nicht angemessen sind. Wenn z. B. eine Frau an ihrem Arbeitsplatz eine Kollegin als fürsorgliche »Mama« erlebt oder von einem autoritären Chef oder einer arroganten Chefin in ungebührlicher Weise gemaßregelt wird.

Aber nicht nur in der äußeren Kommunikation kann es zu Ungleichgewichten der drei Ich-Zustände kommen. Das Hauptproblem vieler Menschen liegt im inneren Zusammenspiel der Ich-Bereiche. Wir hören es in der Psychotherapie immer wieder, dass jemand sagt:»Ich gehe mit mir selbst genau so kritisch, maßregelnd und abwertend um, wie ich es in meiner Kindheit erlebt habe.« Im Inneren fast aller Menschen gibt es also pausenlos, mehr oder weniger stark, Interaktionen zwischen dem Kind-Ich und dem Eltern-Ich. Das innere Kind möchte dieses und jenes tun, was Spaß macht und schön ist, aber das, was ihm seine Eltern beigebracht haben, verbietet es. Das innere Kind reagiert darauf traurig, ängstlich oder rebellisch, was die »Erziehungsmaßnahmen« der verinnerlichten Autoritäten verstärkt. Das Erwachsenen-Ich ist auf Grund eines solchen ständigen inneren Hin und Her bald nicht mehr oder nur unter großer Anstrengung in der Lage, das Leben vernünftig zu gestalten.

Und vor allem die Intuition hat es schwer, in einem derart gestörten Erwachsenen-Ich zu erscheinen. Genau dies war nicht nur die These, sondern die genaue Beobachtung des Kommunikationswissenschaftlers Eric Berne: Intuition und ein rigides, besserwisserisches Eltern-Ich schließen sich aus. Wenn das Erwachsenen-Ich von den Einflüssen einer direktiven und moralisierenden Instanz ständig gestört oder gar ganz durchdrungen ist, gibt es keinen Raum mehr für das freie Spiel, das der Intuition innewohnt. Die Intuition, sagt Berne, ist im Kind-Ich beheimatet.

Hier trifft sich die Transaktionsanalyse mit der Analytischen Psychologie: Beide gehen von einem unerschöpflichen Reservoir des Psychischen aus, das nur zu einem kleinen Teil im Bewusstsein der Menschen, zu einem sehr viel größeren Teil im Unbewussten vorhanden ist. Aus diesem »Brunnen« schöpft die Intuition das Wissen, das sie braucht, um eine plötzliche Erkenntnis aufblitzen zu lassen. Und hier hat Berne auch gleich ein Rezept geliefert, das wir brauchen, wenn wir Intuition lernen wollen: nämlich das Ich des natürlichen, freien Kindes so zu stärken, dass es von den erzieherischen Maßnahmen des Eltern-Ichs nicht unter Druck gesetzt werden kann. Dazu gehört in erster Linie natürlich, dass der jeweilige Mensch den ständig ablaufenden inneren Dialog wahrnimmt und sich diese Dynamik bewusst macht. Nur dann kann es zu einer Korrektur des Zusammenspiels von Kind- und Eltern-Ich kommen.

Um kein Missverständnis aufkommen zu lassen: Das Eltern-Ich selbst ist an und für sich nichts Negatives. Hinderlich auf die Intuition wirkt es sich nur aus, wenn im inneren Dialog Zurechtweisungen und Verbote gegenüber dem Kind-Ich überwiegen. Das wohlwollende, nährende Eltern-Ich hat aber auch eine wichtige Aufgabe in Bezug auf die Intuition: Es kann und sollte sicher stellen, dass die Intuition nicht über das »Ziel hinaus schießt«. Gerade wenn jemand sehr offen für Intuitionen ist, viele, interessante Einfälle zu allem Möglichen hat, sollte das Eltern-Ich aus dem Hintergrund den ethisch-moralischen Rahmen gewährleisten.

Wenn ein Kind in der Beziehung zu seinen Eltern und anderen Autoritätspersonen wenig Stabilität und Sicherheit erfuhr, wenn ihm wenig bis keine ethischen Grundwerte und keine klaren Regeln für das gesellschaftliche Miteinander gegeben wurden, erkennt es später nicht, welche Folgen eine Intuition nach sich ziehen kann. Skrupellose Menschen handeln oftmals rein intuitiv, ohne sich zu überlegen, was sie möglicherweise damit bei ihren Mitmenschen anrichten. In der Sprache der Analytischen Psychologie: Wenn bei einem Menschen, der stark intuitiv veranlagt ist, die Fühlfunktion nicht entsprechend differenziert ist, wenn also die Intuitionen nicht nach ethischen Gesichtspunkten bewertet werden, können sie viel Unheil anrichten. Jemand hat z.B. eine tolle Idee, will etwas ganz Neues versuchen und damit ein Geschäft machen, er hat vielleicht dabei auch Erfolg, lässt das Ganze aber schnell wieder sein, weil eine noch tollere Idee von ihm Besitz ergreift, die dann auch nur halbherzig verwirklicht wird, und wenn es Anfangsschwierigkeiten gibt, fängt er sowieso wieder etwas ganz anderes an. Auf diese Art kann er nicht nur sich selbst, sondern unter Umständen auch seine Familie in den finanziellen Ruin treiben.

Deswegen weisen wir nochmals darauf hin, dass die anderen drei Ich-Funktionen die Intuition flankieren sollten. Oder, transaktionsanalytisch gesehen: ein gut sorgendes, Werte vermittelndes Eltern-Ich muss eine sichernde Anlaufstelle für das freie, mit seinen Intuitionen spielende Kind-Ich sein. Nur so findet der betreffende Mensch die Sicherheit, die er braucht, um sich mit Freude seinen Intuitionen zu überlassen.

Die Intuition selbst spielt eine große Rolle im Kind, wenn es darum geht, sich für einen bestimmten Lebensplan zu entscheiden. Berne, der viele Lebensgeschichten seiner Patientinnen und Patienten analysiert hat, fand heraus, dass Lebensschicksale sich immer wieder auf eine verblüffende Weise gleichen. Es gibt letztlich nur eine Grundstruktur aller Geschichten und diese haben schon die Dichter des antiken Griechenlands in ihren Dramen beschrieben. Wir finden sie außerdem in den meisten unserer Märchen. Es gibt immer eine Hauptperson, einen Widersacher oder eine Widersacherin, einen

Retter bzw. die »gute Fee« und darüber hinaus eine Menge Begleitpersonen, Statisten und Statistinnen. Auch die Themen der Drehbücher, sowohl in Filmen, Theaterstücken oder Büchern als auch im Leben sind nur wenige: Liebe, Macht und Geld. Aus diesen Dreien lassen sich mit den drei Hauptdarstellern unendlich viele Variationen an Schicksalen darstellen.

Jedes Kind, so heißt es in der Transaktionsanalyse, hat bis zu seinem vierten, fünften Lebensjahr herausgefunden, wie es in der Welt – zumindest in seiner erst einmal begrenzten – zugeht; unter welchen Bedingungen es etwas bekommt; wovor es sich hüten sollte, wenn es überleben will; was dazu führt, dass es leer ausgeht; worauf es achten muss, um möglichst viel Bestätigung zu erlangen; von wem es Lob, von wem es Tadel erntet und was das Lebensmotto seiner Eltern und seiner Großeltern ist. Aus diesen Informationen »schreibt« es sich sein Lebensdrehbuch, das einerseits ganz individuell, aus der besonderen Familienkonstellation heraus entsteht, andererseits jedoch unübersehbar kollektive Züge trägt, denn es gibt ja nur drei wesentliche Rollen und drei wesentliche Themen. Ein Kind z. B. kann sich sagen: »Ich werde nie mehr meine Gefühle zeigen«, wenn es erlebt hat, dass seine Gefühle nicht ernst genommen wurden. Als Erwachsener wird dieser Mensch dann überwiegend als rational denkend oder gar gefühlskalt von anderen wahrgenommen. Oder ein Kind sieht, dass jemand in der Familie oft krank ist und deswegen besonders viel Aufmerksamkeit erhält. Es kann sich vornehmen: »Ich werde auch oft krank sein, dann kümmern sich die anderen um mich.«

Das Hauptmerkmal der »Skriptentscheidung«, auf der das »Drehbuch« aufbaut, ist die Intuition. Das lässt sich leicht einsehen, denn ein vier- bis fünfjähriges Kind ist nicht im Stande, seine gesammelten Informationen schön säuberlich aufzulisten und durchzurechnen. Dies würde auch einem Erwachsenen schwer fallen, wenn nicht unmöglich sein, denn die täglichen Beobachtungen und Erfahrungen, die unterschiedlichen eigenen Gefühlszustände, denen das Kind ausgesetzt ist, sind oft widersprüchlicher Natur und lassen sich nicht einfach nur zusammenzählen. Schon die Ansichten der Eltern und

Großeltern über das Leben können weit auseinander gehen. Ein Nein vom Vater kann eine andere Bedeutung haben als ein solches von der Mutter; womit seine Schwester oder sein Bruder die Gunst der Eltern gewinnt, kann völlig verschieden sein von den entsprechenden Erfahrungen, die es selbst gemacht hat. Und so gibt es noch viele Unwägbarkeiten, die ein rationales Vorgehen bei der Bestimmung des Lebensskripts sehr erschweren oder gar unmöglich machen. Also bleibt nur die Intuition als »Werkzeug« für die wichtige Aufgabe, das Drehbuch, nach dem das Leben ablaufen soll und wird, zu skizzieren. Manchmal hilft ihm ein Märchen dabei. Ein kleiner Junge kann z. B. erleben, dass seine Mutter oft traurig ist und weint. Er beschließt, wie Rumpelstilzchen schlau zu werden und viel für Mama zu tun.

Die Entscheidung, die ein Kind – intuitiv! – für seinen weiteren Lebensablauf trifft, ist ein höchst kreativer Akt. Denn die Intuition und das Schöpferische gehören zusammen. Das darf man nicht vergessen, wenn es in einer Psychotherapie darum geht, diese einstmals getroffene Skriptfestlegung zu Gunsten eines heute besser passenden Programms zu verändern.

Um dies noch besser zu verstehen, muss man sich das Menschenbild in der Transaktionsanalyse anschauen.

Jedes Kind wird als »Prinzessin« oder »Prinz« geboren, d. h. es ist in Ordnung so, wie es ist, mit allem ausgestattet, was es für ein Leben braucht, um zu einer integren Persönlichkeit zu reifen. Die »Prinzessinnen« und »Prinzen« sind intuitiv, kreativ, spontan und in ihnen gibt es das Bedürfnis nach unmittelbarer Nähe zu anderen Menschen. Diese Eigenschaften, weil sie zur Natur des Menschen gehören, bleiben auch ein Leben lang im Kind-Ich enthalten. Allerdings können sie durch äußere Einflüsse, denen das Kind ausgesetzt ist, zugedeckt werden, manchmal so stark, dass sie kaum mehr zu erkennen sind, so dass die »Prinzessinnen« und »Prinzen« dann wirken wie »quakende Frösche«. Doch man kann den »Müll« falsch verstandener und falsch angewendeter Erziehung beiseite räumen und aus dem »Frosch« wieder eine »Prinzessin« und einen »Prinzen« wachsen lassen. Ein wichtiges Hilfsmittel dazu ist ebenfalls die Intuition.

Bevor noch die angeborene Kreativität wieder wirksam wird, bevor sich die natürliche Spontaneität erneut einstellt, »weiß« schon einmal die Intuition, wo es lang geht, wie der Mensch aussieht, wenn er oder sie wirklich wieder ganz er oder sie selbst ist. Das heißt: in ihm oder in ihr selbst gibt es bereits ein Bild über diese autonome Persönlichkeit, zu der er oder sie sich entwickelt – wenngleich ihm oder ihr dieses Bild noch unbewusst ist.

■ Intuition als Quelle innerer Sicherheit und Gewissheit

Aus dem eben Dargestellten ist sicher deutlich geworden, dass die Intuition einer seelischen Quelle gleicht, die im Innern eines jeden Menschen unaufhörlich sprudelt. Wir können sie ganz einfach in Anspruch nehmen und uns dadurch das Leben erleichtern. Das ist im Grunde unser Anliegen. Wir schreiben dieses Buch, um die Leserinnen und Leser auf die Möglichkeit eines größeren Lebensspielraums hinzuweisen, um ihnen zu vermitteln: Da gibt es einen Bereich in der Seele, in dem wir, wenn wir ihn betreten, einfacher, freier, leichter, spielerischer, unterhaltsamer und spannender unsere Lebenszeit verbringen und unseren Alltag gestalten können. Das Einzige, was wir dazu wissen müssen ist, wo sich der Eingang zu dieser Lebensspielwiese befindet. Zu ihm wollen wir die Leserinnen und Leser führen.

Wir sehen einen Bedarf für dieses Buch, weil uns die anderen Orientierungsfunktionen des Ich-Bewusstseins schon von klein auf und von da an unser Weiterwachsen hindurch von verschiedenen Stellen beigebracht worden sind, die Intuition aber nicht. Wenn wir uns irgendwo angestoßen hatten oder hingefallen waren, meinten die Eltern z. B. oft: »Pass doch auf, wo du hinläufst!« Sie sprachen damit die Empfindungsfunktion an. Dem Rivalen im Sandkasten das Schäufelchen auf den Kopf zu hauen, weil er uns den Eimer weggenommen hatte, wurde mit drohendem Zeigefinger und den Worten verboten: »Pfui, das tut man nicht, das ist böse!« Wir sollten uns mit ethischen Verhaltensweisen, die zur Fühlfunktion gehören, vertraut machen. In der Schule hieß es dann: »Denk nach!«, wenn wir nicht gleich darauf kamen, was der Lehrer oder die Lehrerin in der Stunde vorher unterrichtet hatte. Überhaupt wurde in der Schule, später im Studium und während der Ausbildungszeit dem Denken viel Bedeutung beigemessen.

Zur Besonderheit der Psychotherapeutinnen oder Psychotherapeuten gehört auch, die Hilfe Suchenden einerseits auf die hohe Bedeutung des Realitätsprinzips (Empfindungsfunktion) hinzuweisen, sie andererseits mit dem Satz »Was fühlen Sie jetzt?« zu ermutigen, ihre Gefühle wahrzunehmen. Das Denken überlässt man im sozial-ethischen Bereich den »Intellektuellen« und an wen wird die Intuition delegiert? An den »Kleinen Professor«, sagte Berne. Er beschrieb mit diesem Terminus den kreativen Einfallsreichtum des freien Kindes – wir können übersetzen: frei von Überanpassung oder Rebellion –, das in intuitiven, spontanen Handlungen seinen Ausdruck findet. In der deutschen Transaktionsanalyse wird vom »Kleinen Pfiffikus« oder »Kleinen Schlaumeier« gesprochen – wobei sich hier recht eindrucksvoll zeigt, dass es für unsere immer noch patriarchal geprägte Sprache keine gute, weibliche Entsprechung gibt. Welcher Name auch immer verwendet wird – zum intuitiven, kreativen Einfallsreichtum werden wir in der Regel wenig bis gar nicht ermutigt. Dennoch finden pfiffige Kinder von sich aus den Weg dorthin, z. B. wenn es darum geht, sich etwas für die fehlenden Hausaufgaben einfallen zu lassen, oder ganz schnell eine – natürlich möglichst nachvollziehbare – Erklärung oder Rechtfertigung für einen Schabernack oder Unfug zu finden.

Doch die Intuition kann mehr, als kindliche Schelmenstücke zu kreieren. Ihr gelingt es nicht nur den manchmal grauen Alltag zu verzaubern, sie vermag vor allem den Geist auf die Erde zu holen. Denn sie ist die Kraft der Inspiration, die Wissenschaftler zu Nobelpreisträgern macht – wie z. B. den Physiker Wolfgang Pauli. Er hat nicht nur Grundlegendes auf seinem Gebiet, der Physik, erarbeitet und entdeckt, er hat sich auch eingehend – sowohl theoretisch als auch praktisch – in Selbsterfahrung mit der Analytischen Psychologie C. G. Jungs befasst. Hier beschäftigte er sich unter anderem mit den

Archetypen, die ein zentrales Studienobjekt von Jung waren. In diesem Zusammenhang erhält auch die Intuition einen bemerkenswerten Stellenwert:

> »Im Gegensatz zur rein empiristischen Auffassung, wonach die Naturgesetze aus dem Erfahrungsmaterial allein praktisch mit Sicherheit entnommen werden können, ist von vielen Physikern neuerdings wieder die Rolle der Richtung der Aufmerksamkeit und der Intuition bei den im allgemeinen über die bloße Erfahrung weit hinausgehenden, zur Aufstellung eines Systems von Naturgesetzen (d.h. einer wissenschaftlichen Theorie) nötigen Begriffen und Ideen betont worden.«[29]

Natürlich begnügt sich Pauli nicht damit, der Intuition wieder eine größere Bedeutung zu geben. Da er sich der Wissenschaft verschrieben hat, drängt es ihn, dieses Phänomen weiter zu ergründen:

> »Vom Standpunkt dieser nicht rein empiristischen Auffassung, der auch wir uns anschließen, entsteht nun die Frage, welches denn die Brücke sei, die zwischen den Sinneswahrnehmungen auf der einen Seite und den Begriffen auf der anderen Seite überhaupt eine Verbindung herstelle. Alle folgerichtigen Denker kamen zum Resultat, dass die reine Logik grundsätzlich nicht imstande sei, eine solche Verbindung zu konstruieren. Es scheint am meisten befriedigend, an dieser Stelle das Postulat einer unserer Willkür entzogenen Ordnung des Kosmos einzuführen, die von der Welt der Erscheinungen verschieden ist.«[30]

Aber der Physiker gibt sich auch damit noch nicht zufrieden, er will mehr wissen, will eintauchen in die Geheimnisse der Welt als Ganzes und er sagt uns, was er dort findet:

> »Der Vorgang des Verstehens der Natur sowie auch die Beglückung, die der Mensch beim Verstehen, d.h. beim Bewusstwerden einer neuen Erkenntnis empfindet, scheint demnach auf einer

Entsprechung, einem Zur-Deckung-Kommen von präexistenten inneren Bildern der menschlichen Psyche mit äußeren Objekten und ihrem Verhalten zu beruhen.«[31]

Das heißt – dieser Gedanke ist wirklich atemberaubend! –, dass wir im Außen das sehen, was in der Seele schon vorhanden ist, dass wir also die äußere Welt als Projektion der Psyche wahrnehmen. Es ist, als stelle die Welt eine riesige Leinwand dar, auf der wir unsere – vermeintliche – Umgebung betrachten, wie einen Film, der im Kino vor uns abläuft, was übrigens schon in alten Zeiten von den Indern in der hinduistischen Religion als der »Schleier der Maya« beschrieben wurde. »Maya« heißt Täuschung, Illusion, Schein. Insofern würde die Seele einfach mit uns spielen, wenn sie uns die in uns vorhandenen Bilder im Außen zeigt. Auch diesem Gedanken haben die Hinduisten bereits einen Namen gegeben, sie nannten das Spiel der Seele »Lila«.

Doch wieder zurück zu Pauli. Er ist nicht nur von den Erkenntnissen Jungs fasziniert, er wird vielmehr von seiner eigenen Seele immer stärker gedrängt, die Dynamik des Unbewussten zu verstehen. Auf Grund seiner Analyse, die er bei Jung und dessen Mitarbeiterinnen absolvierte, beschäftigte er sich intensiv mit seinen zahlreichen Träumen, die ihn zu einer neuen Sicht der Physik führten. So schreibt der Biograph Paulis, Ernst Peter Fischer, über ihn:

»Das Wechselspiel zwischen dem Bewussten und dem Unbewussten scheint Pauli grundsätzlich geeignet, um besser als durch eine ›Logik der Forschung‹ festzulegen, worin ›eine wissenschaftliche Methode‹ besteht, nämlich darin, eine Sache immer wieder vorzunehmen, über den Gegenstand nachzudenken, sie dann wieder beiseite zu legen, dann neues empirisches Material zu sammeln, und dies, wenn nötig, durch viele Jahre fortzusetzen. Auf diese Weise wird das Unbewusste durch das Bewusstsein angekurbelt und, wenn überhaupt, kann nur so etwas dabei herauskommen. Ich glaube, dass man Wissenschaft nicht nebenbei betreiben kann.«[32]

Wir wollten auf dieses Zitat Fischers nicht verzichten, es bringt uns auch keineswegs von unserem Thema ab. Im Gegenteil, es lässt uns noch stärker in das Wesen der Intuition eintauchen. Ein intuitiv lebender Mensch kann gar nicht anders als sich auf das einzulassen, was die Intuition ihm bringt. Er hat keine Wahl, er muss dahin gehen, wohin die Intuition ihn führt – wenn er nicht ernsthaft an seiner Seele erkranken will. Nicht von ungefähr hat sich Pauli einer Psychoanalyse unterzogen. Wenn das Unbewusste sich einem Menschen öffnet und dieser daraufhin Ängste oder Depressionen entwickelt, gibt es zunächst nichts wirklich Festes, an das er sich halten könnte. Viel besser und gesünder ist es in so einem Fall, sich auf die Dynamik, die zwischen dem Unbewussten und dem Bewussten spielt, einzulassen und dadurch im Laufe der Zeit einen gangbaren Weg zum eigenen Zentrum zu schaffen.

Kehren wir nun wieder zu Pauli zurück und folgen ihm noch ein Stück weit auf seinem Weg zu den Archetypen, denn dort berichtet er von einer großartigen Erkenntnis, die auch uns beglücken kann:

»Diese Urbilder, welche die Seele mit Hilfe eines angeborenen Instinktes wahrnehmen könne, nennt Kepler archetypisch. [Pauli war sehr angetan von den Arbeiten Johannes Keplers.] Die Übereinstimmung mit den von C. G. Jung in die moderne Psychologie eingeführten, als ›Instinkte des Vorstellens‹ funktionierenden ›urtümlichen Bilder‹ oder Archetypen ist eine sehr weit gehende. Indem die moderne Psychologie den Nachweis erbringt, dass jedes Verstehen ein langwieriger Prozess ist, der lange vor der rationalen Formulierbarkeit des Bewusstseinsinhaltes durch Prozesse im Unbewussten eingeleitet wird, hat sie die Aufmerksamkeit wieder auf die vorbewusste, archaische Stufe der Erkenntnis gelenkt. Auf dieser Stufe sind an Stelle von klaren Begriffen Bilder mit starkem emotionalen Gehalt vorhanden, die nicht gedacht, sondern gleichsam malend geschaut werden.«[33]

Mit diesem letzten Satz beschreibt Pauli genau das, was Menschen erleben, wenn sie von einer Intuition ergriffen sind. Hierbei handelt es sich nicht um ein rationales Geschehen, das man erklären könnte, sondern um ein »gleichsam malend geschautes«. Pauli sieht hier etwas, das später unabhängig von ihm Antonio Damasio in seinen Hirnforschungen entdeckt hat: dass nämlich den schnellen Entscheidungen, die ein Mensch treffen kann, langwierige Prozesse im Unbewussten vorausgehen. Und Pauli gibt Damasio auch darin Recht, dass Erkenntnis nur mit manchmal sehr starken Emotionen gewonnen werden kann.

An dieser Stelle scheint es uns angebracht und wichtig, darauf hinzuweisen, dass wir von zwei verschiedenen Schöpfungsgeschichten ausgehen. Die eine ist die der Evolution, nach der einst einige der im Wasser entstandenen Urwesen an Land gegangen, im Laufe der Jahrmillionen wieder einige von ihnen in die Lüfte aufgestiegen sind, andere dagegen eine Wirbelsäule und schließlich den aufrechten Gang entwickelt haben. Das steuernde Prinzip dabei ergab sich aus der Selbstorganisation und Selbstregulation. Dieser Evolutionsvorgang gehört zur allgemein anerkannten Wissenschaft von der Entstehung des Lebens auf dem Planeten Erde.

Darüber hinaus kennen die Völker verschiedener Kulturen je eigene Schöpfungsmythen, die eine zweite Variante berichten, deren Kern erstaunlicherweise in fast allen der gleiche ist: Sie erzählen, dass am Anfang ein oder mehrere göttliche Wesen da waren, die das Leben und den Menschen wollten. In der uns geläufigen Schöpfungsgeschichte der Bibel erschuf Gott Adam und Eva und hauchte ihnen mit seinem Atem das Leben ein.

Aus der Maya-Kultur Südamerikas z. B. erzählt das *Popol Vuh* (Buch des Rates):

»Im Dunkel warteten die Schöpfer, Gestalter, Vorväter: Tzakol, der Planer, Bitol, der Former, Tepeu, der Erfolgbringer, Urmutter Alom und Urvater Calohom, auch die Federschlange Cucumatz, die großmächtige Gebärerin.

Sie waren in der Leere allein. Ihr Wesen ist große Kunde und große Weisheit. Sie sind diejenigen, die Ideen haben, die ein Kind vom Nichts zu etwas bringen können.

Und die Zeit war gekommen. Die Schöpfer begannen, in der Dunkelheit miteinander zu sprechen. Sie überlegten, fragten und berieten sich, was da werden sollte. Sie planten den Beginn des Lebens, das Wachstum der Wälder und die Erschaffung der Wesen, die ihre Schöpfer rühmen sollten. Sie besprachen alles, bis ihre Ideen übereinstimmten und – wie Kristalle – feste Formen annahmen.«[34]

Wir haben exemplarisch diesen Mythos gewählt, weil in ihm am besten das zum Ausdruck gebracht wird, worauf es uns ankommt. Nach all diesen Schöpfungsmythen gab es von Anfang an eine Beziehung zwischen dem Göttlichen und dem Menschlichen. Das heißt, der Mensch entstand, weil Gott ihn wollte, oder weil vielleicht auch eine Zwangsläufigkeit besteht, dass Göttliches und Menschliches zusammengehören, im Grunde nicht von einander zu trennen sind. So wie in Jeremy Narby der schöne Gedanke – eine Intuition? – auftauchte, die in einem menschlichen Körper 200 Milliarden Kilometer lange DNS könnte das Seil zum Himmel, zu den Göttern sein.

Eine geistige Funktion war offenbar schon im ersten menschlichen Organismus vorhanden. Dieser Geist hat sich im Laufe von Jahrmillionen immer weiter entwickelt, differenziert, verfeinert und ist in der Materie des Gehirns beheimatet, in das heute die Neurobiologen fasziniert die ersten Blicke werfen. Doch wir dürfen nicht vergessen: Was wir erst jetzt mit Hilfe der technischen Apparate erkennen, hat schon in den ersten Menschen Staunen, Ehrfurcht und auch Angst ausgelöst – nicht vor dem Gefressenwerden eines stärkeren Tieres, sondern vor der Willkür oder dem Zorn der höheren Macht, der sie sich sowohl verbunden, als auch ausgesetzt fühlten.

Also war es da: Das Numinose. Vom ersten Tag an. Doch dieses Göttliche konnte weder Denken noch ethisch-moralisches Abwägen sein oder auch nur Urteilen nach angenehm oder unangenehm. Es war das, was der Philosoph Karl Popper so beschreibt:

»Eine zweite Methode, die meiner Ansicht nach scharf von der Methode der Vermutung oder der Hypothesenbildung unterschieden werden sollte, ist die Methode des intuitiven Erfassens des Wesens; also die Methode der essentialistischen Erklärung (die Husserl'sche ›Wesensschau‹). Hier meint die ›Intuition‹ (nous, intellektuelle Anschauung) unfehlbare Einsicht: Sie garantiert Wahrheit. Was wir sehen oder intuitiv begreifen, ist (in diesem Sinne von Intuition) das Wesen selbst.«[35]

Das »Wesen« ist ein Wort, das Vielfältiges, nicht unbedingt Eindeutiges beinhaltet. Im Althochdeutschen bedeutet es einfach »sein« oder auch das »Hauswesen«. Dieses enthält natürlich die verschiedensten Sachen der darin hausenden Personen. Das Wesen ist aber auch das Unergründliche, das einem Menschen eigen ist. Insofern gehören die Begriffe »wesentlich« und »eigentlich« zusammen. Das bestimmte, aber doch nicht bestimmbare Wesen einer Person macht ihre Persönlichkeit aus und die unterscheidet sich in ihrer Eigenart von der aller anderen. Wir können zwar viel über das Wesen eines Menschen nachdenken, werden es aber kaum erfassen können. Und genau so geht es uns, wenn wir über das Wesen Gottes meditieren. Das Wissen, wie dieses Wesen beschaffen ist, wird nie sicher und eindeutig sein. Es bleibt ein Geheimnis und somit sind wir selbst in dieses Geheimnis hinein verwoben. Es bleibt uns nur ein Weg, dieses Geheimnis zu ergründen – wenn vielleicht auch nicht ganz, aber doch annäherungsweise. Dieser Weg ist die Intuition. Sie lässt uns dann und wann einen Blick »hinter den Vorhang« werfen, öffnet ein wenig den Schleier, der manchmal die Verbundenheit des Menschen mit dem Göttlichen verhüllt – vorausgesetzt, wir geben diesem oft unerwarteten, spontanen Geschehen Raum in unserem Bewusstsein, sonst bleiben es fremde oder befremdliche Einfälle und Ahnungen.

Eine Schöpfungsgeschichte ganz anderer Art wollen wir nicht unerwähnt lassen. Sie ist mit einer spirituellen Lebensphilosophie verbunden, die unserer Kultur eher fremd ist, die wir nur mit Hilfe der Intuition verstehen können. Es ist die des *Tao te king*, das übersetzt *Das Buch vom Sinn und Leben* heißt. Es wurde von einem chinesischen Weisen, Laotse, im 7. vorchristlichen Jahrhundert verfasst, dessen Name einfach »der Alte« bedeutet.

Richard Wilhelm, der den Text aus dem Chinesischen ins Deutsche übersetzt hat, meint, dass die Metaphysik des *Tao te king* ganz auf einer grundlegenden Intuition aufgebaut ist. Denn alle heiligen oder metaphysischen Texte, alle Vorstellungen vom Göttlichen, alle Prophetenworte – wir erwähnten sie bereits – beruhen auf Intuitionen, die zum geeigneten Zeitpunkt geeigneten Menschen eingegeben werden. Insofern steht die Intuition wirklich am Anfang des menschlichen Bewusstseins und wird auch am Ende in dieses große Bewusstsein eingehen. Inzwischen stellt sie sich als Weg, Brücke, Wort, Sinn, Tao, Mittlerin für diesen Prozess, der vielleicht Sinn des Lebens – insbesondere des Menschen – ist, zur Verfügung.

So können wir davon ausgehen, dass es in jedem Menschen eine nie versiegende Quelle innerer Sicherheit und Gewissheit gibt, aus der die Intuition ihr Wissen schöpft und für uns ins Licht des Bewusstseins rückt. Dies wird sowohl von der Physik und von der Hirnforschung, hier vertreten durch Pauli und Damasio, als auch von den Psychologen Jung und Berne bestätigt. Wir können uns auf die »angeborenen Instinkte« verlassen. Dieses Wissen mag uns den Zugang zur Intuition erleichtern. Wenn sie archetypisch in der menschlichen Seele eingewoben ist – und zwar von Anbeginn aller Zeiten und Kulturen hindurch –, gehört sie genauso zu uns wie unsere physischen Sinneserfahrungen. Sie ist ganz einfach der sechste – oder auch siebte – Sinn und dann ist es das Selbstverständlichste der Welt, dass wir wissen können, wann ein Auto vor uns auf unsere Fahrbahn wechseln wird. Aber es gibt noch mehr Wunderbares, über das wir verfügen, ohne uns vielleicht bisher darüber bewusst Gedanken gemacht zu haben.

Kapitel 4

Wissen aus dem Unbewussten

■ Traum, Synchronizität, Aktive Imagination

Zu dem großartigen inneren Reichtum des Menschen gehört die unerschöpfliche Bilderwelt, der sich die Psyche bedient, um die Welt zu verstehen. Diese Bilder, denen die Grundmuster – von Jung »Archetypen« genannt – »eingewoben« sind, entziehen sich zunächst dem rationalen Erklären, sie werden »gleichsam malend geschaut«, wie Pauli es treffend beschrieben hat. Angesichts der Fülle des über die Jahrtausende dokumentierten Materials und der damit verbundenen vielfältigen Erfahrungen können wir von einem Wissen aus dem Unbewussten sprechen, einer Quelle von Erkenntnismöglichkeiten und Lebensperspektiven, die im Unbewussten gewissermaßen auf Abruf wartet. Dem Erleben am nächsten stehen die *Träume*, die den Menschen ebenfalls seit Jahrhunderten beschäftigen und zu mancherlei Überlegungen und Theorien Anlass geben. Auf einige Aspekte gehen wir hier ein.

Im 2. Jahrhundert n. Chr. machte in Griechenland ein Traumdeuter von sich reden – er hieß Artemidor –, der eine neue These in der Traumdeutung formulierte. Bis dahin galt, dass Träume verschlüsselte Botschaften der Götter waren, die Zukünftiges voraussagten, allerdings nur dann, wenn der Trauminhalt sich nicht der Biografie des Träumers zuordnen ließ. Wurden biografische Inhalte in einem Traum entdeckt, galt dieser als banal und nicht beachtenswert. Artemidor aber sagte, die Trauminhalte würden immer durch individuelle Erfahrungen der Träumenden und durch ihre seelische

Befindlichkeit beeinflusst. Also könne man alle Träume als Botschaften der Götter bezeichnen, wenn man das Individuelle vom Kollektiven abziehe. 1899 veröffentlichte Sigmund Freud dann seine *Traumdeutung*, die weithin die These Artemidors bestätigte.

Natürlich beschäftigte sich auch C.G. Jung viel mit Träumen, sowohl mit seinen eigenen als auch mit denen seiner Patienten und Analysandinnen. Jeder Traum, postulierte er, sollte immer zuerst auf das persönliche Leben des Träumers bezogen werden, darüber hinaus jedoch auch auf ein kollektives Geschehen. Denn niemand lebt isoliert auf einer einsamen Insel, alle sind in eine Gemeinschaft vieler anderer Menschen eingebettet, die sich auf einen über Jahrtausende gewachsenen, unbewussten Konsens von Übereinkünften und Regeln stützt sowie Moden und Entwicklungen unterworfen ist. Dieses in gewisser Weise als »Gleichschaltungen« sich darstellendes Kollektivgeschehen, zeichnet sich dann natürlich auch in individuellen Lebenszuschnitten ab, welche in den nächtlichen Träumen zum Ausdruck kommen. So werden Träume in der Analytischen Psychologie immer auf zwei Ebenen betrachtet, einmal auf der ganz persönlichen, der so genannten Subjektstufe, und dann auf der allgemeinen, der Objektstufe. Bei ersterer beziehen sich die Trauminhalte auf persönliche Bereiche in der aktuellen und vergangenen Lebenssituation der Träumerin oder des Träumers, in der zweiten geht man davon aus, dass sie sich auch auf äußere Gegebenheiten beziehen. Wenn z.B. im Traum die Mutter auftritt, sind auf der Subjektstufe die eigenen Anteile des Träumers oder der Träumerin gemeint, die der Mutter ähnlich sind. Auf der Objektstufe können wir aber auch noch das ganz eigene Wesen der Mutter betrachten bzw. uns damit auseinander setzen, was Mutter im Allgemeinen bedeutet.

Neben den Psychologinnen oder Psychologen beschäftigen sich inzwischen auch die Hirnphysiologen in zahlreichen Labors mit den Träumen schlafender Probanden. Sie fanden heraus, dass es verschiedene Zustände des Schlafs gibt: Tiefe Phasen wechseln sich mit oberflächlicheren ab, und in allen kommt es immer wieder zu Träumen, was an schnellen Augenbewegungen zu erkennen ist. Das heißt zunächst nichts weiter, als dass es in bestimmten Zentren des

Gehirns hoch hergeht, während der Mensch mit erschlaffter Muskulatur im Bett liegt. Die Intensität dieser Gehirntätigkeit hängt von verschiedenen Botenstoffen ab, die in höherer oder weniger hoher Konzentration die verschiedenen Zentren anregen. Dass Träume oft so bizarr und unverständlich sind, liegt daran, meinen die Hirnforscher, dass der präfrontale Cortex, der für das Denken zuständig ist, in den Traumphasen »schlafe«, während sich das bildhafte Geschehen in den Gefühlszentren abspiele. Träume kann man sich also nicht aus»denken«. Sie bilden sich auf Grund eines autonomen physisch-psychischen Prozesses, der sich einer bewussten Ich-Kontrolle entzieht. Es sei hier allerdings angemerkt, dass es auch so genannte Klar-Träume gibt, in denen das Ich-Bewusstsein »wach« ist – obwohl der oder die Träumende mit erschlaffter Muskulatur schläft – und das Traumgeschehen steuern kann. Diese spezielle Fähigkeit ist zu erlernen, entsprechende Workshops bieten Trainings dafür an. Möglicherweise besteht hier ein Zusammenhang zwischen der Intuition und den Klarträumen. Vielleicht sind Menschen, deren Intuition sehr gut entwickelt ist, auch eher in der Lage, ihr Bewusstsein in Träumen aktiv einzusetzen.

Jeder Mensch träumt jede Nacht mehrmals, auch wenn er sich nicht an einen Traum erinnern kann. Das liegt daran, dass das Gehirn diese Nachttätigkeit braucht, um Ordnung in den verschiedenen seelischen Bereichen zu schaffen. Wenn man Menschen über eine gewisse Zeit – es genügen einige wenige Nächte – am Träumen hindert, geraten sie in seelische Unruhe, schließlich sogar in Verwirrung bzw. in psychotische Zustände. Aber wozu genau braucht das Gehirn die Träume? Dazu gibt es zwei unterschiedliche Theorien. Die eine besagt, dass wir träumen, um zu lernen:

»Eine faszinierende Idee, und verschiedene Untersuchungen konnten auch nachweisen, dass sowohl Tiere als auch Menschen neues Wissen nach einer ungestörten Mütze Schlaf besser behalten. Entscheidend ist dabei die Nacht, die auf einen Lerndurchgang folgt. Hindert man Testpersonen in dieser kritischen Zeit am Schlafen, bleibt Neues schlechter im Gedächtnis haften.«[36]

Und hier ist die andere Sicht:

»Wir träumen, um zu vergessen [...]. Nach dieser Theorie ist der Traumschlaf eine Art Selbstreinigungsprogramm des Gehirns. Abgeschottet von den im Wachzustand permanent einströmenden Signalen nutzt das Denkorgan die Ruhe der Nacht, um das System von Informationsmüll zu befreien. Sinnlose, überflüssige und störende Bilder, Erinnerungen oder Assoziationen werden zunächst aufgerufen, geprüft und dann aus dem Cortex gelöscht.«[37]

Nach unserer Ansicht schließen sich diese beiden Thesen nicht aus, sondern ergänzen einander. Wenn das Gehirn vom Informationsmüll gereinigt ist, kann es besser lernen. In der Schule musste ja auch zuerst die Tafel abgewischt werden, bevor der neue Unterrichtsstoff darauf geschrieben wurde. Und auf dem Bildschirm löschen wir die Daten und Passagen, die entweder falsch eingegeben oder nicht mehr relevant sind. Tageseindrücke durchsehen und aussortieren sowie wichtige Lebensinhalte lernen und speichern sind also zwei Funktionen, die das Gehirn ausübt, während wir schlafen. Die neuesten Traumforschungen haben ergeben, dass im Gehirn eines schlafenden Menschen eine Nivellierung der Affekte des Betreffenden stattfindet. Offenbar hat das Gehirn die Aufgabe übernommen, starke emotionale Spannungen, die während des Tages aufgebaut wurden, in der Nacht abzubauen, um ein ruhigeres Gefühlsklima zu schaffen. Das ist einleuchtend weise, denn wir wissen, wie sehr gerade die Herzkranzgefäße eines Menschen angespannt werden und somit schnell verschleißen, wenn dieser Mensch sich häufig mit seinen Affekten in Rage bringt. Gerade die nicht erinnerten Träume erfüllen besonders gut diese psychohygienische Aufgabe.

Natürlich kommt den erinnerten nächtlichen Träumen eine ebenso wichtige Bedeutung zu: sie dienen der Erhellung und Erweiterung des Bewusstseins. Was bereits Artemidor im alten Griechenland und später Sigmund Freud in Wien entdeckte. C. G. Jung schloss sich diesen Erkenntnissen an. Jung und Freud tauschten bald nicht nur ihre eigenen Träume, sondern auch die ihrer Analysandinnen und Analysanden aus und formulierten die Ergebnisse ihrer Traumforschungsarbeit in zahlreichen Schriften.

Jung ging insbesondere davon aus, dass Träume nicht nur verdrängte oder vergessene Erlebnisse aus der Vergangenheit – meistens der Kindheit des Träumers oder der Träumerin – entschlüsseln helfen, sondern dass in ihnen auch ein zukunftgerichteter, zielorientierter, finaler Aspekt enthalten sein kann. Insofern sind Träume immer auch innere Prozesse, die sich auf ein Ziel hin bewegen. »Die Aufdeckung des prospektiven oder finalen Sinnes der Träume ist besonders dann von großem Belang, wenn die Analyse so weit vorgerückt ist, dass der Blick des Patienten sich besser in die Zukunft hinaus wende als in die Innenwelt und Vergangenheit.«[38]

In der praktischen Arbeit mit Patientinnen und Patienten wie auch in der Selbsterfahrung hat sich diese weit und über den engen Rahmen der aktuellen persönlichen Erlebniswelt hinausreichende Perspektive hervorragend bewährt, was für das Thema Intuition überaus interessant ist. Wie wir bisher gesehen haben – an den kleinen Alltagsbeispielen, die wir im ersten Kapitel erzählten –, bringt die Intuition ein Wissen aus der Zukunft in unsere aktuelle Situation hinein. Physiologisch setzt sie nicht nur an den Hirnarealen der persönlichen Erinnerung an, sondern auch an den Stellen, an denen Material aus dem kollektiven Unbewussten gespeichert ist. Zwar gibt es im Unbewussten keine Zeit, so wie wir diese im Wachbewusstsein erleben (dazu mehr, wenn wir über Synchronizitäten berichten). Genauer: Es gibt dort nicht den »Zeitpfeil«, also das Nacheinander von Geschehnissen. Im Unbewussten ist alles, was sein kann, einfach vorhanden, ohne einem bestimmten Ablauf unterworfen zu sein. Es kann jederzeit das an die Oberfläche bzw. ins Bewusstsein drängen, was gerade passend oder auch nötig ist. Wenn jemand z. B. in seinem Leben an einem Punkt angelangt ist, an dem der Lebensweg stockt, weil jetzt etwas anderes in den Blickpunkt des Betreffenden geraten möchte, wird das Material aus dem Unbewussten ins Bewusstsein gehoben, das dazu beiträgt, die neue Richtung zu erkennen. Das geschieht häufig über entsprechende Träume.

Nicht jeder nächtliche Traum enthält allerdings einen Hinweis auf eine veränderte Lebensrichtung. Es sind eher die besonderen Träume, die man daran erkennt, dass sie sehr eindrücklich sind, dass man sie nicht so schnell wieder vergisst, dass sie einen nicht mehr loslassen, dass man einfach spürt: der Traum will mir einen wichtigen Hinweis geben. Bei solchen Träumen spielt die Intuition eine bedeutende Rolle. Denn sie dient weder dem Erlernen neuer Fähigkeiten noch dem Aussortieren überflüssiger Informationen. Die Intuition bringt immer Wissen von Zusammenhängen, die noch nicht so miteinander verknüpft wurden, in das Bewusstsein.

In alten Stammeskulturen war es üblich, dass die einzelnen Stammesmitglieder ihre Träume dem Häuptling bzw. dem Ältesten erzählen mussten. Er entschied dann, was ein »großer« Traum war, nämlich einer, der das Geschick der Träumerin oder des Träumers und damit oft auch das des ganzen Stammes zeigte.

Marie-Louise von Franz[39] schreibt in ihrem Buch über Träume, dass C. G. Jung zwischen zwei Schichten des Unbewussten unterschied: dem »persönlichen Unbewussten«, in welchem persönliche Komplexe, Erinnerungen, Verdrängtes usw. leben, und dem »kollektiven Unbewussten«, welches die seelische Grundstruktur aller Menschen in gleicher Weise besitzt. Dieses äußere sich in Gedanken, Gefühlen, Emotionen und Phantasien, die bei allen Völkern der Erde in ähnlicher Art vorkommen. Aus dieser Schicht kämen die »großen« Träume, die Jung die archetypischen Träume nannte.

Von Franz bearbeitete in diesem Buch einige berühmt gewordene Träume bedeutender Menschen, nämlich Sokrates, Themistokles, Hannibal, Augustinus, Bernhard von Clairvaux und Descartes. Jeder dieser »großen« und von daher bekannt gewordenen Träume wurde inspiriert von der Intuition, hätte ohne sie nicht diese weit reichenden Informationen bereitstellen können.

Genauso sicher können Menschen, die mit ihren Träumen leben, heute in unserer Zivilisation recht gut zwischen alltäglichen – Tagesreste verarbeitenden – und besonderen oder großen Träumen, die man auch Schicksalsträume nennen kann, unterscheiden. Hier sind einige aktuelle Beispiele:

Eine 40-jährige Frau, die gerade eine Weiterbildung beendet hatte, darüber sehr glücklich war und sich jetzt, nach der Anstrengung des Studierens, auf ein entspanntes Leben freute, berichtete:

»Nach einem Traum, der mich emotional sehr bedrückte, denn darin war ein Kind gestorben, wachte ich auf und brauchte einige Zeit, bis ich wieder einschlief. Da träumte ich, dass ich meinem Mann unbedingt den Traum von dem gestorbenen Kind erzählen wollte. Er kam gerade eine Treppe herunter, ich lief ihm entgegen und wollte beginnen zu erzählen. Doch da sah ich hinter ihm eine andere Gestalt – ich weiß nicht, ob sie männlich oder weiblich war –, die meinen Mann an der Schulter hielt und zu mir ernst und irgendwie streng sagte: Wir gehen zusammen. Ich war irritiert, denn ich wollte nur meinem Mann meinen Traum erzählen. Doch ich wusste, ich musste mich fügen. Zu dritt gingen wir nun die Stufen hinunter. Unten – es sah aus wie ein Verlies – nahm die Gestalt mich beiseite und sagte – wieder sehr ernst, aber auch freundlich: Es wird schnell gehen, du wirst nichts spüren, ich werde dich begleiten. Ich erschrak fürchterlich, drehte mich nach meinem Mann um und rief angstvoll: Ich muss sterben! Da hatte ich auf einmal in meiner linken offenen Hand einen dunklen, felsigen Stein, so groß, dass er meine ganze Hand ausfüllte. Er war mit goldenen Streifen durchzogen.«

Man muss nicht viel von Träumen verstehen, um zu erkennen, dass es in diesem Traum nicht um Alltagsverarbeitung geht, zumal die Träumerin zuvor einen ganz gewöhnlichen Tag verbracht hatte. Sie beschäftigte sich verständlicherweise lange mit dem Traum und fragte sich, was der »Engel« – so nannte sie die geschlechtslose Gestalt – ihr mitteilen wollte. Durch die Auseinandersetzung mit diesem Traum gewann ihr Leben eine Intensität und Tiefe, die sie davor so nicht gekannt hatte. Und diese Intensität und Tiefe ließ die in ihr angelegte Intuition in neuer, überraschender Weise lebendig werden.

Später begann sie mit dem Engel eine Aktive Imagination, d. h. sie rief sich die Traum-Gestalt noch einmal ins Gedächtnis zurück und stellte ihr die Fragen, die sie in ihrem Leben gerade sehr bedrängten.

Der Engel antwortete ihr immer in einer Weise, die wir aus allen Aktiven Imaginationen kennen: freundlich, zugewandt, verständnisvoll, ruhig, eher kühl, rational, nie emotional aufgeladen, mit einer von Leichtigkeit erfüllten Souveränität. Wir sehen also in den Erscheinungen aus dem Unbewussten dieselben Merkmale, welche die Traumforscher bei der nächtlichen Gehirntätigkeit finden: Es geht darum, die Aufgeregtheit, die ängstliche Spannung, in die Menschen während der Tagesereignisse immer wieder geraten können, die Affekte von Ärger und vor allem von Wut aufzufangen, zu mildern, zu glätten. Die inneren, wissenden Kräfte der Seele wollen Ausgeglichenheit, sie möchten Ruhe, Wohlgefühl und Harmonie verbreiten, sie wollen, dass der Mensch gesund, heiter und gelassen bleibt oder wird.

Diese abgesenkte Emotionalität ist auch der Fühlfunktion, wie Jung sie beschreibt, eigen. Sie operiert wie das Denken auf der rationalen Ebene. Da sie sich im Ich-Funktionskreuz auf der waagerechten Achse befindet, lässt sie sich auch mit dem Bild einer Waage vergleichen. Diese innere Waage möchte nach Möglichkeit stets oder zumindest immer wieder ausgeglichen sein. Weder das Fühlen noch das Denken kann richtig arbeiten, wenn der Mensch sich in einer starken emotionalen Aufgeladenheit oder gar einem Affekt befindet. Der Wütende wird weder einen klaren Gedanken fassen noch ein kluges Urteil fällen können. Dazu schlägt sein Herz wie wild, sein Magen zieht sich zusammen, seine Muskulatur zittert. Das ist äußerst ungesund. So empfiehlt denn auch der schlaue »Volksmund«, um die überschüssige Energie abzubauen: »Erst einmal tief Luft holen, vielleicht ein paar Kniebeugen machen, eine Tasse Tee trinken, oder wenn diese nicht zur Verfügung steht, einmal um den Häuserblock laufen oder einige Treppen schnell hinauf- und hinuntersteigen.« Man kann sich auch hinsetzen – oder, wer das besser findet, im Laufen – mit der emotionalen Energie in eine Aktive Imagination gehen, z. B. die Frage an das Unbewusste stellen: »Was ist es, dass ich jetzt emotional so aufgebracht bin?« Ganz sicher wird eine Antwort, eine Erklärung auftauchen, die rasch zur Beruhigung des Beunruhigten führt. Ausprobieren! Über das Wesen der Aktiven Imagination werden wir später noch einiges sagen. Doch zunächst zurück zur Dynamik der erinnerten Träume.

Die Traumserie eines 50-jährigen Mannes, die er im Abstand von jeweils einigen Monaten träumte, zeigt ganz deutlich, dass die Intuition auch eine Warn-Funktion übernehmen kann.

- »Ich träumte, dass die amerikanische Luftfahrtgesellschaft TWA zahlungsunfähig war, alle Maschinen mussten sofort landen.«
- »Ich sah im Traum, dass alle vier Reifen meines Autos keine Luft mehr hatten – sie waren platt.«
- »Ich stand am Rand eines Sees, der fast ausgetrocknet war. Ein großer Karpfen – ich wusste im Traum, es ist der ›König der Karpfen‹ – lag auf dem Sand mit aufgesperrtem Maul. Ich wusste, er muss sterben, wenn er nicht schnell wieder ins Wasser zurückkann.«

Alle drei Träume haben mit Luft zu tun. In ihnen ist die Hauptfunktion des Lebens, der Atem, angesprochen. Das kann jeder Traumlaie erkennen. Die Intuition sah voraus, was passieren würde, wenn der Mann nicht Grundsätzliches in seinem Leben ändert. Er musste dringend sein Arbeitspensum drosseln und mehr für seine Gesundheit tun.

Auf eine andere, ungewöhnliche Weise hat eine junge Architekturstudentin die Intuition erlebt:

Sie sollte für ihre Abschlussarbeit ein Modell anfertigen. Entgegen ihrer sonstigen Art, rasch viele kreative Einfälle energievoll in die Tat umzusetzen, was ihr geholfen hatte, ihr Studium zügig durchzuziehen, fiel es ihr nun schwer, ein geeignetes Thema zu finden. Schließlich entschied sie sich, eher halbherzig, für ein bestimmtes Modell, denn sie sollte ihre Arbeit in einem halben Jahr vorstellen. Sie ist eine strebsame junge Frau, die schon im Elternhaus gelernt hat, auch unliebsame Tätigkeiten zuverlässig zu Ende zu bringen.

Ein Vierteljahr war vergangen, da träumte sie eines Nachts von einem Architekturmodell, das sie sofort begeisterte. »Ja, genau das ist es!«, dachte sie beim Aufwachen. »Genau das habe ich gesucht!«

Sie verwarf ihre begonnene Arbeit und machte sich mit Feuereifer an ihr »Traummodell«. Ihre Freunde waren entsetzt. »Du spinnst!«, sagten sie. »Du hast jetzt nur noch ein Vierteljahr bis zum Abgabetermin Zeit, das schaffst du nie!« Doch sie ließ sich nicht beirren, denn sie spürte in ihrem Inneren, dass sie gefunden hatte, was sie eigentlich suchte. Und ihre Seele gab ihr Recht. Das Wissen, dass sie »ihr« Modell baute, verlieh ihr so viel Energie, dass sie rechtzeitig ihre Arbeit abliefern konnte, die Bestnote erhielt und ihr Modell überdies einige wichtige Preise gewann.

Diese Geschichte mag einmalig klingen. Sicherlich ist sie nicht eine, die alle Tage passiert, doch wir sind überzeugt, dass es mehr ungewöhnliche Intuitionen in Träumen gibt, als sie wahrgenommen werden, hauptsächlich deshalb, weil wir oft nicht auf Träume achten, geschweige denn sie systematisch beobachten. Hier ließe sich viel, zunächst vielleicht erstaunliches, aber eigentlich völlig »normales« Material zusammenstellen, denn diese Fähigkeiten sind nicht auf wenige Menschen beschränkt. Allerdings gibt es immer wieder Personen, in deren Leben Träume eine ganz besondere Rolle spielen. Aus der Literatur wissen wir, dass vor allem schöpferische Menschen ihre Werke Träumen verdanken, in denen die Intuition eine Rolle spielte.

»Es ist ja aus der Geschichte der Wissenschaften bekannt, dass viele große Entdeckungen, sogar in der Chemie und Mathematik, von Träumen inspiriert wurden. Der russische Chemiker Dimitrij Mendelejew z. B., der das System der nach ihrem Atomgewicht geordneten Elemente fand, probierte am Abend mit Kärtchen, wie in einem Patiencespiel, diese Ordnung zu finden, und stellte eine solche auf. In der Nacht träumte er jedoch, seine Ordnung stimme, aber er müsse sie um 180 Grad umdrehen. Das tat er am nächsten Tag, und nun stimmte sie wirklich! Er musste nur noch an einer Stelle eine kleine Korrektur vornehmen.«[40]

Menschen, die sich wirklich ernsthaft und vor allem neugierig mit der Seele beschäftigen bzw. mit dem, was diese aus ihren Tiefen an die Oberfläche des Bewusstseins heraufholt, können Entdeckungen machen, die oft recht abenteuerlich anmuten. So wie Alexander von Humboldt im späten 18. und frühen 19. Jahrhundert voller Wissensdrang aufbrach, um fremde Kontinente zu bereisen und erforschen – was enorme Summen Geld kostete und mit großen Strapazen verbunden war –, kann sich im Grunde jeder Mensch – kostenlos und relativ einfach und bequem – entschließen, Neuland in der Psyche kennen zu lernen. Wir sind es gewohnt, in der äußeren und sichtbaren Welt über immer neuere und aufregendere Entdeckungen informiert zu werden, die zum Teil nur über äußerst komplexe Apparate sichtbar oder wahrscheinlich gemacht werden können. Die Erfahrung zeigt jedoch, dass es im inneren, im nicht sichtbaren Kosmos der Psyche noch reichlich Unbekanntes zu erkunden gibt. C. G. Jung war in diesem Bereich einer der großen Pioniere, wie Marie-Louise von Franz deutlich macht:

> »Jung empfand, dass durch das Unbewusste, d. h. durch seine Träume und Wachfantasien, eine Botschaft zu ihm gekommen war, die nicht nur ihn selber, sondern auch viele andere anging. [...] Er sagt: ›Damals (als er das realisierte) stellte ich mich in den Dienst der Seele. Ich habe sie geliebt und habe sie gehasst, aber sie war mein größter Reichtum. Dass ich mich ihr verschrieb, war die einzige Möglichkeit, meine Existenz als eine relative Ganzheit zu leben und auszuhalten.‹«[41]

In der Überschrift dieses Abschnitts haben wir »Synchronizität« angeführt, was noch einiger Erläuterungen bedarf. Synchronizitäten beziehen sich auf das weite Feld von gleichzeitigen Ereignissen, die uns zunächst erstaunen. Ein Mann berichtet:

> »Ich wunderte mich, warum zu einem bestimmten Zeitpunkt ein Freund anrief, von dem ich seit langem nichts mehr gehört habe, an den ich aber zu meinem eigenen Erstaunen seit einigen Tagen immer wieder denken musste. Als dann das Telefon klingelte und ich seine Stimme hörte, war ich doch sehr erstaunt, dies umso mehr, als ich gerade in einer beson-

ders schwierigen Situation war, die ich allein nicht recht bewältigen konnte.«

Die beiden Männer hatten die Übereinkunft getroffen, dass sie nur dann miteinander telefonieren, wenn der eine oder andere nicht mehr recht weiter weiß und die Hilfe seines Freundes braucht. Solche Anrufe waren immer spontan und nicht vorhersehbar. In diesem Fall war es auch so, dass über die derzeitige Lebenssituation des Freundes nichts bekannt war. Im Volksmund sagt man gern: »Das geht nicht mit rechten Dingen zu.« Jedoch verfügt jeder über ähnliche Erlebnisse, so dass wir uns gar nicht besonders wundern, wenn es passiert. Trotzdem bleibt bei vielen Menschen ein leicht unheimliches Gefühl zurück, manchmal verbunden mit der Frage, ob das normal sei. In Seminaren zum Thema Synchronizität wurde uns immer wieder berichtet, wie entlastend es ist, endlich einmal über solche Erlebnisse sprechen zu können, da sie oft mit einem befremdlichen Gefühl des Unnormalen verbunden waren und man mit anderen Menschen nicht darüber reden wollte.

Nun ist es nichts Besonderes, dass zwei Ereignisketten gleichzeitig beobachtbar sind. Von einer Synchronizität sprechen wir jedoch erst dann, wenn die beiden Ereignisse nicht primär durch Ursache und Wirkung, sondern durch einen gemeinsamen Sinn miteinander verbunden sind. Das hat C.G. Jung immer besonders betont und die Synchronizität letztlich als ein zweites großes Naturprinzip betrachtet, das die Kausalität – die Verbindung von Ursache und Wirkung –, auf der unser wissenschaftliches Weltverständnis ja beruht, ergänzt. Es ist stets zu beachten, dass der persönlich erlebte und auch konstruierte Sinn, der in solchen verbundenen Ereignisketten steckt, das Wesen der Synchronizität ausmacht. Ohne eine solche erlebte Sinngebung wären die beiden Ereignisketten lediglich Gleichzeitigkeiten, die uns nichts angehen müssten, vielleicht nur lustig oder komisch wären.

Um diese Definition lebendig werden zu lassen, geben wir zunächst noch einige Beispiele.

Eine Frau erzählt:

»Vor einigen Jahren machten mein Mann und ich eine Gruppenreise. Wiederholt wurden wir auf dieser Reise von Zollbeamten oder vom Personal an der Rezeption der verschiedenen Hotels gefragt: ›Are you together?‹ Wir antworteten jedes Mal: ›Yes, we are together.‹ Kurz nach der Reise erlitt mein Mann eine schwere Erkrankung, die ihn sehr deprimierte. Ich erinnerte ihn jedoch daran, dass wir zusammen gehen – ›we go together.‹ Und so standen wir beide eine sehr schwierige Zeit durch. Eines Tages dann hörte ich im Autoradio ein Lied mit dem Refrain: ›You never walk alone.‹ Ich wollte dieses Lied meinem Mann schenken, weil es unserem ›we go together‹ so gut entsprach, doch in den CD-Läden kannte es niemand. Da beschloss ich, meine Tochter anzurufen, denn sie kennt sich in der Popmusik ganz gut aus. Bevor ich im Telefonat noch meine Frage anbringen konnte, sagte sie: ›Ich muss dir unbedingt schnell etwas erzählen.‹ Sie berichtete, dass sie mit dem Mann, mit dem sie vor kurzem nach längerer Zeit des Alleinseins eine Beziehung eingegangen ist, einen Streit hatte und danach dachte: ›Jetzt ist alles wieder aus.‹ Sehr traurig fuhr sie nach Hause. Gerade als sie aus dem Auto steigen wollte, erreichte sie eine SMS, in der er ihr schrieb: ›You never walk alone!‹ ›Stell dir vor‹, sagte sie zu mir, ›genau dieses Lied hatte ich mir, als ich 25 war, zu meiner Hochzeit ausgesucht. Ich kann doch keinen Walzer tanzen und da dachte ich, dieses Lied soll an meiner Hochzeit gespielt werden. So, und jetzt sag du, warum du mich angerufen hast, was du von mir wissen willst.‹ Ich lachte und antwortete: ›Das gibt's doch nicht, das ist ja unglaublich! Ich wollte dich nach genau diesem Lied fragen‹, und ich erzählte ihr meine Version der Geschichte.«

Beide, Mutter und Tochter, waren sehr berührt von der Gleichzeitigkeit und tauschten sich auch gleich über den Sinn dieser Synchronizität aus. Für die Mutter bestand er darin, dass sie nun genau wusste, ihr Mann würde wieder ganz gesund werden und dass es gut und richtig ist, diese schwierige Zeit gemeinsam durchzustehen. Die Tochter erkannte, dass der Mann, mit dem sie sich jetzt verbunden hatte, der richtige für sie ist und dass auch ein kleiner Streit sie nicht auseinander bringen würde. Und für Mutter und Tochter bestand ein gemeinsamer Sinn darin, dass sie beide ihre Beziehung für geglückt halten, dass die Tochter froh ist, so eine Mutter zu haben, und die Mutter glücklich über diese Tochter ist.

In einer therapeutischen Sitzung berichtet eine Frau von ihrer schwierigen Ehe- und Familiensituation:

Es fällt ihr schwer, sich gegenüber ihrem sie bevormundenden Mann und gegen die Respektlosigkeiten der pubertierenden Kinder durchzusetzen. »Wenn die Kinder aus dem Haus sind«, sagt sie, »dann suche ich mir eine eigene Wohnung und richte diese ganz nach meinem Geschmack ein.«

Ich frage sie, warum sie so lange warten will, und ermutige sie, sich doch gleich eine eigene Wohnung zu nehmen, in die sie sich immer mal wieder, um neue Kraft zu schöpfen, zurückziehen kann. Da fällt ihr ein, dass ihr bei ihrem letzten Konzertbesuch die Dame, die neben ihr sitzt – sie hat ein Konzertabonnement und sitzt deshalb jedes Mal neben derselben Frau –, während der Pause, ohne besonderen Anlass, erzählt hat, dass in ihrem Haus gerade eine Wohnung renoviert wird, die frei geworden ist.

Wir sehen diese Gleichzeitigkeit – die Klientin trägt sich mit dem Gedanken, eine eigene Wohnung zu suchen. In dieser Zeit wird ihr spontan, ohne dass die Vermieterin davon weiß, „wie aus heiterem Himmel« gesagt, dass da bald eine Wohnung zur Verfügung steht – als sinnvoll an. Denn ihr wurde die Wohnung ohne ihr Zutun regelrecht »zugespielt«, sie ist ihr einfach »zugefallen«. Damit wird ihr gezeigt, dass ihr Wunsch, eine eigene Wohnung als Ausweichmöglichkeit zu haben, für sie gut und richtig, also sinnvoll ist.

Dieser »Zufall« wird noch dadurch verstärkt, dass die Klientin für diese Konzertsaison von ihrem Mann eigentlich ein Abo für einen noch besseren Platz geschenkt bekommen hatte. Sie tauschte es jedoch wieder um, sie wollte wieder auf ihrem alten Platz sitzen.

Auch ganz alltägliche Situationen gehören in diesen Zusammenhang, viele Beispiele ließen sich anführen. Eines sei hier erwähnt:

»Gestern traf ich eine Nachbarin, die mich fragte, ob ich noch Blumentöpfe brauchen könne. Sie habe noch einige übrig. Ich sagte: ›Nein, meine Blumen sind alle versorgt.‹ Als ich jedoch zu Hause eintraf, sah ich, dass der Sturm im oberen Stockwerk ein Fenster aufgestoßen hatte, das offenbar nicht fest verschlossen gewesen war. Alle Blumentöpfe, die auf dem Fensterbrett standen, lagen zerbrochen auf dem Fußboden. Ich rief gleich meine Nachbarin an und sagte: ›Jetzt brauche ich doch noch einige Blumentöpfe.‹

Am nächsten Tag ging ich mit einem Rezept für meinen Mann – er war nach einem längeren Krankenhausaufenthalt wegen eines Herzinfarkts wieder nach Hause gekommen, musste aber weiter verschiedene Medikamente einnehmen – zur Apotheke. Auf dem Weg dorthin überlegte ich, wie ich ihm die Tabletten zerkleinern könnte, denn er kann sie so nicht schlucken. Zu meiner großen Überraschung schenkte mir der Apotheker als Werbegeschenk einen kleinen Mörser. Er wusste nichts von meinem Problem, das für mich jetzt gelöst war.«

Das Erleben von Synchronizitäten über die kleinen, jedem zugänglichen Alltagserlebnisse und persönlichen Beobachtungen eröffnet also nicht nur Zugang zum Sinn, sondern auch auf eine neue Weise zu uns selbst. Die Frau fand über die Synchronizitäten das Vertrauen darauf, dass sie immer alles bekommen würde, was sie gerade braucht. Sie empfindet ihr Schicksal als wohlmeinend und fürsorglich, was angesichts der schweren Erkrankung ihres Mannes sehr hilfreich für sie ist.

Synchronizitäten sind immer ganz persönlich, ganz subjektiv, selbst für sehr nahe stehende Menschen manchmal nicht sogleich nachvollziehbar. Sie sind in jeder Hinsicht gewohnheitsbedürftig. Es bedarf auch einer persönlichen Entscheidung, diese mögliche Dimension des Lebens ernst zu nehmen und entsprechende Beobachtungen nicht zu übergehen. Die Sinnfrage ist bekanntlich eine der wichtigsten Fragen für die Bewältigung des Lebens, und insofern verfügen wir mit der Beobachtung der Synchronizitäten und der damit verbundenen Möglichkeiten, Sinn zu konstruieren, über ein in jeder Hinsicht taugliches und zuverlässiges Instrument, auch in schwierigen Lebenssituationen die weiterführende Perspektive nicht zu verlieren. Gerade dies ist der besondere Vorteil der Synchronizitätsbeobachtungen: dass der Sinn im Alltag immer wieder erkennbar wird, allerdings vorausgesetzt, wir differenzieren unsere Beobachtungen in dieser Richtung immer weiter. Da der große Bereich der Synchronizitäten, so lebensnah er sich dem Erfahrenen darstellt, doch zunächst häufig Kopfschütteln oder ein gewisses Befremden auslöst, seien noch einige Beispiele angefügt, die das Vertrauen in diese Wege der Psyche aus unserer Sicht sehr klar und überzeugend begründen.

Drei Wochen vor Weihnachten verlor ein Elternpaar seinen 16-jährigen Sohn, der an plötzlichem Herztod starb. Obwohl den Eltern nicht nach Weihnachtenfeiern zumute war, kaufte die ältere Schwester kurz vor dem Heiligen Abend einen Tannenbaum, den sie sich nicht näher angeschaut, sondern so wie er in das übliche Netz eingehüllt war, mitgenommen hatte. Als sie ihn zu Hause aufstellte, bemerkte sie, dass von den ursprünglich vier Zweigen an der Spitze des Baumes einer abgebrochen war, der Baum also oben nur noch drei Zweige hatte. Dieses Erlebnis bedeutete für die nun auf drei Personen reduzierte Familie Schmerz und Trost zugleich, denn sie fühlten sich »gesehen und verstanden«.

Es war für sie, als hätte ihr verstorbener Sohn ihnen ein Zeichen geschickt, ihnen zu verstehen gegeben, dass sie nun zu dritt weiterleben sollen, so wie sie vor seinem Tod zu viert gelebt hatten. Der Weihnachtsbaum symbolisiert ja das Licht, das wieder aufsteigt und das Leben, das sich durch die Geburt des »göttlichen Kindes« immer wieder erneuert.

Eine Frau war an Brustkrebs erkrankt, die betroffene Brust wurde amputiert. Gegen Ende der 25 Bestrahlungen überlegte sie, wozu sie jetzt am meisten Lust hätte. Sie kam auf eine lange Wanderung, dachte: »Am liebsten würde ich den Jakobsweg gehen.« Doch der schien ihr nach den Operations- und Bestrahlungsstrapazen zu anstrengend zu sein. »Dann halt gehen, so weit die Füße tragen«, dachte sie. Ihr Mann wusste von diesen Überlegungen nichts. Doch am Abend desselben Tages sagte er plötzlich: »Wenn ich eine Krebserkrankung hätte, z. B. ein Prostata-

Karzinom, was würde ich tun? Ich glaube, ich würde eine lange Wanderung machen, Tage, Wochen oder auch Monate.« Beide waren von dieser Gleichzeitigkeit tief beeindruckt. Der Sinn lag für sie darin, dass sie sich der Bedeutung ihrer Ehe erneut bewusst wurden. Die Frau verlor ihre Angst, von ihrem Mann nach einer Brustamputation nicht mehr geliebt zu werden, und dem Mann wurde klar, dass die Brustamputation seiner Frau seine Liebe zu ihr in keiner Weise schmälert.

Wir erkennen in jeder dieser Geschichten, dass die Intuition jeweils mit beteiligt gewesen ist:

- Die Mutter rief ihre Tochter just an dem Abend an, als die Tochter ihr altes »Hochzeitslied« neu erhielt. Sie hätte auch ein paar Tage später anrufen können, dann wäre allerdings das Erlebnis, das die Tochter hatte, nicht so frisch und überraschend für sie gewesen. Gerade diese Synchronizität, welche die Intuition offenbar so »eingefädelt« hatte, gab beiden die Gewissheit, dass sich alles zum Guten wenden würde.

- Die Intuition ist es auch gewesen, die der Sitznachbarin im Konzertsaal »nahe legte« von ihrer gerade frei gewordenen Wohnung zu erzählen. Sie hat sicher auch »veranlasst«, dass sie ihren alten Platz wieder eingenommen hatte.

- Aus welch anderem Grund, wenn nicht aus Intuition, fragte die Frau ihre Nachbarin, ob sie noch Blumentöpfe brauchen könne? Sie wusste nicht, dass der Wind alle Blumentöpfe der Nachbarin zerbrochen hatte.

- Dass die Schwester unbesehen einen beliebigen Tannenbaum gekauft hatte, an dem der vierte Ast an der Spitze abgebrochen war, kann ihr nur die Intuition geraten haben.

- Intuition war auch am Werk, als sich der Ehemann zur gleichen Zeit wie seine Frau Gedanken darüber machte, was er tun würde, wenn er schwer krank wäre.

Man kann die Synchronizität nicht von der Intuition trennen, denn die Synchronizität fällt einem Menschen genau so unvermittelt zu wie eine Intuition. Beide kann man nicht »machen«, sie kommen nach ihren eigenen Gesetzen oder auch nicht. Welche Gesetze das sind, werden wir später beschreiben.

Hier ist zum Abschluss noch ein besonders schönes Beispiel für eine Synchronizität, in dem auch die Intuition wieder gut zu erkennen ist:

Ein Großvater holt seinen fünfjährigen Enkel, wie so oft, vom Kindergarten ab. Doch der Kleine spaziert nicht wie sonst flugs zum Auto und steigt ein, sondern läuft in ein außerhalb des Kindergartengeländes gelegenes Wiesenstück. Dort liegt ein Pfahl, der vielleicht einmal ein Stück von einem Gartenzaun war. Der Junge hebt ihn unter Aufbringung seiner ganzen Kraft auf und schleppt ihn zum Auto. »Der muss mit!«, sagt er mit fester, klarer Stimme zu seinem Großvater. Dieser zögert, weil er eigentlich den schmutzigen Pfahl nicht in seinem Auto haben möchte, doch der Enkel schaut seinen Großvater so unmissverständlich an, dass dieser das alte Zaunstück in den Kofferraum legt. Zuhause angekommen scheint der Junge aber seinen Schatz vergessen zu haben, er läuft wie immer freudig zur Großmutter, um zu schauen, was sie Gutes gekocht hat. Es ist der Nachmittag, an dem der Großvater seinen Enkel mit in den Reitstall nimmt, um nach dem dort untergebrachten Pferd zu schauen. Jetzt, auf dem Stallgelände, springt der Kleine gleich zum Kofferraum, holt das Zaunstück heraus, geht damit hinter den Stall, wo Sand gelagert ist, baut aus diesem Sand einen kleinen Hügel und setzt, sichtlich zufrieden und glücklich, den Pfahl in die Mitte des Sandberges.

Am Abend dieses Tages – der Kleine ist längst wieder bei seinen Eltern – nimmt der Großvater das Buch, das er vor einigen Tagen zu lesen begonnen hatte, und da steht auf den ersten Seiten zu seiner großen Überraschung genau das, was der Enkel mit dem Zaunpfahl gemacht hat. Es ist in diesem Buch zwar nicht von einem fünfjährigen Kindergartenkind die Rede, sondern vom alten Ägypten: Dort war es Brauch, dass die nomadischen Urvölker, wenn sie sich irgendwo niederließen, zuerst einen Pfahl in die Erde rammten, manchmal auch einen Hügel dafür bauten, wenn nicht zufällig ein kleiner Berg da war. Dieser Pfahl war für sie der »Omphalos«, der Nabel ihrer Welt bzw. weil sie allein dort waren, der Nabel der Welt überhaupt.

Zum einen ist hier die Synchronizität erstaunlich: der Junge tut etwas und der Alte liest es dann (fast) gleichzeitig in seinem Buch. Zum anderen war insofern die Intuition beteiligt, als sie einige Tage vor dem Erlebnis den Großvater gerade nach diesem Buch in seinem großen Regal greifen ließ. Er hatte das Buch vor vielen Jahren einmal gekauft, aber nicht gelesen. Von besonderem Reiz bei dieser Geschichte ist auch, dass der Fünfjährige offenbar »wusste« – niemand hatte es ihm erzählt –, dass es für ihn jetzt darum ging, das Kleinkindalter zu verlassen, um sich auf die Welt der »großen« Jungen einzustellen. Dafür brauchte er zunächst einmal einen Halt, der ihm die Angst vor dem »Selbständigwerden« nahm. Der in den Boden gerammte Pfahl hat außerdem die alte Bedeutung, die Verbindung von der Erde zum Himmel, vom Profanen zum Heiligen herzustellen, die auch der inneren Sicherheit dient. Natürlich fällt uns hierzu die vertikale Achse des Ich-Funktionskreuzes ein, an deren oberen Pol die Intuition den Jungen veranlasste, sein gerade für ihn notwendiges Werk zu vollbringen, und am unteren Pol die Empfindung dafür sorgte, dass er das alte Zaunstück wahrnahm. Natürlich wollen wir auch den phallischen Aspekt, der für den Fünfjährigen zunehmend an Bedeutung gewinnt, nicht vernachlässigen.

Bei diesem Kind, das noch überwiegend aus der vertikalen Funktionsachse heraus handelt, wird deutlich, dass die Verbindung der Erde mit dem Himmel für uns Menschen wichtig ist. Wir können es so sehen, dass jeder intuitive Einfall ein Stück vom Himmel ist, das auf uns nieder- bzw. in uns hineinfällt. Wer nur ängstlich auf das schaut, was konkret an Tatsachen vor Augen liegt, wer nur an der Erde klebt und nicht offen ist für die kosmischen Energien, hat kaum eine Chance, sich die weit reichenden Möglichkeiten der Intuition zu erschließen. Es sei hier auch noch einmal betont, dass jeder Mensch, nicht nur Kinder, dazu fähig ist, sich intuitiv im Leben zu orientieren, Mittel und Wege zu erahnen und diese dann auch konkret zu finden. Im Zusammenhang mit der Darstellung der Ich-Funktionen nach Jung hatten wir schon ausführlich auf die Zusammenhänge von Intuition und Empfindung hingewiesen. Die Empfindungsfunktion ist ganz eindeutig, weil sie die Realität abbildet, während die Intuition mit den Ahnungen gewissermaßen »hinter die Realität« oder »um die Ecke schaut«, was einem rationalen Verständnis zunächst merkwürdig vorkommt und deswegen häufig nicht beachtet wird. Aber die Beispiele mögen dazu anregen, sich diesen Erlebnisbereich zu erschließen, zumal vor allem in der Analytischen Psychologie die Intuition gleichberechtigt neben allen anderen Funktionen steht. Das mag zunächst nicht einleuchten, weil ja unser Alltag heute eher auf Rationalität und Denken ausgerichtet ist. Doch wenn man sich die Fülle der Möglichkeiten, die sich aus dem intuitiven Erleben erschließen lassen, anschaut, wird deutlich, wie sehr die Denkfunktion auf die Fülle der Einfälle aus der Intuition und ihre Ahnungen angewiesen ist.

Die Stelle des Buches, die der Großvater am Abend las, nachdem sein Enkel die Verbindung mit dem Himmel hergestellt hatte, lauten wie folgt: »Ihr Urgott errichtete als erstes einen heiligen Pfahl, welcher Himmel und Erde verbindet. Dieser Kultpfahl stellt eine kosmische Achse dar, einen Mittelpunkt und eine räumliche Dimension (oben/unten), dort wo vorher Orientierungslosigkeit herrschte.«[42]

Besonders beeindruckend am Beispiel des Fünfjährigen ist, dass Kinder, wenn man sie in Ruhe ihre Spiele und Rituale machen lässt (vorausgesetzt, sie tun nichts, das ihnen selbst oder anderen schadet), sich nicht dauernd besserwisserisch einmischt oder ihnen irgendwelche gut gemeinten Hinweise gibt, ganz von selbst zu den symbolischen Handlungen finden, die ihre gerade anstehende seelische Entwicklung fördern. Kinder wie dieser Fünfjährige, die so im Schutz der Großeltern und Eltern gelassen aufwachsen dürfen, werden sicher auf ganz natürliche Weise alle ihre Ich-Funktionen entwickeln. Die Intuition wird bei ihnen wahrscheinlich die besonders gut entwickelte Funktion werden.

Bei Synchronizitäten geht es ebenso wie bei der Intuition um das Bewusstsein. Denn wenn wir eine Intuition oder eine Synchronizität nicht bewusst wahrnehmen, gibt es diese für uns nicht. Obwohl sie dennoch da ist. Zumindest als Möglichkeit. Sie braucht lediglich jemanden, der sie beachtet, oder »auffängt«. Auch das Bewusstsein ist immer vorhanden, bzw. es entsteht stets dann, wenn es

»gebraucht« wird. Die Möglichkeit zur Form ist immer und überall vorhanden, sagen die Physiker, vor allem, wenn sie von der Quantenmechanik sprechen. Es braucht nur jemanden, der hinschaut, der sie »kreiert«. Wenn jedoch niemand da ist, der etwas vom Kosmos will, dann ist die Welt leer, sagen die Physiker und schließen sich damit dem Wissen der alten Weisheitslehren an. Es gibt nichts absolut Festes, alles befindet sich in immer währender Schwingung, wobei selbst die allerkleinsten Teilchen bzw. Quanten voneinander »wissen«, obwohl sie sich dessen nicht so bewusst sind, wie wir das Bewusstsein kennen. Doch der »Stoff«, aus dem das Bewusstsein besteht, ist in allem und jedem vorhanden. Bisher gab es nur Bilder oder poetische Beschreibungen, die uns dies vermittelten, z.B. dieser Satz aus der hinduistischen Vedanta-Tradition: »Ich bin das Ewige, das Unsterbliche, das Allesdurchdringende. Das bin ich und das bist du.«

Inzwischen – seit die Quantenmechanik entdeckt wurde – kann jedoch auch in der Physik diese Wahrheit nachgewiesen werden.

»Im europäischen Kernforschungszentrum (CERN) in Genf hat der Physiker Nicolas Gisin ein interessantes Experiment durchgeführt: Man hat zunächst Photonen-Paare hergestellt. Dann hat man über das Instrumentarium des CERN eines dieser Photonen-Paare über ein optisches Kabel in den Norden von Genf geschickt, das andere in den Süden. Beide Mess-Stationen sind 10 km voneinander getrennt. Am Ende des optischen Kanals musste sich jedes Photon per Zufall für einen bestimmten Weg entscheiden. Der eine davon war kurz, der andere lang. Bei diesem Experiment wurde dann analysiert, dass die Photonen in absolut allen Fällen genau dieselbe Wahl getroffen haben.«[43]

Die beiden Photonen konnten sich nicht »verabreden«, denn sie waren 10 km voneinander getrennt. Doch da sie zur gleichen Wirklichkeit gehören, gibt es für sie keine zeitlichen und räumlichen Distanzen. Das Experiment beweist, dass die Wirklichkeit unteilbar ist – auch wenn wir es nicht so erleben, weil wir in der Dualität »gefangen« sind.

Diese Einheit ist die Grundlage für Synchronizitäten, denn in ihnen wird deutlich, dass es ein Zeit- und Raum übergreifendes Wissen auf der subatomaren Ebene gibt, das immer dann sichtbar wird, wenn eine entsprechende Konstellation hierfür vorliegt, d. h. wenn der erlebende Mensch sich auf der Schwingungsebene dieses Wissens befindet: Das Wissen ist immer da, das Materielle und sein immaterielles »Gegenstück« oder »Spiegelbild«, befinden sich in fortwährender Einheit, »spielen« miteinander, doch wir können dieses »Spiel« nur beobachten, wenn wir uns ebenfalls auf dieser Schwingungsebene befinden, wenn unser Gehirn auf einen bestimmten Frequenzbereich ausgerichtet ist. So wie Radio- und Fernsehgeräte auf die Frequenz eingestellt sein müssen, die der Sender zur Übermittlung seiner Bilder und Töne verwendet. Das menschliche Gehirn stellt für die Schwingungen des reinen Bewusstseins eine ähnliche Umschaltstation dar, wie es die Sendetürme zur Vermittlung der Radio- und Fernsehwellen hin zum Empfängergerät tun.[44]

Hier bedarf es natürlich noch umfangreicher Forschungen. Andererseits stellen aber gerade diese Spekulationen ein schönes Beispiel für intuitives Arbeiten dar. Mit Hilfe der Intuition sehen oder ahnen wir zunächst Möglichkeiten, die sich später in operationalisierbare Hypothesen aus verschiedenen Wissenschaftsbereichen, insbesondere der Physik und der Psychologie, formulieren lassen. Wie die Wissenschaftsgeschichte zeigt, sind es in vielen Fällen gerade Intuitionen gewesen, die den menschlichen Geist zum Teil so beflügelten, dass Forscherinnen und Forscher über Jahre hinweg an bestimmten Themen gearbeitet und festgehalten haben, bis es endlich gelungen ist, ihre Ahnungen zu realisieren. Auch die Vision eines »Urknalls« hat sich im Laufe der physikalischen und mathematischen Forschung sehr genau formulieren lassen. Man ist dem Urknall experimentell bis auf eine zehnmilliardstel Sekunde nahe gekommen und hat errechnet, dass er wahrscheinlich 10 hoch minus 43 Sekunden dauerte. Das Gleiche gilt für die Dichte der Materie an diesem Anfangspunkt des heute bekannten Kosmos. Es wäre also ein unermesslicher Verlust, wenn wir auf Grund ganz bestimmter enger Denktraditionen auf die Möglichkeiten des intuitiven Erfassens der

Welt, sei es im physikalischen oder persönlichen Bereich, verzichten wollten. So ist über die Intuition eine unabsehbare Erweiterung des menschlichen Bewusstseins – sowohl auf der kollektiven als auch auf der persönlichen Ebene – gegeben. Die moderne Psychotherapie fußt, zumindest in ihrer psychoanalytischen Tradition, auf der konsequenten und kontinuierlichen Erweiterung des Bewusstseins – ein Prozess, der sich über viele Jahre und mannigfaltige Erlebnisse im Grenzbereich zwischen Bewusstem und Unbewusstem erstreckt. Allein die Träume können das Leben eines Menschen jahrzehntelang begleiten und das Bewusstsein Schritt für Schritt erhellen.

C. G. Jung und Marie-Louise von Franz haben sich immer wieder mit dem Sinnmoment in den Gleichzeitigkeiten beschäftigt, welches die Synchronizität im eigentlichen Sinne definiert. Jung formuliert mutig den zusammenfassenden Satz: »Sinn existiert« und ordnet den Sinn damit in große Zusammenhänge ein, die nach unserer heutigen Erkenntnis keine Ursachen haben. So, wie er auch im *Tao te king* beschrieben ist. Er nennt es das »ursachelose Angeordnetsein«. Hierzu sind z. B. auch die Zahlen zu rechnen. Nach allem, was wir wissen, gibt es für die Zahlen keine Ursachen, sie sind einfach da, sie gehören zum Kosmos von seinen Anfängen an. Das Gleiche gilt nach heutiger Erkenntnis wohl auch für die Strings, jene letzten kleinsten Bausteine des Universums, die einfach existieren, »von allem Anfang an«. Auch der Urknall und die unvorstellbare Dichte der Energie am Anfang des Universums waren einfach da. Für sie gibt es keine Ursachen. Das Besondere, um nicht zu sagen Revolutionäre der Jung'schen Auffassung liegt nun gerade darin, dass der Sinn, um den sich der Mensch immer und immer wieder fragend und suchend bemüht, zu diesen ursachelosen Phänomenen des großen Anfangs gehört. Mit dem Erlebnis der Synchronizität berühren wir also diese Dimension des Daseins und betreten einen Raum, der jede letztlich auch von Anfang an mit bedingte Individualität mit dem großen, umfassenden Energiesystem verbindet, das unser Kosmos ist. Im Zusammenhang mit der Darstellung der Archetypen werden wir noch einmal auf diese grundlegenden Gedanken der Analytischen Psychologie zurückkommen, weil die Archetypen auch, wenn sie nicht ursachelos angeordnet sind, einen Raum darstellen, in dem der Einzelne seine hoch differenzierte Individualität wieder erlebnismäßig mit Möglichkeiten seiner Existenz verbinden kann, die ihm Ruhe und Geborgenheit sowie ein Eingebettetsein in das große Ganze gewähren. Gerade dieses aus heutiger Sicht gut fundierte Wissen ist für uns immer eine tragende Basis bei der Begleitung von Menschen in ihren verschiedenen, teils glücklichen, teils notvollen Lebenssituationen mit den dazugehörigen oft existenziellen Fragen. Aus diesem Grund bedauern wir es immer wieder, in unserer rasant sich entwickelnden Wissenschaftswelt bestenfalls Zaungäste sein zu können, doch auch das ermöglicht schon weit reichende Einblicke in Zusammenhänge, in denen sich die Welt der wissenschaftlichen Forschung und dem ganz persönlichen Erleben als »unus mundus«, als »Eine Welt«, darstellt.

Diese Überlegungen und Hinweise führen nun direkt zur *Aktiven Imagination,* die wir schon erwähnten. Sie gehört zu dem großen Bereich der imaginativen Verfahren, die heute ein fester Bestandteil therapeutischen Arbeitens sind. Dabei handelt es sich, wie bereits erwähnt, z. B. um Traumbilder, deren Geschichte unter Umständen weiter ausgestaltet wird; um Lieblingsfantasien, denen ein Mensch seit langer Zeit nachhängt; um angeleitete Fantasiereisen, welche die Betreffenden in verschiedene Lebensbereiche führen können. Das Tagträumen, wenn man auf einer sonnigen Wiese in den Himmel schaut oder am Strand liegt, die Fantasien, was man mit einem Millionengewinn im Lotto anfangen würde, gehören auch hierher. Sie sind allerdings insofern passiv, weil sich die Fantasierenden dem Fluss ihrer inneren Bilder einfach überlassen oder von einem Begleiter/einer Begleiterin angeleitet werden, diese Fantasien nach bestimmten Vorgaben weiter auszugestalten, wie es z. B. in der katathymen imaginativen Psychotherapie praktiziert wird.

Die Aktive Imagination, wie die Analytische Psychologie sie vertritt, besteht darin, dass sich die Imaginierenden in einer aktiven, eigenverantwortlichen Haltung gegenüber den inneren Bildern befinden und mit ihnen eine bestimmte Beziehung, häufig einen Dialog aufnehmen. Dieser dient einer ganz bestimmten Form der

Kommunikation zwischen dem Ich und dem Unbewussten, bei dem das Ich unbedingt seine klare Kontur behalten muss und den Inhalten des Unbewussten autonom und selbstverantwortlich gegenübersteht. Das ist zunächst gewöhnungsbedürftig, doch die uralte Tradition des Selbstgesprächs, des »colloquium cum anima mea«, das schon im Mittelalter beschrieben wurde, ist nicht wirklich neu, wenn auch weit gehend unbekannt, weil ungeübt. Es ist wirklich möglich, mit ganz bestimmten Inhalten der Psyche, wie sie z. B. aus Träumen oder Fantasien entnommen werden können, in eine solche aktive Beziehung einzutreten und diese auch über längere Zeit beizubehalten. Ein Beispiel:

Für einen Mann hat es sich ergeben, wenn er vor seiner Analysestunde auf einem Parkplatz steht – er kommt meistens relativ früh –, an einen imaginierten Brunnen zu gehen, wo er seine »innere Frau« trifft, die ihm einen Becher reicht, den er trinkt. Dieses kleine Ritual ist für ihn sehr bedeutsam geworden und der Dialog mit dieser Frau hat ihn über viele Jahre hilfreich begleitet und zu erstaunlichen Erkenntnissen geführt. Das Entscheidende ist, dass sich dieser Mann nicht mehr allein fühlt, er kann mit jedem Problem, das ihn beschäftigt, zu seiner »inneren Frau« gehen, die eine Personifikation dessen darstellt, was heute manchmal die »innere Weisheit« genannt wird.

Das Besondere und Hilfreiche an der Aktiven Imagination ist, dass jedem, der sie anwendet, eine Möglichkeit zur Verfügung steht, den reichen Schatz noch unbewusster Erkenntnisse gewissermaßen anzuzapfen und für das eigene Leben nutzbar zu machen. Ähnlich wie in der Traumanalyse ist es auch in der Aktiven Imagination angebracht, ganz persönlich mit der Psyche Verbindung aufzunehmen und hier eine Kommunikation herzustellen, die in vielen Lebenssituationen tragfähig und hilfreich wirkt. Wir bedauern es sehr, dass die Chance der Aktiven Imagination, die sich jedem Menschen bietet, noch verhältnismäßig unbekannt und fremd ist. Dies auch deswegen, weil es sich um eine ganz natürliche Methode handelt, für die man nicht in besondere Trancezustände eintreten oder sich in die

Erlebnisräume einer – aus unserer Sicht – falsch verstandenen Esoterik begeben muss. Manchmal mag es hilfreich und sinnvoll sein, zu Beginn professionelle Hilfe in Anspruch zu nehmen, vor allem wenn man sich sehr unsicher fühlt und emotional leicht irritierbar ist. Doch hat man einmal seine innere Welt betreten und erlebt, dass dort keine gefährlichen Ungeheuer auftauchen, wird man bald den starken Wunsch verspüren, diese innere »Heimat« – sie ist die einzige, in der man wirklich aufgehoben ist, aus der man nicht vertrieben werden kann – so oft wie möglich aufzusuchen. Denn sie ist auch der einzige »Ort« der Freiheit. Nur man selbst, das Ich-Bewusstsein, bestimmt den Verlauf der entsprechenden Handlung bzw. kann zulassen, was da auftaucht. Kein anderer hat dort etwas zu melden, keine Autorität, auch kein Therapeut, keine Therapeutin.

Marie-Louise von Franz, die sehr viel Erfahrung mit der Aktiven Imagination gesammelt hat, bestätigt das folgendermaßen:

»Nehmen wir z. B. an, der Imaginierende strebe in der Fantasie einem hohen Berggipfel zu, und schöne Frauen kämen und wollten ihn in die Tiefe locken. Da sagen wir ihm nicht: ›Das ist eine erotische Fantasie, eine Versuchung, die dich von deinem hohen Ziel abhalten will‹, aber auch nicht: ›Das ist ein Stück Leben, was du vor dem Aufstieg integrieren solltest!‹ – wir sagen gar nichts; der Imaginierende muss selbst erforschen, was da an ihn herantritt, und selber entscheiden, was er damit tun soll – genau wie im äußeren individuellen Leben auch.«[45]

Ähnlich wie bei der Synchronizität spielt auch bei der Aktiven Imagination die Intuition eine zentrale Rolle, ohne sie wäre sie gar nicht möglich. Denn das Spezifische an ihr ist, dass sie dem folgt, was die Intuition dem Betreffenden zuspielt. Wenn jemand eine Aktive Imagination durchführt, denkt er oder sie sich nichts aus, sondern wartet, bis etwas Bestimmtes aus dem Unbewussten auftaucht – eine Gestalt, eine Landschaft, ein Tier, eine Pflanze – irgendein Bild. Die Bildgeberin ist immer die Intuition, also der schöpferische Einfall.

Auch hier bestätigt die moderne Hirnforschung die uralte Erfahrung der Hinwendung zu den inneren Bildern: Das älteste Fragment einer Aktiven Imagination wurde vor ca. 5000 Jahren in Ägypten gefunden, in dem die Rede davon ist, dass sich ein Lebensmüder umbringen will, ein bestimmter Teil seiner Seele dem aber widerspricht und er nach langen Auseinandersetzungen mit ihr am Leben bleibt.

Der Neurobiologe Gerald Hüther schreibt: »Es gibt kaum etwas Beglückenderes als diese leider viel zu seltenen Momente im Leben, in denen man spürt, wie der von all den tagtäglich zu lösenden Problemen gar zu eng gewordenen Blick sich plötzlich wieder zu weiten beginnt, wie einem das Herz aufgeht und die Ideen übersprudeln.«[46]

Solche Momente, meint Hüther, seien Sternstunden, in denen man eine Ahnung davon bekommt, wie es wäre, wenn man die Welt wieder so unbefangen und vorurteilslos betrachten könnte wie ein Kind. Er führt weiter aus, dass es sich bei der Fähigkeit zur Öffnung innerer Bilder um eine Fähigkeit handelt, die sich aus einer inneren »Matrix« ergibt. Diese finde man nicht nur im Gehirn, sondern auch schon im Genom, in den im Zellkern verankerten Nukleinsäuresequenzen. Und das gelte auch für das kollektive Gedächtnis, in dem Ideen und Visionen gespeichert sind.

Natürlich fällt uns hierbei gleich die 200 Milliarden Kilometer lange DNS ein, die Jeremy Narby als Seil zum Himmel fantasiert. Wir haben ja schon beschrieben, dass viele wissenschaftliche Erkenntnisse aus der intuitiven Schau entstanden sind – warum nicht auch diese?

Vielleicht meint Hüther mit der »Nonsens-« oder »Junk-DNA«, von der er im Weiteren spricht, dasselbe. Tatsache scheint auf alle Fälle zu sein, dass sich die Intuition – ähnlich der »Kundalini-Schlange« – als Geistwesen in der DNS zusammengerollt befindet, bei passender Gelegenheit plötzlich ihren Kopf hochreckt und einen entsprechenden Einfall »ausspuckt«. Diese etwas salopp formulierten Sätze drückt Hüther so aus:

»Bereits auf der Ebene des Genoms lässt sich nachweisen, dass sich Nukleinsäuremuster immer wieder verdoppeln, verlängern und auf vielfältige Weise verändern. Erhalten bleiben davon aber nur diejenigen, die nicht für den Aufbau und die Aufrechterhaltung der inneren Ordnung der betreffenden Zellen [...] gebraucht werden. ›Nonsens-DNA‹ oder ›Junk-DNA‹, also sinnlose, nicht benutzte Sequenzmuster, nennen die Molekularbiologen diesen Teil des Genoms, der bei den höher entwickelten Lebensformen den überwiegenden Teil aller im Zellkern gespeicherten DNA-Sequenzen ausmacht. [...] Dennoch sind all diese, auf den ersten Blick unsinnigen und unzweckmäßigen, von unserem Gehirn hervorgebrachten Bilder kein Nonsens.«[47]

Vielleicht haben wir uns bisher nicht wirklich klar gemacht, mit wie viel Weisheit und auch uns noch nicht zugänglichen Geheimnissen diese Welt mit uns mittendrin geschaffen wurde. Der folgende Abschnitt gibt uns nähere Einblicke hierzu.

■ Intuition in der Weisheits- und Orakellehre

Es mag zunächst erstaunlich sein, die Intuition, die als Ich- und Orientierungsfunktion des Bewusstseins in der Analytischen Psychologie definiert ist, im Zusammenhang mit der Weisheits- und Orakellehre wiederzufinden. Hier führt sie uns auf einen etwas heiklen Pfad, der allerdings ein »Pfadfinder« hin zum Wissen aus dem Unbewussten ist. Marie-Louise von Franz hat dem Thema *Orakel und Synchronizität* eine umfassende Studie gewidmet[48], und es ist nach unserer Erfahrung gerade die Intuition, die in die Tiefe des Unbewussten, der Psyche führt. Auch in ganz anderen Wissenschaftsbereichen, auf die wir schon hingewiesen haben, bietet es sich an, von Intuition zu sprechen, wenn wir über die »Tiefen des Universums« nachdenken und uns vorzustellen versuchen, was aus der Unendlichkeit des Alls auf uns zukommt. »Ein Neutrino von durchschnittlicher Energie kann mühelos viele Billionen Kilometer Blei durchqueren, ohne in seiner Bewegung irgendwie beeinträchtigt zu werden.«[49] Wenn wir dies bedenken, bekommen wir einen auch wiederum kaum nachvollziehbaren Eindruck von der Tiefe des Raumes, die unser Universum kennzeichnet. In unserem Zusammenhang ist die Tiefendimension der Psyche, die auch in dem heute akzeptierten Ausdruck der »Tiefenpsychologie« festgehalten ist, von Interesse.

Während »Weisheit« ein allgemein anerkannter, seriöser Begriff ist, dem viel Respekt entgegengebracht wird, haftet der »Orakellehre« eher etwas Zwielichtiges, nicht so ernst zu Nehmendes oder gar Verwerfliches an. Viele Menschen stehen dem Orakelwesen skeptisch gegenüber, lehnen es rundweg als Humbug ab und ängstigen sich auch vor solch vermeintlichem Aberglauben, d. h. davor, zum rechten Glauben in Widerspruch zu stehen. Doch der Intuition bleibt gar nichts anderes übrig, als es uns anzubieten, denn sie leuchtet auch die hintersten und tiefsten Winkel des menschlichen Bewusstseins aus. Ihr bleibt auch das nicht verborgen, was allgemein eher ausgespart wird, zu dem man sich, wenn schon, dann nur hinter vorgehaltener Hand äußert. Die Intuition – das wollen wir immer wieder betonen – ist eine Funktion der Freiheit. An ihr ist weder etwas Anrüchiges und Verbotenes noch besonders Edles oder Elitäres. Die Intuition wendet sich jedem zu, sie beschränkt sich nicht auf Menschen mit viel Intelligenz, hoher Bildung oder großer Lebenserfahrung. Sie weht wie der Wind, wo und wann sie will, erfasst wie der Wind den einen und die andere, macht keinen Unterschied zwischen arm und reich, krank und gesund, glücklich oder verzweifelt. Nur geistige Starre, seelische Rigidität und gar zu viel moralische Strenge kann sie vertreiben. Was dann aber sehr schade wäre. Weil sie den derart Betroffenen die Chance nehmen würde, einmal über den eigenen »Tellerrand« hinauszublicken.

Alles Unbekannte oder Ungewöhnliche lockt zunächst einmal Ängste hervor, denn man weiß ja nicht, ob sich dahinter etwas Gefährliches verbirgt. Da ist es schon angebracht, erst einmal vorsichtig zu sein und genau hinzuschauen. Doch ohne eine gewisse Portion Neugierde wird die Welt bald langweilig und man erfährt auch nichts Neues, Weiterführendes über sie. Das aber wollen in der Regel die meisten Menschen, denn sonst gäbe es keine Forschung, keine Wissenschaft und auch keine Religion. Sie alle brauchen die

Intuition: Ohne schöpferisches Potenzial lässt sich keine gute Forschungsfrage stellen, ohne intuitive Kraft, von der jede Weisheitslehre durchdrungen ist, kann keine Religion bestehen.

Es war schon immer ein starkes Menschheitsbedürfnis, hinter die Kulissen der uns umgebenden Natur zu blicken, zu mutmaßen, dass sich dem Sichtbaren verborgen vielleicht noch etwas Unsichtbares verbirgt. Wo kommen wir her? Wieso gibt es uns überhaupt? Wo gehen wir hin? Verlischt mit dem Tod des Körpers auch dessen Seele? Und was meint »Geist«? Diese Fragen haben Menschen seit jeher bewegt, zu weit reichenden Überlegungen und groß angelegten Forschungen getrieben.

Das schon erwähnte internationale Forschungszentrum CERN in Genf ist mit riesigen technischen und finanziellen Ressourcen ausgestattet, um diesen Fragen nachzugehen. Aber bei den entsprechenden Texten der Physiker lesen wir immer wieder, dass am Anfang ein intuitiver Einfall, eine Ahnung steht, die den Geist in eine bestimmte Richtung lenkt und entsprechend beunruhigt. Wir haben den Eindruck, dass die Intuition in ihrer Dynamik dem entsprechen könnte, was bei den Griechen der Daimon war, der die Philosophen oder Forscher immer wieder neu stimulierte. Es ist überhaupt ein bemerkenswertes Phänomen, dass Wissenschaftler und Wissenschaftlerinnen Jahre und Jahrzehnte von der Idee beflügelt werden, sie könnten in der von ihnen vertretenen Forschungsrichtung noch zu ganz neuen und wichtigen Ergebnissen kommen. Die Intuition gibt dies vor, sie treibt und lockt. Bei unseren Überlegungen sind wir immer wieder zu unserem eigenen Erstaunen darauf gestoßen, welche Kraft in dieser Ich- und Bewusstseinsfunktion gespeichert ist.

Doch nicht nur Neugierde, vor allem auch Ängste veranlassen Menschen, sich mit dem auseinander zu setzen, was ihnen unheimlich, weil verborgen, ist. Sie meinen, besser mit dem Zukünftigen zurechtkommen zu können, wenn sie vorher wissen, was es ist. Deshalb gab es immer – zu jeder Zeit, bei jedem Volk – Techniken, die dazu benutzt wurden, in die Zukunft zu schauen. Und oftmals gibt es ja auch zukunftsträchtige Entscheidungen, die man treffen muss, ohne zu wissen, welche die beste ist.

In solchen Situationen sind manchmal auch die sonst nur ganz rational denkenden Menschen geneigt, ein Orakel zu befragen. Das bedeutet eigentlich, dass sie ihrer eigenen intuitiven Eingebung nicht trauen – denn die gibt es immer, ganz gleich um was für eine Entscheidung es sich handelt. Jeder Mensch ist in der Lage, in sich hineinzulauschen und die Tendenz zu vernehmen, die sich im Inneren immer zeigt. Doch sich nur so ganz auf sich selbst, auf das eigene Gefühl, die eigene Urteilskraft und die eigene Intuition zu verlassen, ist den wenigsten Menschen beigebracht worden. Zu Beginn des Lebens waren es die Eltern, die stets wussten, was gut und richtig ist, dann kamen Lehrer, Pfarrer und andere Autoritäten hinzu, die vorgaben, sie wüssten genau, wie die Dinge sich verhalten und wie der Einzelne sich dazu einstellen muss. Inzwischen ist dem betreffenden Menschen, selbst wenn er schon älter sein sollte, das Selbstvertrauen, das Vertrauen in das eigene Wissen, abhanden gekommen. Man bedient sich statt des eigenen urteilenden Gefühls, der intuitiven Eingebung und auch des kritischen Verstandes lieber einer wie auch immer gearteten »Autorität«. Das heißt, wir trauen dem Materiellen mehr als dem Immateriellen, den äußeren Bildern mehr als den inneren, dem geschriebenen Wort mehr als den Wahrnehmungen der Psyche, die aus einem unendlich weiten und tiefen Reservoir ihr Wissen bezieht. Wahrscheinlich brauchen wir noch eine gewisse Übergangszeit, die uns aus dem Glauben an das Materielle in die Gewissheit des Geistes führt.

In Ansätzen beobachten wir diesen Prozess, wenn wir Menschen auf ihrem Individuationsweg, der auch ein Weg aus einer belastenden Krankheit sein kann, begleiten. Das ist oft über viele Jahre ein mühsamer Weg, mit manchen Unsicherheiten, Unwägbarkeiten und Frustrationen, aber er führt letztlich doch dahin, dass eine neue Form des Selbst-Vertrauens entsteht, d. h. dass man sich im »großen Ganzen«, im »Göttlichen« aufgehoben weiß. Damit wird eine entsprechende innere Sicherheit und Gewissheit in vielen Lebenssituationen erlangt. C. G. Jung hat dieses Thema in seiner Psychologie des Selbst im einzelnen sehr ausführlich dargelegt.

Nun gibt es seit Jahrhunderten oder auch Jahrtausenden so

genannte divinatorische Techniken, die dem Menschen helfen, die großen Ängste und Unsicherheiten zumindest zu begrenzen. Die wissenschaftliche Entwicklung mag noch so rational und kritisch sein, doch das Wochenhoroskop oder auch die Besuche bei Wahrsagerinnen und Handleserinnen sind nach wie vor populär, auch wenn nicht darüber gesprochen wird. Sehr beliebt ist die Arbeit mit den Tarot-Karten, zu denen sich inzwischen eine umfangreiche Literatur wie auch viele künstlerische Entwürfe entwickelt haben.

Wenn Menschen diese Karten legen oder Münzen für das Orakel des alten chinesischen Weisheits- und Orakelbuches I Ging[50] werfen, wollen sie damit einen Einblick in das scheinbar verborgene Reich des »absoluten Wissens« tun. Es stimmt, dass es diesen Urgrund gibt und dass dort nicht nur unsere Vergangenheit, sondern auch die Zukunft bereit liegt. Und es ist zudem immer wieder erstaunlich, wie gut es manchen Menschen gelingt, sich auf diese Weise Informationen zu holen, die tatsächlich mit der später eintretenden Realität übereinstimmen. Wobei die Frage natürlich offen bleibt, inwieweit die aus dem Unbewussten gewonnene Aussage bereits ihr Verhalten und entsprechend das künftige Erleben schon beeinflusst.

Wir selbst haben viel Erfahrung mit dem I Ging gesammelt. Es hat sich außergewöhnlich häufig herausgestellt, dass sich die Antworten dieses Orakelbuchs immer dann als besonders aussagekräftig herausstellten, wenn der oder die Betreffende schon im Vorhinein überzeugt war, dass die Auskunft des I Ging tatsächlich richtig ist. Da wir bereits über unsere Erfahrungen mit den Synchronizitäten wissen, dass Immaterielles und Materielles zusammentreffen, weil die Welt im Grunde ein unteilbares Ganzes ist, können wir stets eine Übereinstimmung zwischen den Texten des I Ging und unseren eigenen Gedanken und Gefühlen finden. Der Vorteil, den das I Ging gegenüber den eigenen Mutmaßungen bietet – und beim Tarot oder anderen Divinationstechniken wird es ähnlich sein – ist, dass es in Bezug auf die gestellte Frage, die meistens aus einem eigenen Zweifel heraus gestellt wird, ganze klare Handlungsanweisungen gibt. Zumindest diese muss man sich dann nicht selbst ausdenken. Schließlich ist gerade das I Ging schon einige tausend Jahre alt und baut auf Erfahrungen vieler Generationen auf. Diese klaren Anweisungen bleibt uns die Intuition, die uns ebenfalls sagen kann, was gerade »dran« ist, schuldig.

Grundsätzlich ist festzuhalten, dass zum Verständnis der Aussagen des I Ging die Annahme der Synchronizität gehört. Die beiden Ereignisreihen, die Vorstellung im Herzen oder Kopf des Orakelnehmers oder der Orakelnehmerin und die äußere Situation, das Werfen der Münzen in einem bestimmten energetischen Kontext, vermitteln den Sinn, der dann anhand des alten Textes erarbeitet und erschlossen wird. Das ist zunächst wieder ein sehr befremdlicher Gedanke, an den sich gerade das westliche Denken, der Kausalität völlig verpflichtet, erst wieder annähern muss. Doch wie jedes neue geistige Wagnis erschließen sich auch hier bisher nicht geahnte Möglichkeiten des Selbst- und Lebensverständnisses.

Der Philosoph und Mathematiker Gottfried Wilhelm Leibniz (1646–1716), der als der Vorbereiter des Computersystems gilt, war fasziniert von dem tiefgründigen Wissen, welches das I Ging enthält. Er beschäftigte sich eingehend mit dieser Art des chinesischen Denkens, das nicht unserem kausalen entspricht. Er hatte ein neues Ordnungsprinzip für Zahlen entwickelt, das binäre System, das zwar dem üblichen Dezimalsystem entspricht, jedoch nur von zwei Ziffern Gebrauch macht, der 1 und der 0. »Leibniz versuchte […] auch, den Gesetzmäßigkeiten geistiger Wahrheiten mit Hilfe von Zahlen auf die Spur zu kommen. Nur wenn sich geistige Realitäten in Zahlen darstellen lassen, so argumentierte er, gewinnen sie eine Überzeugungskraft, die unanfechtbar ist.«[51]

In unserem Zusammenhang kommt es darauf an, dass die Intuition den Zugang zu beidem vermittelt, zum Orakel und zur Weisheit.

In einem umfassenden Kontext geht es beim Orakelnehmen, aber auch bei der Intuition, um die Dimension der Zukunft. Wir versuchen heute durch computergesteuerte Hochrechnungen Voraussagen über wirtschaftliche Entwicklungen oder Erfolge militärischer Strategien zu treffen und haben den Eindruck, dass dies die einzige Möglichkeit ist, die Zukunft vorherzusehen. Es hat sich daraus sogar ein selbstständiger Forschungszweig, die Futurologie entwickelt. Interessant zu beobachten ist, dass viele Tiere z. B. ein Gebiet verlassen, in dem ein Erdbeben droht. Andere Tiere, z. B. Hamster oder Eichhörnchen, legen als lebenswichtige Zukunftsorientierung Vorräte für den Winter an. Die systematische Beobachtung der Träume gibt ebenfalls viele Hinweise auf zukünftige Entwicklungen, die sich vom Unbewussten her andeuten, aber eben nur dem zugänglich werden, der die Botschaften seiner Träume lesen kann und will. Unser Unbewusstes weiß nämlich weitgehend um die Zukunft. Die frühen Menschen haben immer darum gewusst und auch Techniken entwickelt, um dieses Zukunftswissen anzuzapfen. Hierzu Marie-Louise von Franz:

»Diese Techniken sind in meiner subjektiven Sicht in ihrer Essenz zuverlässiger als die rationalen Methoden. Ich habe über 30 Jahre lang das I Ging-Orakel benützt und bin nie hereingelegt worden. Eine Fehlerquelle, die sich allerdings nicht ausschließen lässt, liegt im Problem der Interpretation. Die meisten Orakel geben [...] nur ein symbolisches Bild des zukünftig zu Erwartenden, und ein Symbol kann immer gleichzeitig auf viele Arten gedeutet werden. So ist diese symbolisch-futurologische Methode praktisch auch nicht absolut zuverlässig, aber sie scheint mir der Berücksichtigung wert, weil sie, mit Umsicht und Bescheidenheit angewendet, uns mit unserer Instinktwelt verbindet, in der alle zukünftigen Entwicklungen des Einzelnen und des Kollektivs vorweg skizziert sind.«[52]

So ausführlich, verbunden mit viel Lebensweisheit, äußert sich die Intuition, wenn wir sie auftauchen lassen, nicht, so dass es sich manchmal empfiehlt, dieses alte Orakel- und Weisheitsbuch zu befragen. Dennoch ist es die Intuition, die eine entsprechende Antwort – ob mit oder ohne materielles Hilfsmittel wie dieses Buch – hervorruft. Deshalb soll man auch die Antworten ernst nehmen, selbst wenn sie nicht nach unserem Geschmack ausfallen und uns etwas aufzeigen, das wir nicht so gerne haben. Von Franz wies immer wieder darauf hin, dass man Divinationstechniken, wenn man sie in Anspruch nimmt, auch mit dem nötigen Respekt betrachtet und sie nicht nur aus Zeitvertreib benutzt. Wenn man eine respektvolle Haltung gegenüber dem Wissen des Unbewussten einnimmt, erlangt man auch die nötige Ruhe und Konzentration, die für das Arbeiten mit der Intuition immer angebracht ist.

Neben dem I Ging und dem Tarot gibt es viele weitere Divinationstechniken.[53] Eine besondere Stellung nimmt dabei die Astrologie ein. Sie basiert nicht auf der Intuition, sondern auf den Planetenkonstellationen, die zum Zeitpunkt der Geburt eines Menschen herrschen bzw. die – da die Planeten sich ja in verschieden langen Zeiträumen um die Sonne bewegen – der Himmel jetzt zeigt. Aus der jeweiligen Konstellation lassen sich in Bezug zum Geburtshoroskop die zur Zeit wichtigen Lebensaspekte eines Menschen herauslesen und wenn man das gut kann – Claus Riemann[54] vermag das in hervorragender Weise! – auch so interpretieren, dass der Betreffende weiß, womit er sich jetzt möglicherweise schwer tut und wo sich ihm die Türen öffnen.

Sicher wird die Zeit kommen, in der die Menschen nicht mehr auf die verschiedenen Hilfsmittel, die auch der Intuition dienen, angewiesen sind, sondern ganz aus sich selbst heraus wissen, worauf es gerade jetzt ankommt, nach dem Motto: »Der Guru ist in dir. Du selbst bist dein Guru.« Das bedeutet, je mehr wir uns nach innen wenden, dem »absoluten Wissen« in uns selbst zu, desto unabhängiger von äußeren Ratgebern werden wir. Doch bis es soweit ist, können wir uns ohne Bedenken den lange erprobten Medien zuwenden. Wer sie ernsthaft mit dem nötigen Respekt vor der Kraft, die aus dem Unbewussten kommt, benutzt, kann damit auch einen vertieften Zugang zu seiner Intuition finden. Der Mensch verfügt ja neben der Intuition über weitere Ich- und Bewusstseinsfunktionen, die ebenfalls aktiviert werden können und sollen, um ihm damit die nötige Sicherheit im Leben zu vermitteln. Es ist ein langwieriger und schwieriger Lernprozess, sich auf die Intuition zu verlassen, weil wir gewohnt sind, sie mit Ausdrücken wie »Es war halt nur so ein Gefühl« abzutun und uns der mit ihr verbundenen vielfältigen Möglichkeiten zu berauben.

Erst bei der Bearbeitung dieses Kapitels zum Wissen aus dem Unbewussten wurde uns deutlich, dass die mit der Intuition einhergehenden Gedanken und Erlebnisse an Jahrtausende alte Traditionen anknüpfen. Es war eigentlich immer selbstverständlich, dass über bestimmte Techniken, Opfergaben oder Rituale die Verbindung zu den Göttern oder anderen hilfreichen Geistern hergestellt werden konnte. Auf diese Weise schien es auch möglich, die destruktiven Kräfte von Dämonen abzuwehren und bösen Geistern den Zugang zum persönlichen Leben, zur Familie oder des bewirtschafteten Hofes zu verwehren. Nach der einschlägigen, hauptsächlich esoterischen Literatur besteht mit dem Channeling die Aussicht, zu geistigen Wesenheiten Verbindung aufzunehmen. Diese zeigen sich in der Regel auch bereit, dem Fragenden Botschaften zu übermitteln, die für ihn persönlich, vielleicht auch für eine größere Gruppe von Menschen existenziell wichtig sein können. Manche Botschaften, verknüpft mit überindividuell, überkulturell und überzeitlich versehenen Weisheiten, wie sie z. B. in den »Gesprächen mit Seth« dargestellt worden sind, beziehen sich auf längere Zeitperioden und auf die ganze bekannte Welt.

In unserem Buch ist natürlich die entscheidende Frage, was diese über die Zeiten berichteten Möglichkeiten mit Intuition zu tun haben. Unseres Erachtens spielt beim Channeling die Intuition eine zentrale Rolle. Hier geht es jedenfalls um eine besonders enge Verknüpfung von Ahnung und Wissen. Je nach Standpunkt kann man die Ansicht vertreten, dass die alten Seherinnen oder die Schamanen über umfassende Ahnungen verfügten, die sie mitteilten, doch gleichzeitig hatten diese Ahnungen meistens den Charakter von Vorauswissen. Nach dem jetzigen Kenntnisstand über die vielfältigen Varianten des menschlichen Bewusstseins sollten wir heute zunächst einmal von Ahnungen sprechen, die allerdings – worauf wir schon mehrfach hingewiesen haben – in Zusammenhang mit den anderen psychischen Funktionen gebracht werden sollten.

Gerade beim Channeling gelangt die Intuition an einen wesentlichen Punkt menschlichen Erlebens, vielleicht sogar auch an die zentrale Dimension ihrer Möglichkeiten. Kein anderes Phänomen wie dieser »Kanal« zwischen der Diesseits- und der Jenseitswelt ist so abhängig und durchdrungen von der Intuition. Wir haben es schon im ersten Kapitel beschrieben, in dem wir über die Propheten und Priesterinnen berichteten. Channeling ist nur ein moderner Ausdruck für das Empfangen von Informationen, Nachrichten, Weissagungen, Botschaften oder Offenbarungen aus einer »höheren« Welt. Die Medien – es sind sowohl Frauen als auch Männer – stellen sich als »Kanal« für die Stimmen der Wesenheiten zur Verfügung, die aus anderen Dimensionen Wichtiges zu sagen haben. Diese Art, noch nicht bekanntes Wissen in die Menschenwelt zu bringen, ist schon viele tausend Jahre alt und auf der ganzen Welt verbreitet. Zum Teil handelt es sich – wie angenommen wird – um die Seelen von Verstorbenen, die, von ihrer körperlichen Hülle befreit, Erfahrungen machen, welche den Menschen, deren Geist noch in der Materie eingeschlossen ist, hilfreich sein können. So soll schon das »Totenbuch der Ägypter« aus gechanneltem Material entstanden sein.

Schamaninnen und Schamanen, die in allen Kulturen immer Priesterin und Heiler zugleich waren und sind – es gibt sie immer noch –, wurden von »Geistern«, also Wesenheiten aus der jenseitigen Welt, erfasst, um Kranken zu helfen. Das heißt, eine solche Wesenheit, die mehr über Heilkünste wusste als der Mensch, der als Heiler tätig war, »schlüpfte« in den Körper des Schamanen oder der Schamanin und ließ ihn oder sie die heilsamen Rituale ausführen. Meistens halfen diese dem Kranken auch.

Prophetinnen und Propheten wurden direkt von den Göttern oder später dem einen Gott Jahwe angesprochen, der dem von ihm ausgesuchten Übermittler seine Absichten mitteilte, damit diese sie dem Volk überbringen. Im dritten und vierten Buch Mose beginnen einige Stellen mit den Worten: »Und der Herr sprach zu Mose und sagte…« oder: »Ich bin der Herr, dein Gott.« Die monotheistischen Religionen entstanden über den Kanal zwischen Gott und den Propheten, also durch channeln. Im Islam war es Mohammed, der sich als Medium für die Worte Allahs bereit fand.

Sowohl Mose und die anderen Propheten des Alten Testaments als auch Mohammed wurden jeweils von ihrem Gott persönlich ausgesucht und »berufen« bzw. »angesprochen«. Manchmal gegen ihren Willen. Auch heute gibt es Medien, die direkt von Wesenheiten »heimgesucht« werden, um Botschaften aus der anderen, jenseitigen Welt aufzunehmen – auch wenn sie dies nicht wollen. Doch die meisten geben ihren Widerstand rasch auf, weil sie einsehen, dass sie eine für die Menschheit wichtige Aufgabe erfüllen, wenn sie als Kanal den höheren Wesen dienen. Manche Menschen spüren jedoch von sich aus den Wunsch oder sind bereit dazu, als Medium Wissen aufzunehmen, das sie in der diesseitigen Welt nicht finden. Es gibt keine besonderen Eigenschaften, die ein Medium aufweisen müsste. Es muss weder sehr gescheit noch fromm sein; die Schulbildung, das Alter und das Geschlecht spielen auch keine Rolle.

In Frankreich gab es im 19. Jahrhundert ein Mädchen, Bernadette Soubirous, dem im Alter von 14 Jahren einige Male die Gottesmutter erschienen war und ihm Weisheiten vermittelte, an die das Mädchen, das aus ärmlicher Familie stammte und kaum über Schulbildung verfügte, nie von alleine gekommen wäre. Später ging die junge Frau ins Kloster und nach ihrem Tod – es hieß, sie verweste nicht in ihrem Sarg – wurde aus der Grotte in Lourdes, wo ihr die Mutter Gottes erschienen war, ein berühmter Wallfahrtsort. Wir vermuten, dass sehr viele Kinder paranormale Erscheinungen erleben, doch in den seltensten Fällen darüber berichten. Denn wenn sie es – was manchmal vorkommt – vorsichtig tun, reagieren die Erwachsenen oft ungläubig und abweisend. Die meisten Menschen ängstigen sich vor Erlebnissen, die nicht in unseren auf Rationalität gründenden Alltag passen. Es bleibt zu wünschen, dass die Seele dieser Kinder die frühen Erlebnisse, die aus einer notwendigen Anpassung heraus in das persönliche Unbewusste verdrängt werden mussten, dennoch bewahrt und sie später, wenn der erwachsene Mensch sich seiner selbst sicher und freier fühlt, wieder an die Oberfläche aufsteigen lässt.

Da die Intuition in unserem heutigen Menschenbild und Selbstverständnis eine nur untergeordnete Rolle spielt und meist auch abgewertet wird – »es war halt nur so ein Gefühl« –, können wir uns fast nicht vorstellen, welche Lebensmöglichkeiten und Entwicklungschancen ungenutzt bleiben und das Leben verarmen lassen. Wir möchten unser Buch auch als ein engagiertes Plädoyer für die Wiederentdeckung der Intuition verstehen und dazu ermutigen, sich mit dieser wichtigen geistigen Funktion persönlich auseinander zu setzen und entsprechende Erfahrungen zu sammeln.

In unserer therapeutischen Praxis erleben wir oft, dass im Laufe der Therapie oder der Selbsterfahrung die verdrängten kindlichen Erfahrungen und damit auch die der Intuition erneut ins Bewusstsein treten und die Betreffenden nun in weitere geistige Räume führen. Das schließt nicht aus, dass wir uns in diesen Zusammenhängen erst einmal vorsichtig und langsam neu orientieren, aber in der Regel hilft die erwachende Intuition sehr rasch, die Chancen, die es gibt, zu sehen. Es bedarf dann noch anderer psychischer Impulse und Instanzen, vor allem des persönlichen Mutes und der Tapferkeit, um die Gelegenheiten, welche die Intuition anbietet, auch zu verwirklichen.

Gerade in letzter Zeit hört man wieder von Medien, die Weisheiten aus der jenseitigen Welt empfangen. Sie befinden sich dabei in einem tranceähnlichen Zustand, wenn sie die Stimmen der außerkörperlichen Wesenheiten vernehmen, manche können sich danach nicht mehr daran erinnern, was sie gesprochen oder auch geschrieben haben. Einige sind jedoch während dieser »Sitzungen« hellwach und wissen genau, was geschieht. Die Trance dient dazu, das diskursive Denken auszuschalten. Das ist leichter gesagt als getan, wenn man bedenkt, welch zentrale Rolle die Denkfunktion in unserer rationalen westlichen Kultur einnimmt und wie hoch sie bewertet wird. Wenn im Zen-Buddhismus der Weg vorgeschlagen wird, alle Begriffe und Vorstellungen loszulassen, sich hierbei der Konzentration und Achtsamkeit auf den Atem zu bedienen, so zeigt sich darin, dass andere Kulturen die einseitige Überbewertung des diskursiven Denkens nicht unbedingt für so sinnvoll halten wie wir. Sie haben es noch nie getan, denn ihr Weltbild ist ein anderes als das unsere. Es fußt viel mehr auf geistigen Werten, auch auf denen der Intuition. Wenn wir es aus der Sicht der Ich-Funktionen, wie Jung sie beschrieben hat, betrachten, findet das Channeling auf der vertikalen, der Wahrnehmungsachse statt, wobei zur Intuition, die immer dazu gehört, auch das Hören und Sehen hinzukommt. Das Wahrnehmen im vollständigen Sinne kennzeichnet das Channeling. So ist bekannt, dass sich die Geistwesen häufig als Lichtgestalt zeigen, so wie auch die kleine Bernadette die Gottes Mutter gesehen hat.

Es kommt uns hier darauf an, die Facetten der Intuition in verschiedenen, vielleicht für manche Leserinnen und Leser auch etwas eigenartigen Erlebnisräumen zu beschreiben. Wir sind uns bewusst, dass die Erlebnisse in Lourdes nicht von allen Menschen so positiv bewertet oder geteilt werden, wie sie dort dargestellt sind, aber an dem Phänomen als solchem kann kein Zweifel bestehen. Es ist nicht die Aufgabe dieses Buches, über den »Wahrheitsgehalt« der Beziehungen zu Lichtwesen zu urteilen. Wir meinen aber, dass ohne Intuition Channeling, und hier beziehen wir all die genannten geistigen Phänomene ein, nicht möglich wäre. Beachtenswert ist auch, dass sich viele Medien während des Channelings energievoller fühlen als sonst im Alltag. Oft bleibt ihnen die stärkere Energie auch für immer erhalten.

Das wohl bekannteste Beispiel einer Erfahrung mit einer nicht inkarnierten Energiepersönlichkeit sind die Gespräche der amerikanischen Schriftstellerin Jane Roberts, die in dem mehrbändigen Buch *Gespräche mit Seth. Von der ewigen Gültigkeit der Seele* veröffentlicht worden sind, in 596 sorgfältig protokollierten Sitzungen. Wenn die Autorin die Leserinnen und Leser auffordert, »ich spreche für jene Teile eures Seins, die schon verstehen. Meine Stimme erhebt sich aus Bereichen der Psyche, in denen auch ihr bewandert seid. Horcht daher auf euer eigenes Wissen«[55], so liest sich das fast wie eine Umschreibung dessen, was wir heute mit Intuition bezeichnen.

Ein unbedingt lesenswertes Buch – wenn man sich mit dieser Thematik näher beschäftigen möchte –, in dem alles über das Phänomen des Channeling zusammengetragen ist, wurde von Jon Klimo verfasst. Wir zitieren daraus einige seiner interessanten Überlegungen:

»Wir erleben zur Zeit eine geistige Reformation. Jeder von uns – der Atheist ebenso wie der Gläubige – kann sich jetzt erlauben, die für ihn sinnvollste und gültigste Beziehung zum lebendigen Grund des Daseins neu auszuhandeln: diesen Grund auf die unterschiedlichste Weise abzuklopfen, auf dass er sich ihm auftue. Und es sieht ganz so aus, als ob dies in einem nie da gewesenen Ausmaß frei geschähe – losgelöst vom Gängelband der Kirchen und der einen ›Kirche‹ der Wissenschaft. Es scheint sich um eine ganz persönliche Angelegenheit zu handeln.

Wir sind in dissoziierte Subpersönlichkeiten zerfallen, jede mit ihrer eigenen Identität und (in Bezug auf die übergeordnete Wahrheit) ihrer besonderen geistigen Störung. Als eine Folge davon streben viele unter uns nach Einsicht und Sinnhaftigkeit, nach Heilung und Sühne. Hier könnte der Schlüssel zur Heimkehr in die Einheit liegen, die uns widerspenstigen verlorenen Söhnen und Töchtern des einen Ursprungs offen steht. Wir können planmäßig versuchen, die Verbindung wiederherzustellen, uns in das zeugende Bewusstsein und Sein wieder einzugliedern und mit ihm zu identifizieren. Jede neue Welle von Channeling scheint eine weitere Phase dieser Bewegung zu sein. Und in der Tat lässt die gechannelte Literatur dieses Thema wieder und wieder anklingen.«[56]

Wir verweisen deshalb auf die Kerngedanken dieses Buches, um noch einmal die Bedeutung des heute zum Teil kontrovers diskutierten Channeling zusammenzufassen. Es kommt uns darauf an, gerade diesen modernen Begriff in seine großen geistesgeschichtlichen Traditionen einzuordnen. Dabei scheint uns besonders bedeutsam, dass die damit verbundenen Angebote und Techniken auch nahe legen, dass es dem Einzelnen möglich ist, in dieses umfassende »Kanalsystem« einzutreten und sich entsprechende Informationsmöglichkeiten zu erschließen. Was wir als Einzelne unter dem hier angesprochenen »universalen Geist« verstehen, mag offen bleiben. Diese großen archetypischen Dimensionen, um die hier es geht, gehören jedoch zur menschlichen Existenz. Sie stellen grundsätzliche dynamische Wirkfelder der Psyche dar, die sich in verschiedenen persönlichen Lebenssituationen und auch in größeren geistesgeschichtlichen Zusammenhängen konstellieren. Sie bedingen z. B., dass große Menschengruppen zu bestimmten Zeiten von bestimmten Ideen fasziniert sind. Die enorme Kraft religiöser Bilder wird hier in ihrer psychischen Dynamik verständlich, wobei offen bleiben muss, inwiefern andere gesellschaftliche oder transpersonale Kräfte mitwirken.

Der Begriff der Konstellation, der an alte astrologische Vorstellungen erinnert, drückt diese Dynamik treffend aus. Wenn in persönlichen oder auch in umfassenderen Zusammenhängen bestimmte Energiefelder aktiviert werden, so ist es die Intuition, die ahnt oder annähernd weiß, welche Kräfte hier am Werk sind. Die alte astrologische Vorstellung ging ja davon aus, dass in bestimmten Situationen bestimmte Kombinationen der Sterne das menschliche Schicksal besonders beeinflussen; diese Sterne sind gleichzeitig aktiviert, sie sind konstelliert.

Die Intuition erschließt also im menschlichen Erlebnisbereich die Möglichkeiten der Verbindung zwischen Himmel und Erde, die heute unter dem Begriff des Channeling zusammengefasst werden.

■ Wiederkehr der Engel

Inzwischen ist es wohl eine allgemein gültige Auffassung, dass Engel unter uns weilen. Es gibt unzählige Veröffentlichungen, sowohl zum Lesen als auch zum Hören, in denen dieses Thema bearbeitet ist. Engel sind »in«. Man hat sogar eine neue Sorte entdeckt: den »Business«-Engel, der immer dann auftauchen soll, wenn jemand dringend Geschäfte oder Karriere machen möchte, Geld oder einen Job braucht. Welche Kriterien diese Art der Engel anwenden, um die entsprechenden Leute aufzusuchen und ihnen zu Erfolg zu verhelfen, ist uns allerdings nicht bekannt. Wie lässt sich dieser »Engel-Boom« verstehen? Könnte es sein, dass gerade die immer komplexer werdenden Erkenntnisse aus der Hirnforschung die Engel, die ja schon in frühen Schriften und in der Bibel erwähnt werden, vermehrt in unser Bewusstsein rücken? Eine plausible Erklärung hierfür gibt uns der englische Biochemiker Rupert Sheldrake:

»Betrachten wir z. B. die Möglichkeit, die Sonne sei bewusst. Das ist keine sehr weit hergeholte Idee, nicht einmal im Rahmen der materialistischen Grundanschauungen der Schulwissenschaft. Materialisten glauben, dass unsere mentale Tätigkeit mit den komplexen elektromagnetischen Mustern unseres Gehirns zusammenhängt. Diese Muster elektromagnetischer Aktivität gelten allgemein als Schnittstelle zwischen Bewusstsein und physikalischer Gehirnaktivität. Man nimmt an, dass das Bewusstsein irgendwie aus diesen Mustern entsteht. Doch sind die komplexen elektromagnetischen Muster unseres Gehirns nichts im Vergleich zur Komplexität der elektromagnetischen Muster der Sonne. [...]

Und wenn die Sonne nun bewusst ist, warum dann nicht auch andere Sterne? Alle Sterne könnten eine mentale Tätigkeit, ein Leben, eine mit ihnen verbundene Intelligenz haben. Und das entspricht natürlich genau dem, was man in der Vergangenheit glaubte: Dass Gestirne der Sitz von Intelligenzen sind, und dass diese Intelligenzen Engel sind.«[57]

Der amerikanische Theologe Matthew Fox, mit dem sich Sheldrake über Engel unterhält, meint zu dieser Überlegung:

»Deshalb werden Engel häufig als Lichtwesen dargestellt, die den Glanz des Göttlichen reflektieren. Ich weiß, wie sehr es dich verblüfft hat, bei Thomas von Aquin zu lesen, dass die Engel sich ohne Zeitverlust von einem Ort zum anderen bewegen. Du sagtest, es erinnere dich an Einsteins Gedanken über das Licht. Wie steht es damit, die Engel als Photonen anzusehen, als Lichtträger?«[58]

Wiederum ohne auch nur eine Sekunde zu zögern, ganz spontan, sagen wir dazu: »Ja!« »Natürlich!« Was könnte Bewusstsein anderes sein als elektromagnetische Muster, Photonen, Licht, »weiße« Energie. Woher sonst sollte Bewusstsein kommen, wenn nicht aus dem Kosmos? Alles kommt aus dem Kosmos, die Galaxien, die Sterne und Planeten. Auf einem von diesen Planeten, »Erde« genannt, haben sich Wesen entwickelt, die bewusstseinsfähig und intelligent sind (bestimmt noch nicht genug, dieser Prozess schreitet – hoffentlich! – noch voran): wir Menschen. Und sowohl die Bewusstseins-, als auch die Intelligenzbildung entstand und entsteht aus den Bildern, die wir uns machen, die sich in uns formen. Wir tun dies, weil es der Psyche, die als Medium zwischen dem Immateriellen und dem Materiellen, dem Geist und dem Körper dient, eigen ist, physikalische Reize in Bilderfolgen zu übersetzen. So hat es Jung formuliert und wir folgen ihm darin. Den »physikalischen Reiz« der elektromagnetischen Strömungen, der Photonen, des Lichts, der »weißen« Energie, übersetzt die Seele also unter anderem in Bilder, für die wir den Ausdruck »Engel« gefunden haben und sie in Anlehnung an die »weiße« Energie als weise betrachten. Oder als Wissende. Zumindest wissen sie mehr als unser Ich-Bewusstsein. Doch sie wiederum brauchen das Ich-Bewusstsein, um ihrer Weisheit Ausdruck geben zu können. So sind wir und sie aufeinander angewiesen. Was täten wir ohne ihre Weisheit, ihren Schutz, den sie uns gewähren, und was täten sie ohne unsere Bereitschaft, von ihnen zu lernen, uns führen zu lassen?

Wir wollen darauf verzichten, den etymologischen Ableitungen des Wortes »Engel« nachzugehen oder die Engel-Auffassungen verschiedener Völker (die meisten hatten einen Bezug zu Engeln) wiederzugeben. Denn es geht hier um das Bild eines Wesens, das in Verbindung mit einer Kraft steht, die wir als Intuition, im Sinne von Hellsichtigkeit, bezeichnen. Vielleicht ist diese Kraft, die Hellsichtigkeit vermittelt, sogar das »Wesentliche« überhaupt, auf das wir uns beziehen sollten. So verstehen auch Sheldrake und Fox diese Wesen:

> »Engel sind verstehende Wesen. Sie denken tief. Sie sind Experten darin zu verstehen. Gemäß Thomas von Aquin und anderen Leh-

rern erkennen Engel durch Intuition die ursprünglichen Gedanken, aus denen all unsere anderen Gedanken hervorgehen. Die Engel brauchen nicht zur Schule zu gehen, um das Wesen der Dinge zu lernen. [Das lernt man dort sowieso nicht. Anmerkung der Autoren]. Sie brauchen kein diskursives Denken und keine Experimente, um zu lernen. Sie erreichen alles intuitiv und unmittelbar. Sie sind Meister der Intuition und können unsere Intuition unterstützen. [...] Intuition ist die Straße, auf welcher Engel sich bewegen.«[59]

Folgendes Beispiel zeigt, dass die innere Kraft, die durch einen Engel symbolisiert wird, einem Menschen helfen kann, die Angst vor der Konfrontation mit angstvollen Kindheitserlebnissen zu überwinden: Eine etwa 50-jährige Frau, die schon viel mit der Aktiven Imaginationen gearbeitet hat, diese stets als große Bereicherung ihres Lebens empfindet, berichtete von einem Erlebnis, das sie zunächst tief erschütterte, dann aber auch in einen guten innerlichen Frieden führte. Friedlos war sie seit einiger Zeit, weil sie sich im Rahmen einer Selbsterfahrung mit der Geschichte ihrer Kindheit und Familie beschäftigte. Darin gab es einen dunklen Punkt: die Beziehung des kleinen Mädchens, das sie damals war, zum Vater. Er hatte sie zu seiner Vertrauten gemacht – wie vertraut und intim, weiß sie nicht. Sie fürchtete, mehr als es gut ist für ein Kind, und dies löste in ihr heute viele unterschiedliche Gefühle aus: Stolz, Ärger, Wut, Hass, Schuld, Scham, und auch Liebe. Nach einem Traum, in dem sie sich schuldig fühlte und schämte, der jedoch nichts mit ihrem Vater zu tun hatte, begab sie sich in eine Aktive Imagination, um endlich die Beziehung zu ihrem Vater zu klären. Sie berichtete:

»Mein Engel kommt. Er führt mich unter die Erde. In mir ist das Bedürfnis, über den Missbrauch zu sprechen und gleichzeitig der Wunsch, nichts darüber zu sagen. Mein Engel fragt mich: ›Was ist?‹ Ich antworte: ›Ich will Vater nicht verraten, es würde ihn töten. Ich liebe ihn.‹ Der Engel meint: ›Du hilfst ihm, wenn du es sagst.‹ Ich: ›Nie, nie habe ich es gesagt, ich wäre eher gestorben.‹ Da kommt mein Vater, wie ein alter, müder

Wanderer sieht er aus. Er sagt: ›Lass mich los. Werde erwachsen und geh.‹ Da ist eine große Erleichterung in mir und der Engel führt mich wieder ins helle Tageslicht.«

Ihre Affekte, die sie vor dieser Aktiven Imagination in so große Erregung gebracht hatten, waren nach der Imagination weg. Sie fühlte sich – verständlicherweise – erst einmal erschöpft. Denn starke Emotionen bewirken auch eine hohe Energiespannung, die nun zur Entspannung gekommen war. Mit diesen Energien bindet man sich auch entsprechend stark an das Objekt der Emotionen. Es loszulassen – in diesem Fall den Vater – macht deshalb frei, leicht und unabhängig. Loslassen, vor allem so nahe stehende Menschen wie den Vater, die Mutter, den Geliebten oder die Geliebte, fällt den meisten Menschen nicht leicht. Weil es so aussieht, als könne man sich an den Energien der Emotionen festhalten. Man könnte ja sonst womöglich fallen. Wohin? »Ins Nichts«, meinen die meisten. »Vielleicht ja auch in die Freiheit?« »In die Leichtigkeit?«

»In Begleitung meines Engels kann mir nichts passieren«, sagte die Frau. Mit ihm zusammen wagte sie sogar, unter die Erde zu gehen.

»Wie ist er denn so?« Sie antwortete ohne zu zögern: »Mein Engel ist von strenger Liebe.« Dann setzte sie noch hinzu: »Von großer strenger Liebe.«

Jetzt wurde ihr bewusst, wie sie selbst eigentlich ist. Wenn sie über sich spricht, dann klingt es immer ein wenig abschätzig und minderwertig. Schuld und Scham sind die Gefühle, die ihr Selbstbild trüben. Kann sie sich selbst lieben? Sie verneinte. »Stellen Sie sich vor, Sie würden sich in Ihren Engel verlieben. Geht das?« Sie strahlte. »Oh ja, das wäre schön.« »Können Sie eine Liebesbeziehung zu Ihrem Engel eingehen?«

Das ist ein entscheidender Satz. Nicht nur für diese Frau. Wenn wir uns noch einmal die Überlegungen von Sheldrake und Fox vergegenwärtigen, dann wird durch das Bild des Engels nicht nur die Intuition im Menschen angeregt, es wird ihm darüber hinaus der Zugang zur Intelligenz ermöglicht, die vom Geist in die Materie gewandert und dort eingeschlossen ist. Die Aufgabe des Menschen wäre dann, den Geist aus der Materie zu befreien, sie daraus zu erlösen. In der

Religion unseres Kulturraums ist dieser Vorgang mit der Gestalt des Jesus von Nazareth bildlich dargestellt. Die Erzählung beginnt mit einem Engel, der einer Frau, Maria, die Geburt des Erlösers verkündet. Davor trat auch schon ein anderer Engel auf: Gabriel, der mit seinem Flammenschwert – in der psychologischen Astrologie wird die Intuition den Feuerzeichen zugeordnet – vor dem Paradies steht, um den Eingang zu verschließen und zu bewachen. Der Geist (Gottes) wurde durch den »Sündenfall« auf die Erde geworfen. Hier scheint der richtige Ort zu sein, ihn zu finden und zu läutern – durch harte Arbeit bzw. Bewusstwerdung, um ihn so gereinigt wieder zu seinem Ursprung zurückzuführen. Jesus sollte zeigen wie das geht. Dass durch ihn das Kreuz zu einem großen Symbol der Bewusstwerdung geworden ist, werden wir später noch näher erläutern.

Auch der einst im »Paradies« lebende, d. h. der reiche und behütete indische Prinz Siddhartha Gautama erkannte und lehrte, dass nur die Erfahrung des Leids den Menschen veranlassen kann, die Befreiung durch Überwindung der Qualen zu suchen. Die Mutter des späteren Buddha soll übrigens eine Apsara gewesen sein, so hießen die hinduistischen Engel. Sie wurden als Freudenspenderinnen verehrt, kannten keine Menstruation, konnten sexuell mit Göttern verkehren und Kinder gebären, die bereits fünf Jahre alt waren und statt einer schmerzhaften Geburt einfach plötzlich auf ihren Knien saßen. Es lassen sich hier leicht Anknüpfungspunkte zu der geheimnisvollen Schwangerschaft Marias und der Geburt Jesu finden.

Engel transportieren also die göttliche Intelligenz vom Himmel auf die Erde und über das Medium Mensch wieder dorthin zurück. Insofern können wir den Engel auch als Bild des »höheren« Menschen betrachten, als Bild des Menschen, der gleichsam über einen langen mühsamen Erdenweg, der ihm immer mehr Bewusstwerdung ermöglicht, zum »Engel« wird. Nichts anderes ist wohl mit dem Mysterium der »Auferstehung«, wie wir sie aus der Geschichte von Jesus kennen, gemeint.

Von welcher Seite – aus eigener Erfahrung, aus Geschichten und Mythen oder Überlegungen nachdenklicher, wissenschaftlich geschulter Menschen – wir das Phänomen »Engel« auch betrachten, es drängt sich als Essenz eine neue Hypothese C. G. Jungs auf, die von der Existenz eines »subtle body«, d. h. eines feinstofflichen Körpers ausgeht. Marie-Louise von Franz erläutert:

> »Wenn wir die Hypothese der Existenz eines ›subtle body‹ ernst nehmen, so legt dies nahe, dass der Übergang zwischen dem grobmateriellen Körper (und seiner energetischen Manifestationsweise) graduell in das Psychische weiterginge, d. h. dass dasjenige, was wir heute als physikalische Energie und als psychische Energie bezeichnen, letztlich Aspekte ein und derselben Energie sein könnte. […] ›Es könnte sein, dass die Psyche als unausgedehnte Intensität aufzufassen wäre und nicht als ein in der Zeit sich bewegender Körper. Man könnte annehmen, dass Psyche von kleinster Extensität zu unendlicher Intensität aufsteigt und den Körper irrealisiert; wenn sie z. B. Lichtgeschwindigkeit überschreitet. … Von diesem Gesichtspunkt aus könnte das Hirn eine Umschaltstation sein, in der die relativ unendliche Spannung oder Intensität der Psyche in wahrnehmbare Frequenzen oder ‚Ausdehnungen‘ gewandelt wird.‹«[60]

Die moderne Physik legt nahe, dass wir die Idee von einer stofflichen Realität weitestgehend auflösen müssen, denn Masse hat keine materielle Substanz und Teilchen bestehen nicht aus einem Grundstoff, sondern sie sind Energiebündel. Subatomare Teilchen sind dynamische Strukturen, die sowohl einen Raumaspekt als auch einen Zeitaspekt aufweisen. Der Raumaspekt lässt sie als Objekte erscheinen, im Zeitaspekt sind sie energetische Prozesse. »Wenn wir ›Materie‹ so verstehen, so ist die Idee eines Übergangs eines Körpers in eine nicht mehr raum-zeitlich ausgedehnte Intensitätsballung von Energie nicht undenkbar.«[61]

Ausgehend von solchen Überlegungen ist es gar nicht so schwierig, an die Überschrift dieses Kapitels noch einmal anzuknüpfen. Wenn jemand sich vergegenwärtigt, wie Engel aussehen, so wird der Betreffende kaum die Vorstellungen einer materiellen Substanz entwickeln, wie wir sie sonst von den Gegenständen unserer Welt her kennen. Dass Engel in der Symbolik auch geflügelte Wesen sind, deutet in die gleiche Richtung. Die Verbindung zwischen Intuition und Engeln ist zumindest im wissenschaftlichen Bereich der Analytischen Psychologie und schon gar nicht in der heute allgemein gelehrten Psychologie geläufig oder anerkannt. Gerade deshalb beeindruckt uns C. G. Jungs Mut, Erkenntnisse zu formulieren, die im Kontext konventionellen Denkens zumindest angreifbar sind. Er war sich bewusst, dass man die Tapferkeit aufbringen muss, die Voreingenommenheiten unserer gegenwärtigen Weltanschauung zu riskieren, wenn man versuchen will, die Basis der Naturerkenntnis zu verbreitern. Das bedeutet aber auch, dass man nicht dort Halt macht, wo der wissenschaftliche Straßenbau gerade sein vorläufiges Ende erreicht hatte.

Gerade bei unseren Überlegungen zur Intuition sind wir immer wieder an den Punkt gekommen, wo auch wir den Mut aufbringen mussten, weiterzudenken und gleichzeitig die erarbeiteten Grundlagen, vor allem der Analytischen Psychologie, nicht außer Acht zu lassen. Gerade bei der Intuition als Ich-Funktion hatten wir oft den Eindruck, an Stellen zu kommen, an denen der wissenschaftliche Straßenbau, wie Jung es formulierte, zu einem vorläufigen Ende gekommen ist.

Jung hat sich stets als Pionier verstanden. Er war sich bewusst, dass seine Untersuchungen nicht zu einem befriedigenden Ende kommen können, so lange die Hauptfrage nach der Natur und dem Wesen des unbewussten Prozesses noch aussteht. Er wusste, wie auch nur aus der Nacht der Tag wird, die Wahrheit aus dem Irrtum hervorgeht. Er fürchtete weder den Irrtum noch bereute er ihn, und er bekannte, dass die wissenschaftliche Forschung ihm nie eine Milchkuh oder ein Prestigemittel, sondern eine aus der Arbeit am Kranken erzwungene, oft bittere Auseinandersetzung war. Und er war zutiefst davon überzeugt, dass man einen harmonischen Schluss einer Darstellung nur dort erwarten kann, wo man über Dinge schreibt, die man schon weiß. Wenn man aber, getrieben von der Notwendigkeit des Helfens und Heilens, Wege sucht, so muss man auch von Dingen reden, die man eigentlich noch nicht weiß. In seiner Biografie finden sich viele überzeugende Hinweise auf diese Ehrlichkeit und Bescheidenheit. Und das Bekenntnis zur damit verbundenen Sehnsucht, vielleicht doch wenigstens an einigen Punkten etwas Endgültiges zu wissen oder zu erfahren. Das ist die Wurzel des wissenschaftlichen Erkenntnistriebes, immer verbunden mit der gesicherten Erfahrung, dass dies ein kaum realisierbares Ziel bleibt.

Insofern können wir uns den Engeln und dem Channeling mit dem Mut der Neugierde und dem Forscherdrang, eines Tages wissenschaftlich gesichertes Material vorlegen zu können, nähern. Die Geistwesen, die sich manchen Menschen offenbar schon gezeigt haben, scheinen ja grundsätzlich gutmütig zu sein und werden sich bestimmt noch willig wissenschaftlich untersuchen lassen.

Kapitel 5

Vom Seelengrund zur Geisteshöhe – Intuition und Spiritualität

■ Die spirituelle Dimension der Intuition

Zunächst einmal wollen wir feststellen, was wir hier mit Spiritualität meinen, denn der Begriff wird in vielen verschiedenen Zusammenhängen auf ganz unterschiedliche Weise verwendet. Der Inhalt dieses Wortes wirkt von daher oft eher verwässert als klar.

Das Lexikon unterscheidet zwei Definitionen: die philosophische, nach der Spiritualität alles Wirkliche als Geist oder dessen Erscheinungsform, und die psychologische, nach der die Seele von geistiger Beschaffenheit sei. Diese beiden Aussagen entsprechen auch der Intuition, die wir ja als geistige Qualität verstehen. Spiritualität und Intuition sind eng miteinander verbunden und voneinander abhängig.

Stanislav Grof, einer der führenden Spiritualitätsforscher, meint:

»Um Verwechslungen und Missverständnisse zu vermeiden, die ähnlichen Diskussionen in der Vergangenheit oft geschadet haben, ist es unerlässlich, zwischen Spiritualität und Religion klar zu unterscheiden. Spiritualität beruht auf direkten Erfahrungen nicht-gewöhnlicher Aspekte und Dimensionen der Realität. Sie ist mit einer besonderen Form der Beziehung zwischen dem Einzelnen und dem Kosmos verbunden und ist ihrem Wesen nach eine persönliche und private Angelegenheit. Im Gegensatz dazu

ist die organisierte Religion eine institutionalisierte Gruppen-
aktivität.«[62]

Grof ist ein Mensch, der sich einer außergewöhnlichen Aufgabe wid-
met: Als ausgebildeter Arzt, Psychoanalytiker und Psychiater hat er
sich nie damit zufrieden gegeben, die menschliche Seele nach dem
zu sehen und zu behandeln, was in den entsprechenden Lehrbüchern
steht. Er wollte immer mehr wissen, tiefer in das Seelenleben seiner
Patientinnen und Patienten hineinschauen. Ihn trieb nicht nur die
Liebe für die leidenden Menschen, sondern auch die Neugierde (eine
Schwester der Intuition). Er suchte kreative Ansätze, bemühte also
seine Intuition, um das Seelische weiter zu ergründen. So arbeitete
er zunächst mit psychedelischen Substanzen (überwiegend LSD)
und als diese verboten wurden, entwickelte er eine bestimmte Atem-
methode, das »Holotrope Atmen«, das einen vertieften Zugang zu
den verschiedenen seelischen Zuständen, bis hin zu spirituellen
Erlebnissen, öffnet.

Eine andere Gestalt, die Spiritualität durch und durch lebt, ist
Mother Meera. Sie wurde 1960 in Südindien geboren. Ihre Eltern
waren nicht religiös gebunden, erzogen ihre Tochter frei, nach keiner bestimmten Tradition, sondern ließen sie gewähren. So konnte
das kleine Mädchen geliebt und ungestört seine eigene Spiritualität
leben. Sie bezeichnet als ihre eigentlichen Eltern die Lehrer, die ihr
in ihren Visionen, als sie noch ein Kind war, begegneten und sie
unterwiesen. Sie sei eine Inkarnation der »Göttlichen Mutter« und
es sei zum ersten Mal in der Geschichte der Erde, dass jemand – eben
Mother Meera – das transformierende Licht des Paramatman, des
»Höchsten Wesens«, den Menschen, die dafür offen sind, zugänglich
werden lässt.

Nachdem wir vor einigen Jahren von ihr hörten, waren wir neugierig und meldeten uns zu einem »Darshan« – das ist ein Wort aus
der alten indischen Gelehrtensprache, dem Sanskrit, und bedeutet
»Anblick«, »Anschauen« – bei ihr an. Wir wurden, zusammen mit
vielen anderen Menschen in einen gewöhnlichen, schmucklosen
Raum gebracht. Zur festgesetzten Zeit erschien Mother Meera, eine

kleine Person, in ein indisches farbenfrohes Gewand gekleidet, und nahm auf einem etwas erhöht stehenden Sessel Platz. Sie saß dort mit gesenktem Blick und wer jeweils vor ihr kniete, musste ebenfalls seinen Blick senken. Nach einigen Sekunden legte sie dann für einen kurzen Augenblick die Hände auf den Kopf der oder des vor ihr Sitzenden und nachdem sie ihre Hand wieder zurückgezogen hatte, durfte man ihr einige wenige Sekunden lang in die Augen schauen. Dann verließ man sie wieder mit gesenktem Blick und kehrte auf seinen Platz zurück. Der sekundenlange Blick in ihre Augen vermochte tief in unserem Inneren etwas anzusprechen, was sich nicht so leicht in Worte fassen lässt. Es entspricht jedoch der Beschreibung des inneren Auges, die wir bei Marie-Louise von Franz gefunden haben:

»Die Gleichsetzung dieses im Unbewussten des Menschen befindlichen Lichts oder Fischauges mit dem Auge Gottes, das uns gleichsam von innen ansieht und in dessen Licht die einzige nicht subjektiv verfärbte Quelle der Selbsterkenntnis liegt, ist ein archetypisches Bild von weiter Verbreitung. Es wird als ein inneres unkörperliches Auge im Menschen beschrieben, von Licht umgeben oder selber zugleich ein Licht. Plato und auch viele christliche Mystiker nennen es das Auge der Seele, andere das Auge der Intelligenz, der Intuition des Glaubens, der Herzenseinfalt usw. Durch dieses Auge allein kann der Mensch sich selbst sehen und am Wesen Gottes teilhaben, welches selber Auge ist. Synesius (Hymn. III) ruft Gott sogar an als ›Auge Deiner selbst‹, und indem der Mensch sein inneres Auge öffnet, nimmt er an dessen, d. h. Gottes Licht teil.«[63]

Obwohl Spiritualität etwas Persönliches, an keine Konfession Gebundenes ist, handelt es sich doch um ein archetypisches Geschehen, zu dem jeder Mensch, gleichgültig welcher Kultur und welcher Zeit er angehört, einen Zugang finden kann. Insofern könnte man Spiritualität und Intuition Schwestern nennen. Denn beide sind für alle da, bedürfen jedoch der individuellen Bereitschaft, sie zu finden bzw. sich ihnen zu öffnen.

Wenn es nun so ist, dass der Wunsch nach Spiritualität in einem Menschen auftaucht, muss dieses Bedürfnis auch irgendwo im Menschen lokalisiert sein. Wo anders als in seinem Gehirn, denn alles, was wir erleben, wünschen, wollen, anstreben, aber auch ablehnen, geht vom Gehirn aus. Es ist nun mal das Organ, das uns steuert. So haben Hirnforscher auch tatsächlich eine Region im Gehirn gefunden, die hinter dem linken Ohr sitzt und die sie »Gottes-Modul« genannt haben. Allerdings ist es auch das Areal, in dem bei Epileptikern ein epileptischer Anfall ausgelöst wird. Und so meinen sie, dass viele tiefreligiöse Menschen eigentlich Epileptiker sind, auch wenn die Anfälle nur ganz selten und ganz schwach, vielleicht kaum oder nicht bemerkbar auftreten. Der biblische, zunächst ungläubige Saulus sei durch einen epileptischen Anfall – er stürzte zu Boden, als ihm Jesus erschien – zum gläubigen Paulus geworden. Auch Johanna von Orleans soll unter einem Schläfenlappenanfall die Stimme Gottes vernommen haben.

Eine andere Forschergruppe hat eine interessante Entdeckung mit Meditierenden gemacht:

»In Roberts Fall zeigte sich zu Beginn der Meditation eine normal starke Aktivität im oberen Scheitellappen. Die Aufgabe dieses Hirnbereichs ist die ›Orientierung des Individuums im physikalischen Raum‹. [...] Dieses ›Orientierungsfeld‹ ermöglicht uns, klar zwischen dem Individuum und allem Übrigen zu unterscheiden. Es muss das Ich vom unendlichen Nicht-Ich trennen, das den Rest des Universums ausmacht. Hierfür ist das Hirnareal auf einen ständigen Informationsfluss von sämtlichen Körpersinnen angewiesen.

Auf dem Höhepunkt von Roberts meditativer Reise war die Aktivität dieses Orientierungsfelds jedoch drastisch verringert. Newberg und d'Aquili vermuten daher, dass dieser Gehirnbereich ›blind‹ für die eingehenden Sinnesdaten wurde – eine mögliche Erklärung für Roberts Gefühl, auf dem Höhepunkt seiner Meditation keine ›isolierte Einheit‹ mehr zu sein, sondern unauflöslich mit der gesamten Schöpfung verbunden.

Die Versuche wurden mit anderen meditierenden Buddhisten und betenden Clarissen wiederholt. Und siehe da, der Effekt war religionsübergreifend: In Momenten tiefster religiöser Versenkung schaltet das Orientierungsfeld auf taub!«[64]

Dieses Ergebnis ist nun für uns äußerst spannend: Wenn wir den Begriff »Orientierungsfeld« lesen, fällt uns natürlich das Ich-Funktions-Modell der Analytischen Psychologie ein. So wie Adam (vgl. Kapitel 3) es beschreibt, sind die vier Ich-Funktionen mit einem Kreuz zu vergleichen: Die vertikale Achse ist die der Wahrnehmung. Auf ihr befindet sich im unteren Teil die Empfindungsfunktion, im oberen die Intuition. Die Empfindung sammelt Sinnesdaten, deshalb ist sie nach unten zur Materie hin orientiert; die Intuition holt Wissen aus dem Geist, deshalb ist sie am oberen Ende der Achse zu finden.

Auf der horizontalen Achse wird auf der linken Seite die Fühlfunktion gedacht, weil sie sich wie auch die Intuition und die Empfindung schon früh in der Menschheitsgeschichte entwickelt haben muss – sie dient in erster Linie dem Schutz des Individuums –, und die rechte Seite ist dem später hinzugekommenen Denken zugeordnet. Diese Sichtweise macht durchaus Sinn. Die Frage bleibt aber, wohin nun die Spiegelneuronen (vgl. Kapitel 2) gehören. Die Hirnforscher glauben, sie sind verantwortlich dafür, dass das Kind und später auch der Erwachsene aus der feinen Beobachtung seines Gegenübers dessen Absichten erahnt, was einem unterschwelligen intuitiven Wissen gleichkommt. Hier sei der Grund für die Intuition angelegt. Sie ist also im Subliminalen zu finden, wo Sinnesdaten unbewusst aufgenommen werden.

Im Ich-Funktions-Kreuz der Analytischen Psychologie müssen wir die Spiegelneuronen der Empfindungsfunktion zuordnen, weil das, was sie spiegeln, ja von den Augen, den Ohren oder der Nase, also von den Sinnen, aufgenommen werden. Außerdem weisen die Spiegelneuronen im Gehirn eine Verbindung zum »Belohnungssystem« – oder wie es auch heißt: »Such-System« – auf, welches die aufgenommenen Daten bewertet, sowie auch eine zum Sprach-Areal, ohne das Denken nicht möglich wäre, d. h. wir können uns die Spiegelneuronen als mitten im Ich-Funktions-Kreuz lokalisiert vorstellen. Es sieht fast so aus, als hielten sie das Kreuz zusammen, als lieferten sie Hinweise von außen sowohl an die Empfindungsfunktion als auch an die Fühl- und Denkfunktion. Aber wo bleibt die Intuition? Zum Teil wenigstens scheint auch sie von den Spiegelneuronen »gefüttert« zu werden, doch viele intuitive Erlebnisse, die wir in Kapitel 1 geschildert haben, können so nicht zustande kommen.

Wir wollen noch einmal Klaus-Uwe Adam konsultieren, der sich ja mit den Ich-Funktionen der Analytischen Psychologie intensiv auseinander gesetzt hat:

»Die Intuition sammelt Gedächtnisinhalte an, die als Fantasien, Ideen und Einfälle in dem besagten Moment gekommen sind. Auch gehörte, gelesene oder erfahrene Geschichten, Mythen- und Märchenmotive, Bildvorstellungen usw. füllen das Reservoir der persönlichen Intuition. Wenn wir die Intuition als Zugang zum Überindividuellen verstehen, hat sie das weiteste Gedächtnis von allen Ich-Funktionen bzw. stellt das größte ›Depot‹ dar. Dann ist sie eine ›Akasha-Chronik‹ (ein Begriff aus der Theosophie, der einen hypothetischen Speicher aller abgelaufenen Vorgänge und Ereignisse der Welt bezeichnet). Die Intuition reicht psychologisch gesprochen ins kollektive Unbewusste und ins Reich der Archetypen. Die Intuition hat ja den Zugang zum Unbewussten, und zwar nicht nur zu der persönlichen Biografie, sondern auch zum ›Gedächtnis der Menschheit‹, zur gesamten Mythologie und zum Gesamtschatz des in der Stammesgeschichte erworbenen und im Unbewussten bewahrten Wissens. Sie ermöglicht sowohl den Rückgriff auf persönliche Einfälle aus der eigenen Lebensgeschichte als auch den Zugriff auf das Gesamtwissen der Menschheit. Das gilt als allgemeine Möglichkeit, die nicht bei jedem Einzelnen voll und ganz realisiert wird. Zwar haben wir über außersinnliche Kanäle prinzipiell zu jedem anderen menschlichen Bewusstsein und sogar zu allen unbelebten Vorgängen Zugang, doch können wir uns nur winzige Teile dieses intuitiven

Wissens – und in individuell unterschiedlichem Maße – verfügbar machen. Selbst die begabtesten und kreativsten Menschen können immer nur einzelne Ideen oder Signale dieser Funktion ins Bewusstsein durchlassen.«[65]

Jetzt ist gut verständlich, warum die Intuition »zwei Gesichter« hat. Das eine ist mit der Materie, den Sinnen, verbunden, das andere schaut in den geistigen Raum, in den Raum des absoluten Wissens. Wir können uns das Ich-Funktions-Kreuz auch wie einen aufrecht stehenden Menschen vorstellen, der mit seinen Füßen fest im materiellen Empfindungsbereich steht und mit dem Kopf bzw. der Intuition den subtilen Geist des »Himmels« wahrnehmen kann. Dies ist die vertikale Achse. Die horizontale Achse stellen wir uns als seine ausgebreiteten Arme vor. Auf der linken Seite reicht der Arm in das Bewertungssystem hinein, ertastet, was richtig oder falsch, gut oder böse, bekömmlich oder unbekömmlich ist, und der rechte Arm erfasst die Gesetzmäßigkeiten der Dinge, analysiert und gliedert sie.

In der Mitte dieses Kreuzes sitzt das Herz, das von allen vier Seiten darüber informiert wird, wie es dem Menschen bei seiner Informationssammlung geht. Es fasst alle Daten zusammen und gibt eine ganzheitliche Stellungnahme ab. »Man sieht nur mit dem Herzen gut«, lässt Antoine de Saint-Exupéry in seinem Buch *Der kleine Prinz* den Fuchs sagen. Die Hirnforscher meinen, mit dem Herzen, also mit Einfühlungsvermögen, Empathie und Mitgefühl zu sehen, lernen wir über die Spiegelneuronen, die offenbar die Schnittstelle zwischen der Empfindungs- und der Intuitionsfunktion bilden. So hätten wir wieder das Rationale (Hirnforschung) und das Arationale (die Poesie des kleinen Prinzen) beieinander. Und daran könnten wir uns – wann immer wir es brauchen – erinnern: Wir haben Zugang zu beiden Teilen des Universums, zur Materie und zum Geist. Wir sind materielle Geistwesen.

Die bisher gewonnenen Ergebnisse unserer Überlegungen zur Intuition und ihrer Funktion im Gesamtkontext der Persönlichkeit möchten wir dahingehend zusammenfassen, dass mit der Intuition dem Menschen eine Grenzen überschreitende Fähigkeit und Funktion zur Verfügung steht. Dabei ist das Wort »Grenze« sehr weit zu fassen. Immer wenn ich in meinem Leben an Grenzen stoße, und das geschieht sehr oft, muss ich innehalten, einfach deshalb, weil ich nicht mehr weiter weiß. Das kann im Alltag geschehen, wenn ich mir z. B. überlege, ob ich heute mit meinem Sohn oder meiner Tochter das schon lange anstehende schwierige Thema besprechen will oder nicht, ob heute eine günstige Gelegenheit dafür ist.

Was geschieht in solch einer Situation? Je nach persönlicher Neigung oder Fähigkeit werde ich noch einmal nachdenken und mir überlegen, was wohl passiert, wenn ich es auf diese oder jene Weise, mit diesen oder jenen Worten tue. Oder ich werde das Problem erst noch einmal an-fühlen, nach-fühlen, wie es mir und dem anderen eventuell dabei gehen wird. Ich kann nach-schauen, was eigentlich zu der anstehenden Schwierigkeit geführt hat und welche Probleme jetzt auf uns zukommen. Auch wenn ich mit den mir zur Verfügung stehenden Funktionen vertraut und geübt bin, so gibt es doch die bekannten Situationen, in denen ich mit meinem Denken nicht mehr weiterkomme. Nicht mehr fühle, worauf es ankommt, und auch nicht mehr darüber hinaus, nicht mehr weitersehe. Nachdenken, nach-fühlen, nach-sehen sind geläufige Worte. Die Sprache drückt damit potenzielle Möglichkeiten des Handelns und der Lebensbewältigung aus und steckt den mir zur Verfügung stehenden Raum des Bewusstseins in dieser Hinsicht ab. Obwohl wir in der Analytischen Psychologie von vier Ich-Funktionen ausgehen, gibt es das Wort »nach-intuieren« nicht. Überhaupt wäre es im Umgang miteinander sicher ungewöhnlich, wenn ein Mensch sagen würde ich »intuiere nach«. Aber gerade in Situationen, die oft von Angst und Verzweiflung begleitet sind, stünden die Möglichkeiten der Intuition jedem Menschen zur Verfügung. Mit ihrer Hilfe können wir Grenzen überschreiten. Wir ahnen, was jetzt nötig, möglich, sogar richtig wäre, aber wir haben auch Mühe oder sogar Angst, uns für das, was wir eigentlich über die Intuition erkannt haben, zu entscheiden. Die Fähigkeit der Intuition ist nicht genügend entwickelt, nicht eingeübt, einfach unvertraut. Denken kann man lernen, aber intuieren? Wir werden darauf in Kapitel 7 noch näher eingehen. Hier eröffnet sich ein spannendes Feld für die persönliche Weiterentwicklung.

Nun ist es glücklicherweise so, dass die Intuition trotzdem »dabei« und im Gesamtprozess der Lebensbewältigung aktiv mit beteiligt ist. Sie ist nur nicht so bewusst verfügbar, wie die anderen Ich-Funktionen, sie arbeitet unbewusst, wie so vieles im Leben. Aber jeder kennt den »glücklichen Einfall« in einer schwierigen Grenzsituation. Plötzlich werden Möglichkeiten erkennbar und lebbar, die wir vorher noch nicht gesehen (Empfindungsfunktion), an die wir nicht gedacht (Denkfunktion) oder die wir nicht bewertet hatten (Fühlfunktion). Plötzlich ist sie da, die Intuition, mit ihren unerwarteten, oft erstaunlichen, gleichzeitig aber auch manchmal ängstigenden Einfällen. Das verschlossene Tor an der Grenze öffnet sich, ich weiß wieder weiter, die Grenze, die vorher so unüberwindlich schien, kann überschritten werden. Oft verbindet sich damit ein Gefühl des Glücks und der Dankbarkeit, in jedem Fall sind es erlösende Gedanken.

So scheint die Intuition wirklich wie eine Hilfe aus einer anderen Welt. Sie führt in den spirituellen Raum und damit meist in noch unbekannte Gefilde. Obwohl jeder nachdenkliche Mensch glückliche Einfälle und erlösende Gedanken kennt, passen sie so schlecht in unser rationales Weltbild – weil sie eben nicht ausgedacht oder nachgedacht worden sind. In diesem Grenzbereich, der heute mit »spirituell« beschrieben wird, funktioniert die Intuition. Aber gerade hier liegen auch Hemmungen, sich der Intuition aktiv zuzuwenden, der Möglichkeit dieser Einfälle so zu vertrauen, wie wir unseren Denkprozessen oder unseren Beobachtungen vertrauen. Es ist wahrscheinlich noch ein relativ weiter Weg der Bewusstseinsentwicklung, bis dies selbstverständlich wird.

Der Individuationsweg, der zur menschlichen Entwicklung grundsätzlich dazugehört, den wir im Folgenden im Bezug auf die Intuition näher beschreiben möchten, lässt sich schon an dieser Stelle als eine kontinuierliche Kette von Intuitionen kennzeichnen. Und der Weg durch die »dunkle Nacht der Seele«, den der große spanische Mystiker Johannes vom Kreuz beschrieben hat, ist ein Weg an der Grenze, ein Weg ständiger Grenzerfahrungen und notwendiger, oft zunächst angstbesetzter Grenzüberschreitungen, die – soll der Individuations- wie auch der mystische Weg weiter beschritten werden – gar nicht vermieden werden können. Der *Aufstieg auf den Berg Karmel*, so der Titel eines anderen großen Werkes von Johannes vom Kreuz, ist ohne diese ständig Grenzen überschreitende Erfahrung nicht möglich.

Auf diesem Wege ist die Intuition eine zuverlässige Begleiterin. Das gilt auch jenseits des mystischen Weges für alle Phasen der Dunkelheit, in den vielfältigen persönlichen Konflikten und Belastungen des Lebens, wo ich an die Grenzen meiner Möglichkeiten gekommen bin und nicht mehr weiter weiß. Aber selbst in Gesprächen mit Menschen, die sich ernsthaft überlegen, ob sie ihrem Leben ein Ende setzen wollen, lassen sich Ahnungen finden, wie das Leben weitergehen könnte. Eigentlich sagt der Gedanke »Ich beende mein Leben«, dass ich es in der Form wie ich es bisher, aus welchen Gründen auch immer, geführt habe, nicht mehr weiterleben will und eine vielleicht radikale Neuorientierung suche, die ich mutig verwirklichen muss. Hier findet die alte Tugend der Tapferkeit, eine der vier Kardinaltugenden, ihren gebührenden Platz. Aber auch sie muss eingeübt werden.

Wenn ich also nicht mehr weiter weiß und in mir den Satz sprechen kann »Dann intuiere ich«, ist ein großer und wichtiger Schritt im Individuationsprozess getan. Die Ganzheit der psychischen Vielfalt, zu der wir immer auf dem Weg sind, hat sich etwas mehr verwirklicht. Die Intuition hat im inneren Parlament der Ich-Funktionen ihren gebührenden und respektierten Platz erhalten.

■ Intuition als Weg zur Selbstverwirklichung bzw. Individuation

Auch am Anfang dieses Abschnitts wollen wir zuerst klären, was die Begriffe »Selbstverwirklichung« bzw. »Individuation« eigentlich meinen, bevor wir uns der Intuition in diesem Bereich zuwenden. Indem wir so nachdenkend vorgehen, machen wir auch deutlich, dass die Intuition nicht losgelöst von den übrigen Ich-Funktionen betrachtet werden sollte. Wie im schöpferischen Prozess nach Poincaré (vgl. Kapitel 7) ist es sinnvoll – wir haben es oben gerade erwähnt –, über eine Sache, die man ergründen möchte, gut nachzudenken und ihre Relevanz mit allen Ich-Funktionen zu überprüfen, also mit der Empfindungsfunktion zu schauen, was es über diese Sache bereits gibt, die Denkfunktion einzusetzen, um herauszufinden, wie und wodurch ich in dieser Angelegenheit weiterkomme, und mit der Fühlfunktion zu entscheiden, ob es die Frage überhaupt wert ist, ihr weiter nachzugehen.

Die Selbstverwirklichung ist es uns wert. C. G. Jung hat der Individuation einen hohen Stellenwert beigemessen und stets darauf hingewiesen, dass es wichtig sei, das ganz Eigene, Individuelle seiner selbst im Laufe des Lebens herauszuarbeiten. Weshalb soll dies von so hoher Bedeutung sein, wenn es doch sowieso nur Einzigartiges in der Welt gibt? Nichts ist von Natur aus ganz gleich, kein Mensch, kein Tier, keine Pflanze. Nur etwas Künstliches, von einer Maschine Hergestelltes kann ganz genauso sein wie das vor und nach ihm Kommende. Ein geklonter Mensch wäre gleich wie sein Vorbild. Die Natur jedoch klont nicht, sondern schafft jede Kleinigkeit neu im Original. Wozu brauchen wir dann das Konzept der Individuation, weshalb ist das Bedürfnis nach Selbstverwirklichung in unserer Zeit so stark? Gerade deshalb, weil der Mensch mehr und mehr erkennt, dass Individualität etwas ganz Natürliches ist und weil immer mehr Menschen erfahren, dass sie von innen heraus zu ihrem Individuationsprozess getrieben werden. Manche erschrecken, wenn ihnen dies deutlich wird und können zunächst einmal in eine – so genannte – Krise der Lebensmitte geraten.

Zu Beginn des Lebens ist der Drang, sich in das kollektive Bewusstsein hineinzugeben, naturgemäß sehr stark. Denn jedes Kind muss, wie alle anderen, zuerst laufen lernen und seinen kleinen Körper selbst beherrschen; in die Schule gehen; sich in eine »peer group« eingliedern und behaupten; als junger Erwachsener etwas für seine Berufswahl tun; eine finanzielle Grundlage für das Leben schaffen. Viele gründen eine Familie und sind dann über Jahre hinweg mit dieser beschäftigt. Doch nach und nach gehen die Kinder aus dem Haus, die allein gelassenen Eltern und die oder der ledig gebliebene Vierzigjährige mögen sich erschreckt fragen:»Und jetzt? Was hat das Leben mir noch zu bieten?« Die Zeit, in der das kollektive Bewusstsein das Leben bestimmte – leben, wie die meisten anderen – geht zu Ende und das persönliche Bewusstsein meldet sich verstärkt.

Die Aufforderung»werde, der oder die du bist« begleitet die menschliche Entwicklung schon seit langer Zeit. Auch wenn das sehr einfach klingt, so ist damit doch ein recht umfangreiches und schwieriges, von Mensch zu Mensch ganz unterschiedlich zu realisierendes Thema verbunden. C. G. Jung hat mit seinem Konzept der »Individuation« eine genaue wissenschaftliche Beschreibung dieses Prozesses gegeben, der den Lebensweg des Menschen von seiner Geburt bis zu seinem Tod charakterisiert. Er definiert sie so:»Individuation bedeutet: zum Einzelwesen werden und, insofern wir unter Individualität unsere innerste, letzte und unvergleichbare Einzigart verstehen, zum eigenen Selbst werden. Man könnte ›Individuation‹ damit auch als ›Verselbstung‹ oder als ›Selbstverwirklichung‹ übersetzen.«[66]

Die einzelnen Phasen des Individuationsprozesses sind in den verschiedenen Texten der Analytischen Psychologie sehr differenziert und ausführlich behandelt.[67] Auch in der Autobiografie Jungs finden sich zahlreiche Hinweise auf seinen persönlichen Individuationsprozess, sowie vielfältige, wenn auch aphoristische theoretische Überlegungen hierzu. Er vergleicht den Individuationsprozess mit dem Sonnenlauf:

»Am Anfang gewinnt die Sonne stetig an Kraft, bis sie zuletzt strahlend und heiß die Mittagshöhe erreicht. Dann kommt die Enantiodromie. Ihre stetige Vorwärtsbewegung bedeutet nicht mehr zu-, sondern abnehmende Kraft. So ist unsere Aufgabe beim jugendlichen Menschen eine andere als beim alternden Menschen. Bei ersterem genügt es, alle Hindernisse, die die Ausdehnung und den Aufstieg erschweren, wegzuräumen, bei letzterem aber müssen wir alles fördern, was den Abstieg unterstützt.«[68]

Jede im Sonnenlauf des Lebens zu beschreitende Wegstrecke ist von vielen Übergängen gekennzeichnet, die zunächst vielleicht als nicht zu überwindende Grenzen erlebt werden. Sie bedürfen des Innehaltens, aber auch des Aushaltens, weil Denken und Nachschauen nicht mehr weiterführen. Der Individuationsprozess kann als eine solche kontinuierliche Abfolge von Grenzerfahrungen beschrieben werden. In seinem Verlauf erreichen wir jeweils eine bestimmte Plattform, auf der wir eine Weile verschnaufen können. Gerade die Abschnitte der ersten Lebenshälfte vermitteln häufig den Eindruck, das Mögliche erreicht zu haben. Aber wenn man mit Menschen in späteren Lebensjahren spricht, hört man häufig die resignierte Frage: »War das alles?«, auf die scheinbar keine Antwort gefunden werden kann. Es ist auch ein sehr schwieriger Prozess, anzuerkennen, dass Werte, nach denen ich bisher gelebt habe, sich relativieren. Die in der ersten Lebenshälfte sinnvolle Sorge für die Kinder kann nicht völlig in die Sorge für die Enkel übergehen. Wird hier die Fürsorglichkeit nämlich übertrieben, so ist dies für das junge Paar unter Umständen eine große Last.

Wenn man Lebensläufe auch rückblickend in der Therapie begleitet, werden immer wieder jene Situationen sichtbar, an denen eine Weggabelung erreicht war, aber gleichzeitig ein angstvolles Zögern die weitere Entwicklung behinderte. Das Resultat ist häufig, in einer traurigen, manchmal sogar depressiven Verfassung zu verharren. Es lassen sich meistens Gründe finden, warum der Mensch es damals vorzog, diese oder jene Entscheidung nicht zu treffen. Weil solche Grenzerfahrungen so belastend sind, darf es nur *eine* Wahrheit und nur *eine* Richtung des Handelns geben, die absolut sein muss. Hierzu meint Jung: »Damit vertauschen wir allerdings die scheinbare Sicherheit, die wir bisher genossen, gegen einen Zustand der Unsicherheit, der Entzweiung, der contradiktorischen Überzeugungen. Das Schlimme an diesem Zustand ist, dass es anscheinend keinen Ausweg aus ihm gibt. ›Tertium non datur‹ sagt die Logik, ›ein Drittes gibt es nicht.‹«[69] Das ist genau die Situation, vor der ein Mensch steht, der keinen anderen Ausweg mehr sieht, als sein Leben jetzt zu beenden.

Doch wir wissen: Es gibt einen Ausweg, nämlich die Grenzen überschreitende, das Leben erhaltende und den weiteren Lebensvollzug fördernde Funktion der Intuition. Es bleibt jedoch das schwierige Gegensatzpaar von Angst vor dem, was eventuell kommt, und der Sehnsucht nach neuen Möglichkeiten, die immer mit viel energetischen Fantasien verbunden sind.

Diese zutiefst menschliche Thematik und Problematik hat auch schon Johannes vom Kreuz beschrieben:

»Und so ist es schade, manche Menschen wie kostbare Schiffe zu sehen, beladen mit Reichtum, Werken, geistlichen Übungen, Tugenden und Gnadengaben, die Gott ihnen verleiht, und nur weil sie nicht den Mut haben, mit irgendeinem Gelüstchen oder einer Verhaftung oder einer Neigung, was alles das Gleiche ist, Schluss zu machen, nie vorankommen noch den Hafen der Vollkommenheit erreichen. Dabei ging es nicht um mehr, als einen beherzten Ansatz zum Frieden zu machen und jenen Faden der Verhaftung vollends zu zerreißen oder jenen festgesaugten Schiffshalter vom Streben loszuwerden.«[70]

Johannes vom Kreuz bezieht sich hier auf die Schwierigkeit, dass früher viele Schiffe durch kleine Würmer oder Fische, die sich am Rumpf festsaugten, an der Weiterfahrt gehindert wurden. Er sagt auch:

»Es ist mir nicht gleichgültig, ob ein Vogel mit einem dünnen oder einem dicken Faden angebunden ist, denn auch wenn er dünn wäre, ist er mit ihm genau so angebunden wie mit einem dicken, solange er ihn nicht zerreißt, um wegzufliegen. Es ist zwar wahr, dass der dünne leichter zu zerreißen ist, aber so leicht es auch ist, der Vogel wird nicht fliegen, solange er ihn nicht zerreißt. Ebenso ergeht es dem Menschen, der an irgendetwas haftet: er wird nicht zur Freiheit der Gott gewirkten Einung gelangen, auch wenn er mehr Tugendkraft hat.«[71]

Wir werden auf diese Themen noch eingehen. Hier kommt es darauf an, die Schwierigkeiten des Weges an der Grenze – und dies ist der Individuationsweg – in seinen jeweiligen Abschnitten zu kennzeichnen und die besondere Funktion der Grenzen überschreitenden Möglichkeiten, die mit der Intuition gegeben sind, hervorzuheben. Um es zusammenzufassen: Individuation ist ohne die Unterstützung der Intuition nicht möglich, weil wir immer an den Grenzen, die wir mit unseren bisherigen Fähigkeiten nicht überschreiten können, stehen bleiben, vielleicht sehnsuchtsvoll darüber hinausschauen, aber die weiteren Schritte nicht wagen. Es ist eigentlich erstaunlich, dass diese so wichtige Funktion des menschlichen Geistes bisher so wenig realisiert worden ist, obwohl sie sich meist in den entscheidenden Augenblicken glücklicherweise wie von selbst eingemischt hat – und jedem Menschen zur Verfügung steht. Er muss sie nur erkennen, sich vertrauensvoll von ihr führen lassen.

◼ Intuition im Kontext von Mystik und Visionen

Und wieder stellen wir zu Beginn eines neuen Themas die Frage: »Was ist das eigentlich?« Worin unterscheidet sich eine Vision von einer Intuition? Beides sind unerwartete Einfälle bzw. Bilder, die im Inneren auftauchen. Im Grunde befinden wir uns hier in einem Bereich, in dem die einzelnen Begriffe nicht mehr so leicht und vor allem nicht scharf zu trennen sind. »Mystik« kommt von dem griechischen Wort *myein*, was »schließen« (der Lippen und Augen) heißt. Ein Mystiker oder eine Mystikerin ist ein Mensch, der oder die in die kultisch-geistigen Geheimlehren, die es seit der Antike bei vielen verschiedenen Völkern gab und gibt, eingeweiht wird. In unserer mittelalterlichen Kultur kennen wir die Mystikerinnen und Mystiker aus dem religiösen Bereich, wobei diese immer Schwierigkeiten mit der offiziellen Kirche hatten, weil sie sich nicht streng an die Regeln dieser Institution hielten. Das Ausschlaggebende in der Mystik ist, dass es dabei um die persönliche Beziehung zum Göttlichen geht. Das »Ziel« der Mystikerin oder des Mystikers ist die direkte Vereinigung seiner Seele mit dem Göttlichen, das Einssein mit ihm. Was allerdings alles andere nicht ausschließt, sondern, im Gegenteil, mit einer grenzenlosen Liebe für alle Geschöpfe, alles Seiende, verbunden ist.

Jede Religion hat Mystik in Bezug zu ihrer religiösen Grundidee hervorgebracht: im Judentum gibt es den Chassidismus und die Kabbala; im Islam den Sufismus, der sehr poetisch dargestellt wird; die buddhistische Mystik wird überwiegend im japanischen Zen geübt; in der chinesischen Mystik gibt es die Form des Nicht-Tun, *wu-wei* genannt; der Hinduismus hat das Tantra entwickelt, in dem die männliche göttliche Energie mit der weiblichen Schöpferkraft vereinigt werden soll (wozu übrigens fünf Dinge zur Ausübung der entsprechenden Riten benötigt werden: 1. Wein; 2. Fleisch; 3. Fisch; 4. geröstetes Getreide und mystische Gesten; 5. Geschlechtsverkehr). Im tibetischen Buddhismus hat sich darüber hinaus noch eine mystische Form entwickelt, in der es um die Aufhebung der Dualität vom männlichen Prinzip = Methode und weiblichem Prinzip = Weisheit geht. Ihre Einswerdung ist Merkmal des Höchsten Yoga-Tantra.

Wir erwähnen die verschiedenen Aspekte des Tantra – es gibt noch einige andere – deshalb etwas ausführlicher, weil sie dem natürlichen Leben am nächsten stehen und zeigen, dass der mystische Weg nicht unbedingt ein abgehobener ist, der auf die einsame Zelle eines Klosters oder einen besonderen »heiligen Raum« beschränkt ist, den nur einige wenige, auserwählte Menschen gehen können. Im tiefsten Grund seiner Seele ist vielleicht jeder Mensch eine Mystikerin oder ein Mystiker – die meisten wissen es nur nicht. Sagen wir es genauer: In jedem Menschen schlummert das Mystische, denn alle Menschen bzw. jede Seele kommt aus demselben Einen. In diese Einheitswirklichkeit, den Unus mundus, wollen die Mystikerinnen und Mystiker zurück. Sie wollen die Dualität, der sie in der Wirklichkeit der Welt unterworfen sind, überwinden und das wohltuende Einssein mit dem Göttlichen – den »Einen Geschmack«, wie Ken Wilber, den man den Einstein der Bewusstseinsforschung nennt, es beschreibt – wieder erleben. Im Grunde wollen das alle Menschen. Jeder hat irgendeine Sehnsucht. Nach etwas Bestimmtem, nach etwas Unbestimmtem, vielleicht nur eher vage, vielleicht auch sehr stark.

Jeder möchte irgendwohin. Und in jeder Sehnsucht steckt die Intuition. Die Sehnsucht ist die Ahnung = Intuition, dass irgendwo das »Paradies« ist. Dass es irgend etwas gibt, wo wir nicht mehr getrennt von der bedingungslosen Liebe, vom tiefen Frieden, von der reinen Seligkeit sind.

Die Seele ahnt, woher sie kommt und wie es sich dort anfühlt. Mit dieser Ahnung, mit dieser Intuition wird jedes Baby geboren. Wir können es sehen, wenn wir es einige Tage nachdem es den Schrecken der Geburt überwunden hat, anschauen. Es träumt von der Einheit, die es gerade verlassen musste. Bevor die befruchtete Zelle sich in zwei teilt, ist sie ein Ganzes – eine göttliche Einheit. Und das, was im Laufe ihrer Entwicklung als erstes schwaches Mini-Bewusstsein entsteht, ist eine Ur-Intuition – die Ahnung seines Selbst, verbunden mit dem Wissen seiner göttlichen Herkunft. Das bleibt als Kern im Inneren eines jeden Menschen sein ganzes Leben lang enthalten. In der Analytischen Psychologie wird es das Selbst genannt. Man könnte es so sehen: Aus dem allumfassenden, überpersönlichen Selbst, das als absolutes Wissen, als Gott oder als reine, weiße Energie bezeichnet werden kann – jede Beschreibung ist nur ein Bild und ist nicht wirklich Das –, löst sich ein Teil, wie ein Splitter aus einem Diamanten und nistet sich in der menschlichen Zelle ein. Das kleine Selbst ist mit dem großen Selbst identisch. Und das erste, was dann im Kind als Bewusstsein entsteht, ist die Intuition. Es ahnt, träumt und fantasiert, es ist noch ganz mit der Einheit verbunden. Dann sinkt es rasch in die Empfindungsfunktion hinein: es spürt Durst und Hunger, Nässe und Kälte usw. Die Fühlfunktion schließt sich an: es merkt Angenehmes und Unangenehmes. Erst später wird es dann auch noch lernen zu denken.

Wenn wir uns jetzt wieder den erwachsenen Mystikerinnen und Mystikern zuwenden, dann wissen wir, dass sie auf ihre Weise – vielleicht, weil sie religiös aufgewachsen sind oder aber gerade nicht – eine besondere Form der Sehnsucht nach dem mystischen Einssein entwickelten.

Wie wir oben angedeutet haben, gibt es sehr viele verschiedene Wege, die zu einem Bewusstseinszustand führen, in dem die Dualität, das Getrenntsein vom anderen, vor allem von Gott, überwunden ist. Da ja die Intuition in den geistigen Raum führt, versuchen manche, dorthin zu gelangen, indem sie das Materielle – soweit dies überhaupt möglich ist – ausschalten: mit Fasten, Verachtung des Körpers und der körperlichen Bedürfnisse, Mittellosigkeit, Einsamkeit, Stille, Wachen usw. Andere dagegen beziehen die Materie mit ein, in der Auffassung, dass man sie am besten überwinden kann, indem man sich ihr ganz aussetzt, sie ganz in sich aufnimmt, z. B. durch Reizüberflutung, stundenlanges Singen oder Tanzen, rhythmisches Bewegen, Essen von bestimmten Speisen, sexuelle Praktiken, Marathonlaufen etc. Das heißt, jeder Mensch, der in das ersehnte Einheitserleben strebt, wird von der Intuition auf das aufmerksam gemacht, was ihm, seinem Lebensvollzug und seiner kindlichen Erinnerung am nächsten liegt.

Schon im Kind gibt es die Sehnsucht nach dem Bewusstseinszustand, den es aus seiner Vergangenheit – vor und nach seiner Geburt – kennt. Der amerikanische Arzt und Forscher Andrew Weil hat herausgefunden, dass bereits viele Kinder den Wunsch spüren, ab und zu ihr Bewusstsein zu verändern.[72] Dazu drehen sie sich z. B. so lange, bis sie schwindelig werden, sie hyperventilieren oder würgen sich gegenseitig bis zur Bewusstlosigkeit. Sie haben oft schon früh herausgefunden, dass sie mit dem Einatmen von Lösungsmitteln in Haushaltsprodukten in einen außergewöhnlichen Bewusstseinszustand, der dem des Einheitserlebens entspricht, geraten können. Meistens erfahren die Eltern nichts davon, weil Kinder spüren, dass sie mit ihrem Tun einen Bereich betreten, der irgendwie »heilig« oder verboten ist. Und die Erwachsenen haben ihre eigenen derartigen Manipulationen des Bewusstseins vergessen.

Unserer Ansicht nach ist es die Sehnsucht, die uns die Intuition eingibt, um uns auf die vertikale Achse des Ich-Funktionskreuzes zu locken. Schließlich stehen wir als Menschen zwar auf der Erde, möchten aber mit unserem Geist in den Himmel, den wir uns als Paradies vorstellen. Seit Freud kennen Psychoanalytikerinnen und Psychoanalytiker den unbewussten Wunsch ihrer Patientinnen und Patienten nach Regression, nach Sich-fallen-Lassen in selige Kindheitszustände. Der Therapeut oder die Therapeutin wird dann als »gute Mutter« fantasiert, die ihrem »Kind« die absolute Geborgenheit schenkt. Denn die Kinder, die später neurotische Symptome entwickeln, haben diese allumfassende Geborgenheit meist nicht erlebt.

Aber vergessen wir nicht: hinter allen Wünschen nach Regression steckt das jedem Menschen eingeborene Bedürfnis nach Transzendenz, nach der überpersönlichen Einheitswirklichkeit. Die Intuition hat die Aufgabe, diesen Weg der Individuation zu ermöglichen. Sie bedient sich der Sehnsucht und zieht uns »über die Baumgrenze«, wie es eine Frau einmal in einer Therapiestunde ausdrückte.

Nicht von ungefähr haben sich in allen Kulturen Religionen und daraus hervorgehend mystische Einweihungen entwickelt. Die Mystik ist gewissermaßen der »Turboweg« zur Erleuchtung. Die Sehnsucht vieler Menschen, aus dem ewigen Kreislauf der Wiedergeburten auszutreten, wie es im Buddhismus heißt, hat sie nach Mitteln suchen lassen, die am besten dazu geeignet sind. Unter anderem fanden sie auch verschiedene Pflanzen, die dem Gehirn helfen, entsprechende Botenstoffe zu aktivieren. Interessant ist, dass die Stoffe mit dem Begriff des »Boten« in Verbindung gebracht werden, so wie auch die Engel als »Boten Gottes« gelten. Sehr viel Aufmerksamkeit haben vor Jahren die Bücher des amerikanischen Anthropologen Carlos Castaneda gefunden, in denen er seine Einweihung in die Geheimnisse des Wissens um die Wirklichkeit durch den mexikanischen »Zauberer« Don Juan beschreibt. Castaneda bekam zuweilen von seinem Meister besondere Pilze zu essen. Diese enthalten einen psychedelischen Stoff, der eine besondere chemische Reaktion an bestimmten Stellen des Gehirns hervorruft, welche ihm das »Sehen« der Wirklichkeit erleichtert.

Der Schweizer Chemiker Albert Hofmann entdeckte im Rahmen seiner Forschungen über Mutterkornalkaloide 1943 die halluzinogenen Eigenschaften von Lysergsäurediäthylamid (LSD). Später isolierte er den psychogenen Wirkstoff Psilocybin aus den mexikanischen Zauberpilzen *Psilocybe mexicana* und die – mit LSD verwandten – Inhaltsstoffe (Indolakaloide) aus Ololiuqui, einer Pflanze, die Indianer oftmals für ihre rituellen Handlungen verwendeten.

Hofmann zitiert zum »Sehen« (auch im Sinne Don Juans) Augustinus, der sagte: »Unser ganzer Lohn ist Sehen«, sowie Goethe mit dem Ausspruch: »Zum Sehen geboren, zum Schauen bestellt.« Hofmann selbst hatte in seiner Kindheit ein wunderbares Erlebnis:

Als er an einem schönen Maimorgen auf dem Martinsberg oberhalb von Baden in der Schweiz, wo er zu Hause war, dahinschlenderte, erstrahlte plötzlich die Natur um ihn herum in einem ungewöhnlich klaren Licht. Es war ein Strahlen von eigenartiger, zu Herzen gehender Schönheit, so als wollte der Wald ihn in seine Herrlichkeit mit einbeziehen. Ihn durchströmte ein Glücksgefühl von seliger Geborgenheit und Zugehörigkeit. Nach ein paar Minuten ließ dieser verklärte Zustand nach, aber der Junge wusste, dass er die Wirklichkeit in ihrer überzeugenden Kraft, Klarheit und Schönheit gesehen hatte. Er war nur ein wenig unglücklich darüber, dass er dieses Erlebnis niemandem erzählen konnte, denn ihm fehlten die passenden Worte. Er dachte, die Erwachsenen würden ihm nicht glauben, weil er sie noch nie über so etwas hatte sprechen hören. Oder sie hüteten es als ihr Geheimnis. Also verschloss er seine Lippen (myein) und schwieg. Doch er vergaß diesen beseligenden Augenblick nie mehr, erlebte später noch öfter solche Zustände und entschloss sich als Erwachsener, Chemiker zu werden und sich mit Heilpflanzen zu beschäftigen.

Dieses Erlebnis zeigt sehr deutlich, wie die Intuition schon – oder gerade – den noch jungen Menschen dahin führt, wohin er in diesem Leben gehen soll. Sie bereitet ihn für seine Aufgabe vor und sie kann dafür sorgen, dass er später seine Individualität transzendieren und die Einheitswirklichkeit erleben kann.

Hofmann erkannte in seinen Forschungen mit dem Mutterkornalkaloid, das für die Geburtshilfe eingesetzt wird und aus dem er den Stoff, der später weltweit LSD genannt wurde, isolierte, dass dieser sehr eng mit verschiedenen Botenstoffen im menschlichen Gehirn, vor allem mit den Neurotransmittern Serotonin und Dopamin, verwandt ist. Was auch für Psilocybin und dem Ololiuqui, der Pflanze, die die Indianer für rituelle Handlungen verwenden, gilt.

Das bedeutet: Mystische Erlebnisse hängen von einer bestimmten chemischen Zusammensetzung ab, die sich – aus welchen Gründen auch immer – im Gehirn abspielt. Es handelt sich hierbei immer um einen natürlichen Vorgang, unabhängig davon welche Technik jemand anwendet, dieses Erlebnis zu erreichen. Selbst wenn entsprechende Drogen eingenommen werden, ermöglicht die Natur diese Erfahrung, denn sie liefert die entsprechenden Bestandteile.

So wurde auch bei den berühmt gewordenen Eleusinischen Mysterienkulten im antiken Griechenland den Einzuweihenden, nachdem sie durch tagelanges Fasten und Reinigungsriten in einer bestimmten Nacht das Innerste des Heiligtums betreten durften, ein Trank aus Mutterkorn gereicht. Der Mutterkorn-Pilz überfällt gerade im Mittelmeerraum parasitär das Getreide.[73]

Nachfolgend schildern wir ein mystisches Kindheitserlebnis der bekannten Kräuterexpertin Rosmarie Bog:

»Es kam ein Nachmittag, den ich nie vergessen werde. Wieder einmal schlich ich mich nach dem Mittagessen zu meinem Holunderstrauch hinaus. Ich kroch unter seine Zweige, machte es mir im Schatten bequem und beugte mich dann zum Bächlein hinunter, um es wie üblich zu begrüßen. Da aber stockte mir der Atem, und ich glaubte für einen Moment zu träumen: Der ganze Bachlauf war von Ufer zu Ufer und soweit ich ihn der Länge nach überblicken konnte, von Abertausenden zartblauer Vergissmeinnicht überwuchert. Es war ein Bild wie aus dem Märchenbuch: das wunderbar wie von innen heraus leuchtende Blau der vielen Blüten, umrahmt vom Halbdunkel der Büsche und Bäume, die die Ufer umsäumten; von oben Sonnenstrahlen, die in breiten Bahnen durch das Blätterdach fielen und goldene Kringel und Lichtpunkte auf den Vergissmeinnichtteppich malten; über allem die schläfrige Stille eines heißen Julitages. Wie gebannt verharrte ich an meinem Platz, schaute und schaute, erfüllt von tiefem Staunen. Andacht, ja fast so etwas wie Erschrecken überkam mich vor diesem Übermaß an Fülle und Farbe, das sich da unten in dem kleinen, unbedeutenden Wasserlauf verschwendete. Wie lang ich so saß, ich weiß es nicht. Aber selbst über die vielen Jahre hinweg stellt sich in mir beim Gedenken an dieses Blütenwunder wieder jenes starke Gefühl von Endlich-zu-Hause-Sein ein, von inniger Verbundenheit mit allem, was mich grün und blau und golden umgab. Eine völlig unsentimentale, zutiefst weibliche Zärtlichkeit ging von dem Geschehen aus.«[74]

Auch hier hat die Intuition das Kind, das diese Frau einst gewesen ist, an einen bestimmten Platz geführt, an dem ihr ein erstes mystisches Erleben geschenkt wurde. Sie ist ihr Leben lang der Natur treu geblieben und hat sich ausgiebig mit Heilkräutern beschäftigt, nicht als Chemikerin, sondern als moderne »Kräuterhexe«.

Es kommt uns vor allem darauf an zu zeigen, dass (wahrscheinlich) viele Kinder mystisches Erleben kennen, dass dies nichts Ungewöhnliches, sondern etwas ganz Natürliches ist. Weil eben am Anfang die Intuition die kindliche Seele beherrscht. Auch Bernadette Soubirous war noch ein Kind, als ihr die Mutter Gottes erschien.

■ Der Weg durch die innere Burg: Teresa von Avila

Es mag manchen Menschen befremdlich erscheinen, die Intuition als wissenschaftlich zu beschreibende Ich-Funktion mit dem inneren Weg der Mystikerinnen und Mystiker in Verbindung zu bringen. Die Erkenntnisse der modernen Psychologie und die Erlebnisberichte der Mystiker und Mystikerinnen haben bisher wie zwei große Blöcke menschlichen Erlebens nebeneinander gestanden, obwohl beide die menschliche Seele betreffen. Die Kontexte, von denen ausgegangen wird, sind natürlich verschieden, stammen aus verschiedenen Jahrhunderten, bedienen sich verschiedener Sprachen, doch ist bei genauerem Hinschauen der gemeinsame Bezugspunkt sichtbar. Wenn die Analytische Psychologie von der Beziehung vom Ich zum Selbst spricht, oder auch vom Selbst zum Ich und die Mystiker von der Freundschaft mit Gott, so dürfte im Wesentlichen Ähnliches gemeint sein. Man könnte den Sinn einer Psychotherapie, insbesondere wenn sie analytisch orientiert ist, auch dahin gehend definieren, dass eine neue Form der Freundschaft zwischen dem Ich und dem

Unbewussten bzw. zwischen dem Ich und den verschiedenen Inhalten der Psyche gefunden werden müsse, um die innere Not, bis hin zu den Krankheiten des Körpers, zu überwinden. Gerade bei der bekannten spanischen Mystikerin Teresa von Avila steht die Freundschaft mit Gott im Mittelpunkt ihrer einmaligen Lehre; ihr gesamtes Leben steht unter dem Zeichen dieser Freundschaft. Es wäre ein großer Fortschritt, wenn das Thema »Freundschaft« im therapeutischen Setting eine so zentrale Stellung einnehmen könnte, wie z. B. die Objektbeziehung oder Ähnliches, bzw. wenn diese Konzepte mit Freundschaft in Zusammenhang gebracht würden. Genauere Studien ergeben erstaunliche Ähnlichkeiten zwischen den Erlebnisdokumenten der Mystikerinnen und Mystiker und den Erfahrungen des modernen Menschen in seiner Suche nach sich selbst und im Überwinden seiner gefühlten Heimatlosigkeit. Gerade auf diesem Weg ist die Intuition eine entscheidende Hilfe, lässt sie doch jeweils ahnen, welche Schritte anstehen und mit Hilfe des Ichs und der übrigen Funktionen verwirklicht werden könnten oder müssten.

Es sind vor allem die Mystikerinnen und Mystiker gewesen, die Grenzen überschritten haben. Diese Grenzen wurden und werden von der autorisierten kirchlichen Institution immer wieder betont und führen dazu, dass viele mystische Erlebnisse der Kirche vorbehalten bleiben müssen, weil die Menschen nicht wagen, darüber zu sprechen. Es gibt eben noch keinen allgemein verbindlichen Kontext, in den mystische Erlebnisse eingeordnet werden könnten, und ein solcher Kontext wäre auch ein Widerspruch in sich, weil gerade das mystische Erlebnis ganz unmittelbar und persönlich ist. Auch hier ist es wieder die Funktion der Intuition, die den Weg in diesen Bereich der Subjektivität öffnet.

Die Intuition ist dort lebendig, wo die anderen Ich-Funktionen notwendigerweise stehen bleiben; weder Denken noch Fühlen oder Empfinden führen hier weiter. Intuition ist der »Ort« des Schöpferischen schlechthin; ihre Einfälle, denen wir auch im Alltag begegnen, sind grundsätzlich neu. Das mystische Erleben, soweit es aus den vorliegenden Schriften der Mystikerinnen und Mystiker nachvollziehbar ist, führt rückblickend zu Erkenntnissen, die buchstäblich weltbewegend sind. So gestaltet sich das von den etablierten Institutionen vertretene Gottesbild völlig neu und die Beziehung des Menschen zum Göttlichen verändert und erweitert sich. Deshalb standen die Mystikerinnen und Mystiker in der christlichen Tradition immer »am Rande« und waren von Verfolgungen bedroht.

Wenn Teresa von Avila von »Gottesfreundschaft« redet, muss man ihrer Intuition revolutionäre Kraft zuerkennen, denn sie tut dies in einer Zeit, in der die Inquisition in Spanien 1580 ihre Macht zu entfalten begann, um das herrschende Gottesbild vermeintlich zu »schützen« und es – häufig durch unmenschliche Verhörmethoden wie Folter und Scheiterhaufen – im Erleben der Gläubigen herbeizuzwingen. Die Grenzen überschreitende, aber auch das Leben erhaltende Funktion der Intuition werden hier besonders deutlich. Teresa wusste intuitiv, wie sie ihre Erkenntnisse angesichts dieser furchtbaren Gefahren formulieren musste. So schrieb sie z. B. auf Geheiß ihrer Beichtväter die zensierte erste Fassung »Weg der Vollkommenheit« nochmals ganz neu. Bei Gründungen (Klostergründungen) richtete sie sich nach dem Rat ihrer Beichtväter, obwohl sie in einer Vision erfahren hatte, was zu tun sei.[75]

Erstaunlich waren die Kraft und der Mut, ihre Botschaft zu vermitteln und damit ihre Aufgabe zu erfüllen. Ihr »Dios solo basta« – »Gott allein genügt« – drückt das sehr genau aus. Sie weist immer wieder darauf hin, dass sie aus persönlicher Erfahrung spricht. Ihre geniale Intuition führt sie zu einem neuen und lebendigen Gottesbild und eröffnet ihr im von ihr entwickelten und immer wieder betonten »inneren Gebet« die Möglichkeit, diesen Weg im Alltag und nicht nur in der Klosterzelle oder der Kirche zu beschreiten.

In ihrem Leben war sie insbesondere dem Schicksal der Frauen der damaligen Zeit verbunden. Frauen, die von mystischen Visionen berichteten, »waren den Inquisitionsbehörden schnell verdächtig«.[76]

Wenn man bedenkt, dass 1559 von der Inquisition alle geistige Literatur in spanischer Sprache verboten wurde, so zeugt es von einem besonderen Mut und einer vollkommenen Realisation der Tugend der Tapferkeit, dass Teresa das *Buch meines Lebens*, ihre *Vida*, 1565 vollendete und auch danach noch weitere Werke schrieb, u. a.

die berühmte *Innere Burg*, die sie in kurzer Zeit zu Papier gebracht hat. Zentral ist hierbei immer ihr Satz: »Was ich aus Erfahrung weiß, darüber kann ich sprechen.«[77]

Das uns vorliegende Lebenswerk der großen Mystikerin zeugt von einer eigentlich pausenlosen Kette von Intuitionen, die ihren Weg begleitet und ermöglicht haben. Sie schreibt:

> »Denn ich begann, innerliches Gebet zu halten, ohne zu wissen, was das überhaupt war, und diese alltägliche Gewohnheit brachte mich so weit, es nicht mehr zu unterlassen, wie ich es auch nicht unterließ, mich vor dem Einschlafen zu bekreuzigen.
>
> […] Die Methode, ohne Hilfe des Verstandes Gebet zu halten, hat das Besondere an sich, dass die Seele entweder sehr gesammelt oder sehr zerstreut ist, ich meine zerstreut in Bezug auf das Nachdenken, wenn sie davon Nutzen hat, dann ist der Nutzen groß, denn er kommt durch die Liebe.«[78]

Für sie war das Gebet das Zeichen einer großen Freundschaft mit Gott. In ihrer Lebensbeschreibung hat sie den Weg der Vereinigung mit der Gottheit mit vier Bewässerungsarten verglichen:

> »Mir scheint, dass man einen Garten auf vielerlei Weise bewässern kann: indem man das Wasser aus einem Brunnen schöpft, was für uns sehr mühsam ist; oder es mit Hilfe eines Schöpfrades und Eimern heraufzieht …, was für uns nicht so mühsam ist und mehr Wasser fördert; oder indem man das Wasser aus einem Fluss oder Bach herleitet, so dass die Erde gut bewässert wird und es nicht notwendig ist, so oft zu bewässern: Dadurch wird dem Gärtner viel Arbeit erspart; oder wenn es schließlich stark regnet: Dann bewässert der Herr ganz ohne unser Zutun, und das ist viel besser, als alle anderen genannten Bewässerungsarten.«[79]

Die erste Bewässerungsart entspricht dem Gebet der Sammlung[80], die zweite dem Gebet der Ruhe[81], die dritte dem Gebet des Schlafes der Seelenkräfte[82] und die vierte dem Gebet der Vereinigung.[83]

Vor dem Hintergrund unserer bisherigen Erörterungen lässt sich dieser Weg der vier Bewässerungsarten mit der intuitiven Erkenntnis vergleichen. Es sind Formen, wie die Intuition den Lebensweg begleitet, sofern das Bewusstsein dafür offen ist und sich nicht gewohnheitsmäßig oder ängstlich z. B. an die rationalen Erklärungsmodelle des Lebens klammert.

Das Studium der mystischen Wege, wie sie von den großen Mystikerinnen und Mystikern beschrieben worden sind, führt zu einer grundlegenden und für unser Verständnis existenziellen Frage, auf die wir hier nur zögernd, aber im Vertrauen auf die Intuition eingehen möchten. Wir hatten die Intuition als grenzüberschreitende Funktion beschrieben. Doch man müsste vielleicht genauer sagen, dass sie die Funktion im Bewusstsein ist, die den Erlebenden bis an die möglichen Grenzen seiner Welt heranführt, ihn einlädt, die Grenze zu überschreiten, aber – jetzt kommt der entscheidende Punkt – der dann erfolgende »erlösende Einfall« muss wohl in doppelter Hinsicht verstanden und interpretiert werden. Zum einen sehen wir in ihm die schöpferische Kraft des Unbewussten, zum anderen aber nach dem Verständnis aller religiösen Traditionen, den Wink oder die Fügung aus dem »Jenseits« – ein »Jenseits«, das je nach religiöser Grundüberzeugung anders verstanden und definiert werden kann. Im christlichen Bereich ist es die Stimme Gottes, die hier meist nur sehr leise – da völlig ungewohnt – hörbar wird, und in der Sprache der Mystikerinnen und Mystiker ist es genau dieses Verständnis. Teresa hat die Knechtschaft vor der Gottheit auf ihrem langen und von vielen Belastungen gekennzeichneten mystischen Weg überwunden und insbesondere Jesus als ihren Freund kennen gelernt. »Mit einem so guten Freund an meiner Seite, mit einem so kundigen Führer, der auch im Leiden vorausging, kann man alles durchstehen. Er hilft und stärkt zugleich; er versagt nie, er ist ein wahrer Freund.«[84]

Sie betont immer wieder, wie wenig sie aus Büchern entnehmen konnte und wie gefährlich es letztlich für sie war, sich nach dem zu richten, was sie dort gelesen hatte. Auch dies ist eine Haltung, die angesichts der Macht der Inquisition besonders gefährlich war, vor allem da sie sie öffentlich kund tat. Dies gilt insbesondere für das Gebet, weil das von ihr vertretene innerliche Gebet nach der herrschenden Auffassung der damaligen Kirche eigentlich nicht zulässig und im Sinne Gottes war. »Denn das innerliche Gebet ist meiner Ansicht nichts anderes als ein Gespräch mit einem Freund, mit dem wir oft und gerne allein zusammenkommen, um mit ihm zu reden, weil wir sicher sind, dass er uns liebt.«[85] Auf die offensichtlichen Parallelen zur Praxis der Aktiven Imagination, wie sie in der Analytischen Psychologie vertreten und gelernt wird, sei hier ebenfalls verwiesen.

C. G. Jung hat sich bei der Auseinandersetzung mit der Gottesfrage immer wieder dazu bekannt, dass die wissenschaftliche Analyse bis in jene Bereiche des kollektiven Unbewussten vordringen kann, die er als den Archetyp des Gottesbildes bezeichnete, dass sie aber keine Aussage darüber machen könnte, ob und was sich »hinter« diesem Gottesbild, das sich in der Seele konstelliert, befindet und verbirgt. Er betonte, dass dieser Archetyp in allen Kulturen nachweisbar ist.

Für die Dynamik des intuitiven Prozesses ergeben sich nach unseren Analysen jetzt mehrere Phasen:

- Eine grundsätzliche Offenheit und Bereitschaft, Neues zu erleben und Unerwartetes im bekannten Bewusstseinsfeld zuzulassen. Das ist die Grundhaltung des Schöpferischen;
- Voraussetzungsloses Wahrnehmen, ohne die Objekte des Wahrnehmungsprozesses zu bewerten oder in schon Bekanntes einzuordnen (dies ist besonders schwierig auf Grund unserer Gebundenheit an den kollektiven Rahmen der Selbstverständlichkeiten, die zugleich aber auch die Kontinuität und Stabilität des Lebensvollzugs ermöglichen und ein sonst eventuell eintretendes Chaos verhindern);
- Erstaunen, Freude und Glück, aber auch Angst vor dem, was es bedeuten, welche Folgen es haben könnte, was im schöpferischen Prozess über die Intuition jetzt deutlich geworden ist.

Diese Dynamik ist in besonderer Weise in den Erlebnissen der Mystikerinnen und Mystiker zu beobachten. Das Studium ihrer Schriften bietet dazu umfangreiches Material. Teresa hat es in ihrer *Vida* sorgfältig bis in die Einzelheiten ihres inneren Prozesses und den damit verbundenen Auseinandersetzungen dokumentiert .

Der entscheidende Moment ist »Erleuchtung«, die neue Erkenntnis, die oft anfänglich sprachlich noch kaum formulierbar sein mag, denn die Sprache bedient sich des kollektiven Rahmens des Bewusstseins. Auch im Alltag hat man bei Intuitionen häufig den Eindruck, dass man es »noch nicht genau sagen kann«, dass man aber im Grunde schon weiß, wovon man sprechen möchte, was der Einfall bedeuten oder wohin er führen könnte.

Und im Hinblick auf Teresa von Avila ist es unter den genannten Aspekten erwiesen, dass die Intuition sie, die Schwestern ihrer Klöster und auch die Menschen unserer Zeit zur Freundschaft mit Gott geführt hat. Die Intuition kann als zuverlässige Begleiterin zu einer sich ständig erweiternden persönlichen Erfahrung mit dem Göttlichen sowohl im Alltag als auch in besonderen Erleuchtungsmomenten, erlebt werden. Somit bietet sie eine Erfahrung, die ständig zugänglich ist.

■ Aufstieg auf den Berg Karmel: Johannes vom Kreuz

Johannes vom Kreuz (1542–1591) ist der zweite große spanische Mystiker, ein Zeitgenosse und Begleiter Teresas. Er legt ebenfalls eine Fülle von Beobachtungen, Erlebnissen und Gedanken zu seinem mystischen Weg vor, die weit über die Schicksale seines persönlichen Lebens bis in unsere Zeit Orientierung und Wegleitung auch für moderne Menschen sein können. In seinen Schriften, vor allem in *Die dunkle Nacht* und *Aufstieg auf den Berg Karmel*, aber auch in *Der geistliche Gesang, Lebendige Flamme der Liebe* hat er sehr sorgfältig die einzelnen Schritte der Einung des Menschen mit Gott beschrieben. Auch bei ihm ist jeder Schritt in enger Verbindung mit der Intuition geschehen. Denn über die Intuition weiß der Mensch um die nächste Stufe seines Weges und seiner Entwicklung.

Die dunkle Nacht ist wohl das zentrale Thema bei Johannes vom

Kreuz. Doch seine Grundüberzeugung ist, dass der Mensch aus den Phasen der dunklen Nacht, die Johannes sowohl als sinnliche als auch als geistige, als aktive und passive Nacht definiert, in der die Seele nahrungslos trocken und leer bleibt, letztlich seinen Weg zum Ziel findet, »der Einung und Gleichgestaltung des Menschen mit Gott, die nicht immer gegeben ist, sondern nur, wenn es dazu kommt, dass es eine Verähnlichung aus Liebe gibt.«[86]

Es ist ein Weg durch Wüsteneinsamkeiten, die Johannes in allen Einzelheiten und zurückgreifend auf tief gehende und jahrzehntelange eigene Erfahrungen, beschreibt. Die damit verbundene Verzweiflung des Menschen, vor allem des religiösen Menschen der damaligen Zeit, der immer in inneren Übungen und Gebeten verharren wollte, kennt Johannes als erfahrener Seelsorger sehr genau und findet viele tröstende Worte für die, die den Weg ehrlich gehen wollen. Er empfiehlt »unbesorgt über innerliche oder äußerliche Werke und unbekümmert darüber, dass sie jetzt nichts tun [...]. Es ist wie mit der Luft, die entweicht, wenn man sie mit der Hand umschließen will.«[87]

Sollte der Mensch in dieser Zeit aktiv und ängstlich werden, so dient dies »nur dazu, seinen inneren Frieden und das Werk, das Gott während dieser Trockenheit des Sinnenbereichs in seinem Geist vollbringt, zu stören. Da dieses Geistliche zärtlich ist, wirkt es beruhigend, zärtlich, beheimatend, befriedigend und friedlich.«[88]

Besser kann man die Erfüllung innerster Sehnsucht nicht beschreiben. Es ist hier nicht der Ort, um im Einzelnen auf die von Johannes vom Kreuz beschriebenen Phasen dieser Entfaltungen einzugehen, die in den geschilderten Schriften bis in alle Einzelheiten und Entwicklungsschritte nachvollziehbar dargestellt sind.

Das Symbol der dunklen Nacht, wie es Johannes oft verwendet, schildert in sehr eindringlicher Weise die Erlebniswelt vieler Menschen, die nicht mehr weiter wissen, nur noch Dunkel vor sich und kein Licht mehr auf ihrem Weg sehen. Sie bleiben oft in großer Verzweiflung stehen, manche suchen Hilfe, andere versinken in Trauer und Schwermut. Der Ausdruck »Umnachtung der Seele«, wie er in der alten Psychiatrie früher verwendet worden ist, drückt diese symbolische Ebene sehr gut aus. Vor diesem Hintergrund ist es überhaupt nicht zu überschätzen, welche Wegweisung Johannes vom Kreuz aus tief gehender eigener Erfahrung schöpfend vor immerhin über 400 Jahren gegeben hat. Man sollte sich beim Studium seiner Schriften nicht von der überwiegend christlich-theologisch geprägten Sprache stören lassen.

Die in ihnen enthaltenen Erfahrungen und Wegweisungen sind in modernen Formulierungen ebenfalls gut auszudrücken, was wir hier im Zusammenhang mit der Intuition versuchen. Jeder Mensch ahnt – davon sind wir überzeugt –, dass es diesen Weg gibt, der beruhigend, zärtlich, beheimatend, befriedigend und friedlich ist. Für die Patientinnen und Patienten wäre es sicher von großem Gewinn, wenn die Therapeutinnen und Therapeuten, ganz gleich welche Schulrichtung sie vertreten, neben ihren differenzierten und bewährten theoretischen Konzepten und Handlungsanweisungen auch Kenntnisse über den mystischen Weg hätten, und zwar möglichst nicht nur aus der Literatur, sondern aus eigener Erfahrung, woraufhin gerade Teresa von Avila immer wieder hingewiesen hat.

An dieser Stelle möchte ich, Theodor Seifert, ein eigenes Erlebnis berichten, dass eine sehr dunkle Phase meines Lebens beendete:

Ich hatte in der ehemaligen DDR 1949 mein Abitur abgelegt und befand mich in einer Situation der Berufswahl, die auf Grund meiner sozialen Herkunft und der sozialistischen Bedingungen äußerst schwierig war. Ein Studium an einer Hochschule war mir verwehrt, überhaupt erwies es sich als äußerst schwierig, meinen Weg zu finden. Ich erlebte eine Zeit der dunklen Nacht, die mich bis an die Grenze des Erträglichen führte. Obwohl durch Erziehung und Überzeugung christlich geprägt, fand ich zunächst keine Lösung. Doch in einer Form des innerlichen Gebets – ich kannte diese Empfehlungen der Teresa von Avila noch nicht – war mir plötzlich klar, dass ich Psychologie studieren würde. Diese Idee beglückte und befremdete mich, weil ich damals überhaupt keine Vorstellung hatte, wie dies zu bewerkstelligen sein könnte. Wie es dann letztlich dazu kam, weiß ich rückblickend nicht mehr genau, aber ich habe mich, einer »Eingebung«, einer Intuition, folgend, an der Freien Universität Berlin für das

Fach Psychologie beworben. Im Rückblick weiß ich auch nicht mehr, woher ich überhaupt wusste, dass es dieses Fach dort als Studienfach und Berufsmöglichkeit gab. Ich möchte das nicht weiter vertiefen, nur noch eine Bemerkung hinzufügen: Da dieses Studium unter schwierigen finanziellen Bedingungen stattfinden musste, besuchte ich sehr häufig den damaligen Ostsektor von Berlin und stöberte in einem kleinen Antiquariat. Dort fand ich einen Text mit dem Titel *Die dunkle Nacht der Seele* mit Zitaten aus Texten von Johannes vom Kreuz. Er ist bis heute eine Leitfigur in meinem Leben – die gerade vorgelegten Beschreibungen zeigen es. Ich betrachte es als einen Glücksfall, ihn auf diese Weise und über das Studium seiner Schriften auch Teresa von Avila kennen gelernt zu haben.

Ich möchte dies heute als den mystischen Weg eines modernen kritischen Intellektuellen bezeichnen, der mit einer so grundlegenden Intuition begonnen hat. Auch mein Leben ist von einer Reihe von weiterführenden Intuitionen begleitet, die sich jeweils dann konstellierten, wenn die dunkle Nacht wieder dominierte.

Wir hatten schon darauf hingewiesen, dass die Intuition nur unter bestimmten Bedingungen ihre vollen Möglichkeiten entfalten kann. Der Kontext der mit ihr immer einhergehenden anderen Ich-Funktionen wurde schon mehrfach erwähnt und auch die damit verbundenen Grenzen und Blockaden. Intuitive Einfälle werden aus rationalen Gründen häufig lächerlich gemacht, nicht ernst genommen und doch im Innersten geglaubt.

Um diese Erlebnisse noch einmal zu illustrieren, soll Johannes vom Kreuz aus seinem *Aufstieg auf den Berg Karmel* zu Wort kommen. Er bringt dort einen Vergleich, den des Sonnenstrahls, der auf eine Glasscheibe trifft. Er bringe das Glas zum Leuchten, vor allem wenn es rein ist. Obwohl es dadurch nicht der Sonnenstrahl selbst werde, sondern eine Glasscheibe bleibe, habe sie doch Teil am Licht des Sonnenstrahls.[89] Hier erscheint in symbolischer Form der Grundgedanke der johanneischen Mystik, der von einer Gotteinung, einer Gleichgestaltung durch Teilnahme, ausgeht.

Die Parallelen zum, vor allem in der Analytischen Psychologie, beschriebenen Entwicklungsprozess sind leicht zu sehen: Die besondere Bedeutung, die Jung der Dynamik und der überlegenen Weisheit des von ihm definierten Selbst zuschreibt, entspricht wörtlich dem, was Johannes vom Kreuz in seiner Sprache darstellt. So wie die Analytikerinnen und Analytiker die Gefahr der Inflation sehen, wenn sich das Ich mit dem Selbst identifiziert, beschreibt Johannes vom Kreuz dasselbe in der Unterscheidung des Sonnenstrahls von der Glasscheibe. Es ist »Licht durch Teilhabe«. Der Gedanke der Teilhabe an den gewissermaßen unendlichen Möglichkeiten des Selbst ist der Analytischen Psychologie immanent, aber unseres Wissens noch kaum formuliert. Wenn wir davon ausgehen, dass die Intuition der Fähigkeit entspricht, eine Ahnung von dieser Teilhabe zu besitzen und eine entsprechende Sehnsucht, diesen Weg zu gehen, anzurühren, ist hiermit noch einmal die besondere Funktion der Intuition beschrieben.

Wir haben bisher von der Grenzen überschreitenden Funktion geschrieben, auch von ihrer Fähigkeit, den Menschen an die Grenze zu führen und sein Leben in kritischen Situationen zu erhalten. Hier muss jedoch noch eine weitere Dimension angesprochen werden: die Ahnung der möglichen Vollendung. Dies ist auch letztlich die Vision des Aufstiegs auf den Berg Karmel. Johannes vom Kreuz wird nicht müde, die Not und Mühsal dieses Weges zu schildern, ein Weg, der auch durch »Nacktheit des Geistes«, aber nicht als »geistige Naschsucht« beschrieben werden kann.[90]

Ein kurzer Blick auf die Psychoszene und die mit ihr verbundenen vielfältigen Angebote macht deutlich, dass sie eher diese »geistige Naschsucht« zu befriedigen, aber gerade nicht die »Nacktheit des Geistes« als strenge Forderung darzustellen. Von einer Methode zur anderen zu wandern, von dieser und jener wieder enttäuscht zu sein, ist leider ein vielfältig zu beobachtendes Phänomen. Wir möchten dies jedoch nicht negativ sehen, sondern auch die darin verborgene offenbar unendliche Sehnsucht berücksichtigt wissen, welche die Menschen treibt, immer weiter zu suchen, in der Hoffnung, doch den Gipfel des Berges zu erreichen. Johannes vom Kreuz nennt »alle jene Übungsweisen nur Herumlaufen auf Umwegen, ohne dabei voranzukommen, selbst wenn man solch tiefe Betrachtungen und Mitteilungen hätte wie die Engel.«[91]

Das sind kaum überschaubare, doch sehr eindeutige Hinweise auf die ständige Aktivität der intuitiven Möglichkeiten der Menschen. Sie suchen immer weiter, lassen sich diese Suche zum Teil sehr viel kosten und erschöpfen sich dabei. Johannes rät, zur »Nacktheit des Geistes« zu kommen: »In dieser Nacktheit findet der spirituelle Mensch seine Ruhe und Erholung, denn weil er nach nichts mehr süchtig ist, erschöpft ihn nichts beim Hinauf und nichts bedrängt ihn beim Hinunter, da er in der Mitte seiner Demut ist. Denn solange er nach etwas süchtig ist, erschöpft er sich gerade dadurch.«[92]

So ist die Intuition eben auch ein zweischneidiges Schwert, sie lockt und treibt, und wenn keine innere oder äußere Führung dazu kommt – und sei es durch die anderen Ich-Funktionen – so reibt sich der Mensch dabei auf, wie Johannes vom Kreuz an mehreren Stellen anmerkt. Er erweist sich eben in jeder Hinsicht als ein sehr erfahrener Wegbegleiter suchender Menschen, und seine Erkenntnisse entsprechen den Ergebnissen moderner tiefenpsychologischer Forschungen und therapeutischer Erfahrungen.

In der von ihm angefertigten Zeichnung des Aufstiegs zum Berg Karmel wird der in der Mitte befindliche schmale Weg durch ein mehrfaches »nichts … nichts … nichts …« gekennzeichnet. Der Pfad auf den Berg Karmel und der Geist der Vollkommenheit sind dadurch charakterisiert, und auch oben auf dem Berge: »nichts«.[93]

Die einzelnen Stufen werden beschrieben als weder dies noch das, und die Vollendung auf dem Gipfel kennzeichnet Johannes damit, dass es hier keinen Weg mehr gibt und für den Gerechten auch kein Gesetz, dort sei jeder sich selbst Gesetz. Wenn er es denn bis hierhin schafft.

Für uns war es beim Schreiben des Buches ein beeindruckendes Erlebnis und eine entsprechende Erkenntnis, dass die Intuition, ist man offen für ihre Möglichkeiten, bis auf diese von den Mystikerinnen und Mystikern beschriebene höchste Stufe des Erlebens führt. Man kann ohne weiteres sagen, dass die Intuition eine zuverlässige Begleiterin bei dem oft mühsamen Aufstieg auf den Berg Karmel ist.

Kapitel 6

Intuition in Beziehungen

■ Im Köcher des Eros

In der griechischen Mythologie wird Eros als der erste der Götter beschrieben, denn ohne ihn hätte es die anderen Götter nicht gegeben. Er soll dem Weltenei entschlüpft sein. Sein Name bedeutet »Leidenschaft«. Als wilder Knabe wird er beschrieben, der weder Alter noch Rang respektiert, auf goldenen Flügeln umherfliegt und wahllos seine Pfeile verschießt, die mit schrecklichen Fackeln die Herzen der Getroffenen in Brand setzen. Er wurde als so unverantwortlich betrachtet, dass man ihn nicht in die herrschende olympische Familie der Zwölf aufnahm.

Mit diesem Bild ist unübersehbar die Intuition beschrieben, zu der das Feuer und manchmal auch der Schrecken gehören, weil sie den Ahnungslosen plötzlich – wie aus heiterem Himmel – treffen kann.

In der Liebe geschieht das häufig. Vor allem, wenn zwei Menschen sich »auf den ersten Blick« ineinander verlieben, füreinander »entbrennen«, »in Feuer geraten«. Der Volksmund bedient sich genau der Worte, die Eros kennzeichnen. Bei dieser Art von Liebe kann es sich nur um die Intuition handeln, um ein Ahnen, dass da jemand aufgetaucht ist, der wahrscheinlich das ganze bisherige Leben durcheinander bringt. Spontanes Sich-Verlieben geschieht nicht aus Überlegung und Abwägung heraus, auch nicht nach eingehender Betrachtung. Es ist ganz einfach plötzlich da. Eros hat zwei Pfeile gleichzeitig abgeschossen und die Leidenschaft beginnt. Die so

»Getroffenen« können gar nichts machen, müssen sich mit dieser »Himmelsmacht« auseinander setzen.

Ganz so einfach scheint es aber doch nicht zu sein, denn man verliebt sich meistens nicht von ungefähr in einen bestimmten Menschen – im wahrsten Sinne des Wörtchens »bestimmt«. Wenn wir näher hinschauen, hat die Person, in die wir uns verlieben, mehr mit uns selbst zu tun, als es auf den ersten Augen-Blick aussieht. In der Kognitionspsychologie fand man heraus, dass wir unbewusst in den Gesichtszügen der Partnerin oder des Partners nach Ähnlichkeiten mit den Gesichtszügen des gegengeschlechtlichen Elternteils suchen. Wir wollen also etwas Vertrautes im noch unbekannten Wesen, das Eros uns zugewiesen hat, entdecken. Dies haben wir den Spiegelneuronen zu verdanken, die ja – wir erwähnten sie in Kapitel 2 – das Baby und auch später den erwachsenen Menschen, veranlassen, sein Gegenüber genau zu beobachten und *intuitiv* herauszufinden, was dieses als Nächstes wohl tun wird. Hier, haben wir gesagt, vermischt sich die Intuition mit der Empfindungsfunktion. *Dass* wir also unerwartet von einem Liebesfeuerstrahl getroffen werden, können wir der reinen Intuition zurechnen; dass sich dann nach diesem ersten Aufflammen ein inniges Liebesgefühl entwickelt, liegt an den Spiegelneuronen. Durch sie erleben wir das Phänomen der Resonanz, über das der Mediziner Joachim Bauer schreibt:

> »Resonanz heißt: Etwas wird zum Schwingen oder Erklingen gebracht. Die Fähigkeit des Menschen zu emotionalem Verständnis und Empathie beruht darauf, dass sozial verbindende Vorstellungen nicht nur untereinander ausgetauscht, sondern im Gehirn des jeweiligen Empfängers auch aktiviert und spürbar werden können. Es muss demnach ein System wirksam sein, das den Austausch von inneren Vorstellungen und Gefühlen bewerkstelligen und außerdem die ausgetauschten Vorstellungen im Empfänger zu einer Resonanz, also zum Erklingen, bringen kann. Es würde jenen gemeinsamen, zwischenmenschlichen Bedeutungsraum erzeugen, von dem bereits die Rede war. Wie sich herausgestellt hat, ist das System der Spiegelneurone das neurobiologische For-

mat, das diese Austausch- und Resonanzvorgänge möglich macht.«[94]

Das System der Spiegelneuronen ist für das Thema Intuition von besonderer Bedeutung. Bauers Verständnis der Intuition stimmt hier nicht mit dem der Analytischen Psychologie überein, doch sie beruht auf modernen neurobiologischen Erkenntnissen. Jung selbst hätte sich sofort diesen neueren Forschungen angeschlossen, die seine Theorien und Konzepte erweitern. Wir müssen also heute ganz klar sehen, dass es zweierlei Arten von Intuition gibt: die, welche sich auf der rein geistigen Ebene abspielt, und jene, die mit dem Materiellen verbunden ist. Jede dieser beiden Arten hat ihre Berechtigung und ist bedeutsam für den Menschen. Die eine bringt ihm den geistigen Raum näher, die andere verbindet ihn mit der Empfindungs- und Fühlfunktion, die gerade in mitmenschlichen Beziehungen und für die Realität bedeutungsvoll sind. Wenn wir die Intuition sowohl in ihren Einzelaspekten als auch in der Gesamtheit sehen können, erweitert sie unser Selbstbild, und das Menschenbild, das die Welt uns vermittelt.

Doch nun zurück zu Liebe und zu Leidenschaft.

Selbst wenn die Spiegelneuronen dabei hilfreich sind, uns in andere hineinversetzen zu können, sie uns Vertrautes spiegeln, gibt es noch etwas anderes, das nur die Intuition blitzschnell erfasst, wenn wir von einem Gegenüber fasziniert sind. In der Tiefenpsychologie nennt man dieses Phänomen »Projektion«, d.h. wir erkennen im anderen etwas, das zwar auch in uns selbst ist, das wir aber bisher nicht wahrgenommen haben oder nicht wahrnehmen wollten. Vielleicht weil es nicht in das Lebenskonzept passt, das wir auf Grund unserer Herkunft, der Ansichten unserer Eltern, nicht klar sehen »durften«. Wenn z. B. jemand eine künstlerische Begabung hat, die aber im Elternhaus verpönt war oder lächerlich gemacht wurde, verliebt sich diese Person möglicherweise in jemanden, der die künstlerischen Seiten lebt. Eine junge Frau beispielsweise, die nicht Klavierspielen lernen durfte, verliebt sich nun in einen Mann, der Musiker ist. Oder ein junger Mann aus einem moralisch strengen, vielleicht pietistischen Elternhaus verliebt sich in eine Frau, die sehr offen mit ihren weiblichen Reizen umgeht, ein wenig lasziv wirkt. Eine Frau, die früh geheiratet, vier Kinder geboren und aufgezogen hat, trifft plötzlich auf einen Intellektuellen, einen Hochschullehrer, und verliebt sich spontan in ihn. Oder der »Hallodri« gerät an eine »Lady«. Das, was also bisher im Leben ausgespart blieb, was nicht sein durfte, was vielleicht abgewertet wurde, steht plötzlich in der anderen Person vor einem und da keimt – meistens zuerst unbewusst – die Ahnung auf: das ist es, was ich selbst gerne möchte. Das gefällt mir, aber es fehlt mir. Nein, es fehlt nicht. Es ist da – das erkennt die Intuition sofort –, es muss nur zum Leben erweckt werden. Und dabei kann der andere mir helfen. Deshalb – nicht nur! – verliebe ich mich in ihn oder sie.

Dass wir auf andere Menschen geheime, nicht gelebte Träume und Wünsche projizieren, ist ein ganz normaler Vorgang, dem sich niemand entziehen kann. Dass man aber – was in der Tiefenpsychologie oft praktiziert wird – diese Projektionen wieder zurücknehmen, d. h. sie sich bewusst machen und selbst leben soll, ist unserer Ansicht nach ein zu strenges Reglement. Denn dann wären die meisten Menschen dazu verurteilt, allein zu leben. Und wer will das schon! Wir Menschen sind »Herdentiere«, wir wollen als Paare und in Gemeinschaften leben. Und dazu muss dann nicht die junge Frau selbst Klavier spielen lernen – inzwischen ist ihr das vielleicht gar nicht mehr so wichtig –, sondern sie hört beseligt zu, wenn ihr Partner sich ans Klavier setzt und spielt. Projektionen dürfen sein, sie müssen sogar sein, sie brauchen auch nicht unbedingt zurückgenommen zu werden, sondern können einer Beziehung stets neu wieder Freude und Glanz verleihen.

Bas Kast schreibt in seinem Buch *Die Liebe und wie sich Leidenschaft erklärt*, dass jeder Mensch auf der Suche nach »Selbsterweiterung« ist. Wir versuchen, unser Ich, unser Wissen und unsere Fähigkeiten zu erweitern. Und der schönste Weg dahin sei die Liebe.[95]

Diese Liebe wird uns von Eros bzw. der Intuition geschickt. Sie führt uns, – scheinbar zufällig – dorthin, wo wir den Menschen begegnen, durch die wir unser Selbst erweitern können. Jede Liebe, die einen Menschen trifft, ist es daher wert, gelebt zu werden, auch wenn sie sich nicht im Alltag realisieren lässt. Dazu ein Beispiel:

Eine etwa 40-jährige Frau verliebt sich spontan in den Religionslehrer ihrer Tochter. Sie kommt von einem Gespräch mit der Klassenlehrerin, will gerade das Schulgebäude verlassen, da steht er plötzlich vor ihr. Er ist katholischer Priester und sie erkennt ihn sofort, obwohl sie ihn noch nie gesehen hat. Die Tochter erzählt immer so begeistert von seinem Unterricht, so dass die Frau sogleich weiß: Das ist er! Sie stellt sich ihm als Mutter von Carolin vor, er begrüßt sie herzlich und die beiden führen spontan ein kurzes Gespräch. Die Frau spürt, wie ein heftiges, vorher noch nie gekanntes Glücksgefühl sie durchströmt. »Es war, als ginge eine strahlend helle Sonne auf«, berichtet sie später. Die wenigen Minuten des Gesprächs mit diesem Priester bringen ihr Leben völlig durcheinander. Sie kann nur noch an ihn denken, gerät zunehmend in ein Gefühlschaos, denn sie weiß, dass aus dieser Liebe keine Alltagsbeziehung werden kann. Außerdem weiß sie auch nicht, was in dem Mann vor sich gegangen ist. Zwar scheint es so, als hätte er ihr gegenüber dasselbe gefühlt und gespürt, was sie in sich wahrgenommen hat – nach dem Resonanzgesetz müsste es so sein –, doch sicher ist sie sich dessen nicht.

Nach einigen Monaten schickt sie ihm eine hübsche, persönliche Weihnachtskarte, erhält auch Antwort, doch nur in Form von einem für viele Menschen gedruckten, kirchlichen Weihnachtsgruß. Sie ist enttäuscht, obwohl sie vom Verstand her weiß, dass sie eigentlich nicht mehr erwarten konnte. Ihr sehr gut entwickeltes Denken nützt ihr hierbei gar nichts. Sie versucht, diese Begegnung zu vergessen, aber das geht nicht. Er ist einfach immer da, in seinen Augen hatte sie etwas gesehen, was ihr fremd und überaus vertraut zugleich war. Sie ist eine tüchtige, handfeste Frau, die nach einer unglücklichen Ehe mit sehr viel Durchhaltevermögen, Disziplin und Kraft ihr Leben nach der Scheidung neu aufbaute. Sie hat auch nach der schicksalhaften Begegnung mit dem Pfarrer – welche die einzige bleiben sollte – ihren Alltag noch gut im Griff, geht ihrer beruflichen Tätigkeit nach und versorgt den Haushalt. Doch das alles geht jetzt sehr viel schwerer. Ihre Kraft droht sie zu verlassen und so entschließt sie sich, therapeutische Hilfe in Anspruch zu nehmen. Zunächst gelingt auch das nicht, denn die Therapeutin rät ihr, diesen unerreichbaren Mann möglichst schnell zu vergessen. Doch genau das schafft sie nicht, deshalb wechselt sie zu einer anderen Therapeutin.

Was sich in diesen Stunden entwickelt, führt die Frau schließlich zu ihrer »Selbsterweiterung«. Sie konnte die Liebe zu dem Priester nicht aufgeben, weil er etwas in ihr angestoßen hatte, was in ihr brach lag. Sie wuchs als Kind in einem kleinen »durch und durch katholischen« Dorf auf. Ihre Mutter war sehr streng und achtete sorgfältig darauf, dass schon das kleine Mädchen alle kirchlichen Vorschriften absolut einhielt. Es gab keine einzige Ausnahme. Von ihrem Naturell her ist diese Frau ein fröhlicher Mensch, ausgestattet mit hoher Sensibilität und einem absolut sicheren Geschmack für alles Schöne. Am meisten liebt sie Blumen – wegen der Zartheit und der oft wundersam anmutenden Blüten. In ihnen findet sie symbolisch die Seiten ihrer Seele, die sie als Kind nicht leben durfte, die von ihrer Familie gar nicht wahrgenommen wurden. Sie ist im Tiefsten ihres Herzens ein religiöser Mensch mit sehr viel Respekt vor der Natur. Doch all dies hat weder in ihrem Elternhaus noch in den Schulen, die sie besuchte, Anklang gefunden. Im günstigen Fall wurde es missachtet, im ungünstigen lächerlich gemacht oder gar bestraft. So hatte schon das kleine Mädchen seine ganz eigenen Gefühle und Intuitionen, die ihr etwas von einem weiten geistigen Raum voller Liebe und Schönheit erzählten, fest in ihr Herz eingeschlossen. Da blieben sie sicher verwahrt, bis zu dem Tag, an dem sie den Priester traf. In seiner herzlichen, offenen Art – so ging er auch mit den Kindern um – fand er, ohne dies gewusst oder gar gewollt zu haben, den Schlüssel zu dem, was bis dahin in ihrem Herzen eingesperrt war. Auf einmal war alles da, was die Intuition damals das kleinen Mädchen vermuten ließ: die Liebe, die Schönheit, das Wunder des Lebens, die Heiterkeit eines leuchtenden Sommertages. Alles das trat in der Begegnung mit diesem Mann plötzlich in ihr Bewusstsein. Zuerst war sie taumelig vor Glück, doch je länger sie sah, dass das Leben um sie herum weit entfernt von dem war, was sie einen Augenblick lang, wie durch einen geöffneten Vorhang ins Paradies, schauen durfte, desto trauriger wurde sie. Dann kam die Sehnsucht. Sie dachte, sie sehnte sich nach diesem Mann, aber im Laufe der Zeit erkannte sie, dass es die Sehnsucht nach sich selbst ist, nach dem, was sie als individuelle Kostbarkeit in sich trägt. Ihre eigene, ganz persönliche Spiritualität. Sie begann nun verstärkt Blumen zu malen. Eine wurde schöner als die andere. Und mit jeder Blume zog mehr Frieden in ihr Herz. Es füllte sich mehr und mehr mit Freude.

Die Liebe in ihr bleibt, auch wenn sie sich im Alltag nicht realisieren lässt. In ihrem Herzen ist sie realisiert. In und mit dieser Liebe begegnet sie mehr und mehr sich selbst, erweitert sich in der Liebe zu sich selbst, zu ihrer Kunst und zu allem, was ihr wert und teuer ist. Genau darauf kommt es an.

Mit Intuitionen lebt diese Frau jetzt auf Schritt und Tritt, sie sind ihr ganz selbstverständlich – was kein Wunder ist, denn die Liebe hat ihren Geist befreit.

Nicht immer kommt eine Liebesbegegnung so völlig unerwartet wie die gerade beschriebene. Die Frau dachte nicht im Entferntesten daran, dass sie sich jetzt verlieben könnte oder wollte. Sie war viel zu sehr mit der Bewältigung ihres Alltags beschäftigt. Doch offenbar wusste »etwas« in ihrem Unbewussten, dass es jetzt aus inneren Gründen an der Zeit war, eine solche Begegnung herbeizuführen. Dieses »Etwas« nennen wir hier Intuition. Wir könnten auch sagen: »Das Wissende.« Oder: »Die Weisheit des Herzens.« Vielleicht dienen die Spiegelneuronen der Intuition ja als »Saatgut«. Sie schaffen die Grundlage für Sympathie und Empathie, Mitgefühl und die Bereitschaft, sich anderen Menschen anzuvertrauen. Schauen wir uns das folgende Beispiel an:

Eine Frau und ein Mann kennen sich seit fünf Jahren, denn sie arbeiten beide in derselben Firma. Sie sehen sich nicht täglich, höchstens einmal in der Woche bei dem Besprechungstermin ihrer Abteilung, doch auch dann nicht immer. Sie sprechen auch nicht jedes Mal miteinander, wenn sie sich sehen, nur gelegentlich. Wenn in der Abteilung ein Geburtstag gefeiert wird, sitzen sie mit einer Tasse Kaffee nebeneinander und reden. Sie unterhalten sich dann immer gut, sie sind sich sympathisch, entdecken Gemeinsamkeiten.

Eines Abends wird ein runder Geburtstag eines Kollegen mit einem größeren Fest in einem Hotel gefeiert. Die beiden sind auch eingeladen. Es wird spät an diesem Abend. Für diejenigen, deren Heimweg zu weit ist, sind Zimmer im Hotel reserviert. Es ergibt sich, dass die beiden die letzten sind, die in ihre Zimmer gehen. Sie wollen sich an der Tür verabschieden, da passiert es: Sie schauen sich in die Augen und wissen auf einmal »alles«. Dass sie zusammengehören und miteinander leben wollen. Sie weiß, dass er es weiß, er weiß, dass sie es weiß. Sie umarmen sich und es ist, als könne nichts auf der Welt sie je wieder trennen.

Sie haben schließlich geheiratet und viele Jahre eine glückliche Ehe geführt. Ihre Zweisamkeit ist lebendig, sie unterhalten sich über viele verschiedene, interessante Themen, genießen den Kreis ihrer Freunde und Familie, leben überwiegend fröhlich. Dennoch streiten sie auch – manchmal heftig. Dann sieht es für ein paar Tage so aus, als sei ihre Ehe gescheitert, und beide sind tief unglücklich. Irgendwie renkt sich aber nach einiger Zeit alles wieder ein und der heftige Streit ist vergessen. Sie können dann gar nicht verstehen, wie es überhaupt dazu gekommen ist. Etwas völlig Unwichtiges, eine lächerliche Lappalie führte meistens zu solch einer scheußlichen Irritation.

Eines Nachts träumt die Frau Folgendes:

»Ich war jünger, ca. 35 bis 40 Jahre, und wurde als Journalistin in ein südamerikanisches Land geschickt, um die Lebensgeschichte eines dort lebenden bekannten Mannes aufzuschreiben. Er war ca. 45 bis 50 Jahre alt und sah aus, wie mein Mann damals ausgesehen hatte, als unsere Liebesbeziehung begann. Ich ging also zu dem zu interviewenden Mann und als wir uns sahen, passierte etwas Ungewöhnliches: Wir ›entbrannten‹ sofort in einer leidenschaftlichen Liebe zueinander, gingen aufeinander zu, wissend, dass wir beide dasselbe spüren und fühlen. Es hatte etwas Unausweichliches, wie zwei Magneten, die gar nicht anders können, als sich anzuziehen, wie von einer fremden Kraft gesteuert. Es war ein unsagbar starkes körperlich-seelisches Empfinden und Fühlen von totaler Ganzheit. Denken oder rationales Abwägen gab es nicht mehr. Es war einfach nur total. In seiner Ganzheitlichkeit war dieser Traum einmalig und ich brauchte einige Zeit, um hier wieder anzukommen.«

Der Traum beschäftigte sie sehr: »Er war so wunderbar, so schön. Es ist wie unglaublich, dass ich so etwas erleben durfte.« Ihr fiel die Begegnung mit ihrem Mann vor vielen Jahren in dem Hotel ein. »Im Traum war es ein ähnliches Gefühl, nur sehr viel stärker als damals, obwohl es auch damals sehr, sehr schön war. Damals konnten wir trotz aller Verliebtheit noch denken und rational abwägen. Wieso träume ich so etwas heute?«

Vielleicht zeigt ihr der Traum, dass sie tatsächlich bei dem für sie richtigen Mann ist. Vielleicht will er sagen, dass die Auseinandersetzungen, in die sie immer wieder hineingeraten, nichts mit ihrer Bestimmung füreinander zu tun haben. Ja, vielleicht sind auch gerade diese Streitereien wichtig für sie. Inwiefern? Das weiß sie noch nicht, doch sie wird darüber nachdenken – und auch nachfühlen. Könnten diese vielleicht auch etwas mit »Selbsterweiterung« zu tun haben?

In dieser Geschichte wird deutlich, wie sowohl die Intuition der Spiegelneuronen als auch die Intuition nach dem klassischen Verständnis der Analytischen Psychologie zusammenspielen: In den fünf Jahren, in denen die Frau und der Mann sich eher oberflächlich kannten, haben die Neuronen in ihren Köpfen schon sehr viel Material über sich, die eigenen Gefühle, und die Gefühle des anderen gesammelt, was den beiden natürlich unbewusst war.

Nachdem ihr Gehirn genügend Informationen beisammen hatte, könnte es der rein geistigen Intuition einen kleinen Hinweis gegeben haben, dass diese jetzt in Aktion treten kann. Was sie auch tat. Dies ist reine Spekulation, denn noch kein Neurobiologe hat so ein Geschehen beobachtet. Es ist also kein Ergebnis der Hirnforschung. Die Wahrheit ist jedoch, dass in Träumen Emotionen sehr viel stärker erlebt werden können als sie im Wachbewusstsein wahrgenommen werden.

Manchen Menschen fällt es schwer, ihren Intuitionen zu vertrauen, vielleicht auch, weil sie das, was in ihnen vorgeht, gar nicht so recht wahrnehmen bzw. es für nicht bedeutsam genug halten, ihm zu folgen. Wir erleben es in unserer psychotherapeutischen Praxis öfter, dass diese Menschen bedauernd, manchmal auch verzweifelt, sagen: »Hätte ich doch damals meinem Gefühl geglaubt!« Mit »Gefühl« meinen sie die Intuition, die ihnen den richtigen Weg zeigen wollte. Das folgende Beispiel mag für viele stehen:

Eine noch junge Frau lernt einen Mann kennen, der sehr charmant ist, mit dem sie sich ausgezeichnet unterhalten kann, denn sie teilen die gleichen Ansichten über das Leben. Bei einem ihrer Treffen fantasieren sie, dass sie miteinander ein kleines Sportartikelgeschäft eröffnen könnten, denn er ist als Vertreter in dieser Branche versiert und ihr würde es Spaß machen, dort zu verkaufen. Sie begeistern sich immer mehr für diese Idee und als er vorschlägt, schnell zu heiraten, um ihren Traum bald realisieren zu können, willigt sie freudig ein. (Zu der Zeit, als die Frau den Mann kennen lernte, war es noch nicht üblich, dass eine junge Frau mit einem Mann unverheiratet zusammenlebt.)

Am Abend nach dem begeisternden Gespräch erlebte die Frau etwas Eigenartiges: Sie wollte gerade ins Bett gehen, da schoss es wie ein heißer Strahl durch ihren Körper und sie wusste:»Ich will diesen Mann nicht heiraten!« Sie war verwirrt und tief unglücklich, denn ihrer Vorstellung nach, die aus einer entsprechenden Erziehung resultierte, konnte sie jetzt keinen Rückzieher mehr machen. Es war ihr nicht möglich, dem Mann am nächsten Tag zu sagen:»Entschuldige, aber ich habe es mir anders überlegt – ich möchte jetzt noch nicht heiraten.« Sie fühlte sich wie in einer Falle gefangen und konnte in dieser Nacht lange nicht einschlafen. Am nächsten Morgen»rief ich mich zur Disziplin und redete mir ein, dass dieses sonderbare Gefühl am vergangenen Abend nicht so ernst zu nehmen sei. Es wird schon alles gut gehen, dachte ich.«

Zunächst sah es auch so aus, als würde alles gut werden, und die Frau vergaß die nächtliche»Attacke« schnell. Die beiden heirateten und begannen ihren Traum zu realisieren. Doch nach kurzer Zeit wurde deutlich, dass der Mann seine Frau bei seinen geschäftlichen Transaktionen nicht gern dabei hatte. Er war gewohnt, selbstständig zu arbeiten, nahm seine Frau nicht mit zu Verhandlungen mit der Bank oder einem wichtigen Lieferanten, sondern erwartete von ihr, dass sie sich ausschließlich um ihre»Hausfrauenarbeit« kümmerte. Sie reagierte tief enttäuscht, denn sie war von ihrem Naturell her eine lebhafte, gut organisierte Frau und Hausarbeit machte ihr keineswegs den Spaß, den sie als Unternehmerin gehabt hätte.

So unausgefüllt sehnte sie sich nach einem Kind, das auch bald kam, und nach kurzer Zeit hatte sie zwei Kinder zu versorgen. Nun waren ihre

Tage mit Arbeit ausgefüllt. Sie liebte ihre Kinder und es machte ihr viel Freude, diese zu versorgen. Nur manchmal überfiel sie eine Traurigkeit, die sie damals aber nicht verstand. Als die Kinder selbstständiger wurden und zunehmend ihre eigenen Wege gingen, verlor sie immer mehr ihre Fröhlichkeit und rutschte langsam, aber sicher in eine Depression. Schließlich suchte sie eine psychotherapeutische Behandlung auf und da verstand sie dann nach langer Zeit, dass sie ihr »heißes Gefühl« damals an dem Abend hätte ernst nehmen müssen.

■ Das rechte Wort zur rechten Zeit

Das rechte Wort zur rechten Zeit muss einem erst einmal einfallen. Manchen gelingt es. Sie haben für jede Gelegenheit einen passenden Spruch parat, einen Scherz, ein »geflügeltes Wort«, eine nette kleine Story, eine amüsante Begebenheit. Es sind die Extravertierten, Leutseligen, die meistens »gut drauf« sind, die gern zu Festen eingeladen werden, weil sie garantieren, dass die Unterhaltung nie ausgeht, dass es keinen »toten Punkt« gibt. Das sind die Menschen, die sich vor anderen, auch größeren Gesellschaften, nicht ängstigen, auch nicht davor, dass ihnen einmal nichts einfallen oder sie einen »faux pas« begehen könnten. Diese Menschen besitzen den herzerfrischenden Charme eines unbefangenen, spontan reagierenden Kindes. Denn sie leben vertrauensvoll mit ihrer Intuition, die ihnen stets die geeigneten »Bälle« zuspielt, ohne dass sie sich dessen bewusst sind. Jeder ist gerne mit ihnen zusammen – außer die Neidischen natürlich –, fühlt sich durch sie angeregt und erheitert. Nur leider gibt es sie so selten.

Warum können sich diese Menschen so leicht ihrer Intuition überlassen, während es den anderen schwerer fällt? Es gibt mehrere Möglichkeiten: Entweder gehören sie zu den sprichwörtlichen »Sonntagskindern«, die schon mit viel »Sonnenschein im Herzen« auf die Welt gekommen sind und in der Kindheit nicht »gedeckelt« wurden. Sie hatten einfach Glück mit ihren Eltern und dem sie umgebenden sozialen Feld. Oder sie haben früh gelernt, aus Misserfolgen das Beste zu machen, sie beherrschen die »Kunst des Scheiterns«. Das heißt, sie stehen, wenn sie gefallen sind, tapfer wieder auf, lernen aus solchen Situationen auch, sich selbst nicht allzu wichtig zu nehmen. Sie verfügen über ein Merkmal, das man in der Psychologie und Pädagogik »Resilienz« nennt. Damit ist eine seelische Widerstandskraft gemeint – wahrscheinlich ist sie, wenigstens zum Teil, angeboren –, die es den entsprechenden Personen ermöglicht, auch nach Niederlagen nicht zu verzagen, sondern diese als Herausforderungen zu sehen und das Beste daraus zu machen. Resilienz entspricht im Seelischen dem körperlich intakten Immunsystem.

Auf die Ich-Funktionen der Analytischen Psychologie angewandt würde dies bedeuten: Je stärker die Empfindungs-, die Fühl- und die Denk-Funktion ausgebildet und differenziert sind, desto vertrauensvoller kann ein Mensch sich auf die Intuition einlassen. Ist er sich dagegen seiner Fähigkeiten, die er über seine Sinne erlangt, die ihn emotional urteilen und klar denken lassen, nicht sicher, muss er sich seinen Intuitionen verschließen. Sie ängstigen ihn, weil er nicht weiß, wie er sie einordnen, beurteilen und kognitiv verarbeiten kann. So fällt ihm dann auch aus lauter Unsicherheit das rechte Wort zur rechten Zeit nicht ein. Die »Schaltstelle« Intuition ist blockiert. Die Blockade kann so weit gehen, dass sie zu einer »sozialen Phobie« führt. Dann trauen sich diese Menschen nicht mehr zu, mit anderen Personen angemessen umzugehen. Ihre größte Angst ist, dass ihnen nichts einfällt, was sie sagen können bzw. dass ihnen nicht das »Richtige« einfällt. Doch stumm und hilflos dazustehen bedeutet für sie, sich der Lächerlichkeit preiszugeben. Sie meiden Gruppen, Gesellschaften oder gar ausgelassene Partys, können manchmal sogar ihre Wohnung nicht mehr verlassen.

Hier wird deutlich, dass die Intuition auch eine soziale Funktion hat bzw. dass die eingeschränkte oder blockierte Intuition zu einer entsprechend begrenzten Kontaktfähigkeit führen kann.

Scheinbar bleibt es dem Zufall überlassen, ob jemandem das rechte Wort zur rechten Zeit einfällt. Wir haben an mehreren Stellen dieses Buches darauf hingewiesen, dass die Intuition zum einen sehr bekannt ist, wenn auch nicht so benannt wird, zum anderen aber weder bewusst noch im engeren Sinne verfügbar ist wie das Denken oder das genaue Nachschauen. Auch bei anderen Fragen der persönlichen Weiterentwicklung oder der Erweiterung des gewohnten Bewusstseins gehen wir ebenfalls davon aus, dass der Ansatzpunkt erst einmal die Bewusstwerdung ist. Ich muss mir darüber klar werden, dass es die Intuition gibt, dass diese grundlegende und wichtige Fähigkeit hinter Redewendungen wie »Ich hatte halt so ein Gefühl« oder »Das kam mir halt so vor, ich weiß auch nicht recht, warum« etc. noch verborgen liegt.

Das Phänomen, dass wir im Leben bestimmte Dinge tun, ohne uns deren bewusst zu sein, oder einfach so handeln, ohne dafür einen ganz bestimmten Begriff zu haben, ist allbekannt. Insbesondere gilt das aber für die Intuition. Der Ausgangspunkt der persönlichen diesbezüglichen Erweiterung muss also der Satz sein: »Intuition gibt es«, und wenn ich genauer darüber nachdenke, werden mir viele Gelegenheiten einfallen, wo ich »rein intuitiv« – meistens sagt man »rein instinktiv« – gehandelt habe. Die verschiedenen Schwierigkeiten, die mit dem Bewusstwerden der Intuition verbunden sind, haben wir mehrfach dargestellt. Sie lassen sich im Wesentlichen auf einen Nenner bringen: Angst vor dem Neuen, Furcht, dem Neuen nicht gewachsen zu sein, persönliche Unsicherheit, ob das wirklich so ist wie es mir jetzt einfällt usw. Es braucht eine neue oder differenzierte Form des Selbst-Vertrauens, des Vertrauens auf die Möglichkeiten der Psyche und des Geistes, die jedem gegeben sind.

Natürlich ist dies auch übungsfähig. Bei den ersten Schritten muss ich mir rein sprachlich immer wieder bewusst machen, dass ich solche Ausdrücke wie »Ich hatte halt so ein Gefühl« usw. grundsätzlich vermeide und mir in dem Moment klar mache, dass es sich um eine Intuition, um Ahnungen oder Einfälle handelt, die mir jetzt »zufallen«. Anders kann man es zur Zeit nicht ausdrücken, denn diese meist kreativen Einfälle sind in der Regel unerwartet, bestenfalls kann ich sagen, dass ich »eine Ahnung« hatte, dass so etwas passieren oder mir noch einfallen könnte.

Die Schwierigkeit der Darstellung solcher intuitiven Vorgänge liegt schon in der Sprache, weil diese gemäß der allgemeinen Unbewusstheit und Unbekanntheit des Phänomens eher diffuse Ausdrücke dafür zur Verfügung hat, die das Geschehen zwar benennen, aber es, mangels anderer Begriffe, auf eine herkömmliche Art und Weise beschreiben. »Das rechte Wort zur rechten Zeit« kann ich in fast allen Fällen auf die Intuition beziehen und mir, sobald mir Entsprechendes einfällt, klar machen, dass ich dabei bin, die Intuition bewusst zu entdecken und sie dann auch so zu benennen. Im Umgang mit anderen Menschen mag es schwierig sein, davon zu sprechen, dass ich jetzt eine bestimmte Intuition hatte. Mein Gegenüber erwartet eher den Ausdruck, dass ich ein bestimmtes oder unbestimmtes Gefühl wahrnehme. Aber so lange die Sprache in dieser Hinsicht noch undifferenziert und damit unbewusst ist, bleibt mir bei einem solchen Übungsweg eine vielleicht sogar konfliktträchtige Dissonanz nicht erspart. Man kann lange darüber diskutieren, worum es sich bei dem rechten Wort letztlich handelt, aber die Wahrscheinlichkeit, dass hier die Intuition hineinspielt, ist in jedem Fall sehr hoch. Wir hoffen, mit den verschiedenen Themen dieses Buches den Weg hierfür eröffnet und geebnet zu haben.

Es gehört ein angeborenes Taktgefühl dazu, dass das rechte Wort zur rechten Zeit einfach da ist, sich spontan, wie bei einem unbefangenen, freien Kind intuitiv äußert. Der Biologe und Erkenntnistheoretiker Francisco J. Varela[96] nennt es »ethisches Können«. Es unterscheidet sich vom angelernten Gehorsam, der Kindern in der Vergangenheit in Form von moralischen Regeln beigebracht worden ist, dadurch, dass der Mensch in einer entsprechenden Situation einfach »weiß«, was zu tun oder zu sagen ist. Das heißt, er kann seiner Intuition trauen. Diese muss sich allerdings in der Seele des Einzelnen entwickelt haben, wozu ihm die Grundsätze der Moral eine wichtige Hinführung waren. Wir haben schon erwähnt, dass die Intuition der frühen Menschheit, die Ur-Intuition, eine einfache, natürliche Basis hatte – wie sie über die »participation mystique« zum Ausdruck kam.

Inzwischen hat sich jedoch das menschliche Bewusstsein weiter entwickelt. Heute sind es schon einige Menschen, in künftigen Zeiten werden es viele und dann wohl auch alle sein, die über eine hohe, geistige Form der Intuition verfügen. »Der Guru ist in dir!«

Es ist sicher im Laufe unserer Ausführungen über die Intuition deutlich geworden, dass unser Anliegen ist, sie in ihrer Urform, der rein geistigen, zu erkennen und ganz selbstverständlich zu leben. Dazu gehört, ihrer sicher zu sein, sich nicht vor ihr zu ängstigen. Wobei Angst verständlich ist, denn der reine Geist ist etwas sehr Mächtiges. Ihm nähert man sich immer zunächst vorsichtig. Deswegen finden wir es unerlässlich und betonen dies immer wieder, dass der »Unterbau«, auf dem die Intuition spielt, stabil sein sollte.

■ Als die Zeit erfüllet war

Nicht von ungefähr »feiern« wir gerade Jubiläen großer Denker und Dichter unseres Landes: Kant, Goethe, Schiller, Einstein. Heute scheint die Saat aufzugehen, die von diesen Männern einst gesät wurde. Es ist gut zu erkennen, dass bei Kant neben der Denk-Funktion die Fühl-Funktion stark ausgeprägt war – sein berühmt gewordener »kategorischer Imperativ« beweist es. Auch Schiller hat neben der Intuition ebenfalls die Fühlfunktion eingesetzt – sie ist in seinem ausgeprägten Idealismus zu erkennen. Goethe dagegen schrieb seine vielfältigen Werke überwiegend auf der Wahrnehmungsachse – mit Intuition und Empfindung. Und Einstein hat – das ist unübersehbar – die Denk-Funktion benutzt. Bei allen Vieren jedoch hat die Intuition eine tragende Rolle gespielt. Wir können es auch so sehen: Die Intuition hat sich diese Männer »ausgesucht«, weil in ihnen das Potenzial bereit lag, das die Intuition brauchte, um Zukünftiges entstehen zu lassen. Was ihr auch gelungen ist.

Der Mathematiker Sir Roger Penrose schreibt diesbezüglich:

»Einsteins Motivation, acht oder mehr Jahre seines Lebens der Entwicklung der allgemeinen Relativitätstheorie zu widmen, ergab sich nicht aus Beobachtungen oder Experimenten. [...] Der springende Punkt ist, dass die mathematische Struktur einfach da ist in der Natur, die Theorie ist wirklich vorhanden dort draußen im All – sie wurde der Natur durch niemanden aufoktroyiert. [...] Einstein enthüllte etwas, das da war. Überdies war es nicht irgendein kleines, unbedeutendes Stückchen Physik, das er entdeckte – es war die fundamentalste Sache, die die Natur zu bieten hat, das Wesen von Raum und Zeit.«[97]

Eine bessere und aktuellere Erklärung für die Intuition gibt es nicht.

Nun sind wir aufgerufen, dieses Wissen ins Leben zu tragen, es nicht nur für den Geist, sondern für den Alltag aufzubereiten. Wir stützen uns hierbei auf Marie-Louise von Franz, der es gelungen ist, den nicht ganz leicht zu verstehenden, doch ungeheuer bedeutsamen Themenkomplex »Psyche und Materie« so darzustellen, dass wir uns in ihn hineinbegeben können, ohne völlig verwirrt daraus hervorzugehen. Weil es ein Bereich ist, der einen Menschen, wenn er ungewollt dort hineingerät, in einen wirren geistigen Zustand versetzen kann. Insofern kann die Intuition für Menschen, die in sich keinen festen Grund finden, auch gefährlich werden. Deshalb wird in der Psychotherapie so viel Wert darauf gelegt, die Ich-Funktionen aufzubauen, zu stärken und zu differenzieren. Ohne dieses gute Gerüst kann ein Abgleiten dort hinein, wo Psyche und Materie nicht getrennt sind, drohen – der betreffende Mensch könnte z. B. eine Psychose entwickeln. Wenn mit der Intuition zu viel archetypisches Material aus dem kollektiven Unbewussten in das Bewusstsein eines Menschen einfließt, wenn es damit gleichsam überschwemmt wird und die Denkfunktion nicht ausreicht, es zu ordnen, können Halluzinationen oder Realitätsverkennungen auftreten. Jemand kann sich z. B. von bösen Geistern verfolgt fühlen oder er meint, er sei Jesus. Wir müssen also zuerst eine Grenze zwischen diesen beiden Räumen aufbauen, um unseren Verstand klar zu halten.

Nicht nur Psychotherapeutinnen und Psychotherapeuten unserer Zeit wissen um die Gefahr des Abgleitens in einen ungesunden geistigen und/oder körperlichen Zustand. Zu allen Zeiten und Kulturen gab es Seherinnen und Schamanen, denen dieses Risiko bekannt war. Auch sie bemühten sich um ein ihrem Kulturraum entsprechendes

System, das Abtauchen jenseits der Grenze zu verhindern. Der bereits erwähnte mexikanische Schamane Don Juan gab sich viel Mühe seinen Schülern solche Schutzmaßnahmen beizubringen. In der Lehre der Tolteken, denen Don Juan angehörte, gibt es ein aussagekräftiges Bild, wie sich die Bereiche des Ich-Bewusstseins und des Unbewussten zueinander verhalten: Das Ich-Bewusstsein sei eine – relativ kleine – Insel, die von einem unendlich großen Meer des nicht in Worte und Begriffe zu fassenden Unbewussten umgeben ist. Man kann sich an Hand dieses Bildes sehr gut vorstellen, wie gefährdet ein Mensch mit einem kleinen Ich-Bewusstseins ist, wenn er sich zu nah an eine der Inselküsten begibt bzw. wenn ein Stück Land abzubröckeln droht. In der modernen Psychotherapie wird vom »Borderline-Syndrom« gesprochen, wenn jemand auf Grund eines wenig stabilen Ich-Bewusstseins die Realitätsgrenze nicht einhalten kann und sich im Chaos des Unbewussten verliert. Als probates Mittel, die Kontrollfunktion des Ich-Bewusstseins zu üben, empfiehlt Jung die Methode der Aktiven Imagination.

Dies macht noch einmal deutlich, mit welcher Kraft die Intuition mitunter aus dem Unbewussten hervorzubrechen vermag. Das sollte nicht unterschätzt werden. Da sie aus dem Geist kommt, der weder Moral noch Mitgefühl kennt, kann sie uns kaum zu überbietende Schätze bringen, doch sie braucht dringend eine sichere Verankerung, möglichst in der Mitte der Insel. Von daher finden wir die Ergebnisse so wichtig, die in der Hirnforschung über die Spiegelneuronen herausgefunden wurden. Sie bilden die gute Mitte zwischen der rein geistigen Intuition, dem Empfinden, Fühlen und Denken.

Vertrauen wir uns Marie-Louise von Franz an, die uns in den Raum, wo Psyche und Materie zusammenfallen, den »Unus mundus«, kenntnisreich und sicher hineinführt:

»Es war eine bemerkenswerte Koinzidenz, dass C. G. Jung, als Physiker die Relativität von Zeit und Raum entdeckten, in der Erforschung des menschlichen Unbewussten zu ähnlichen Ergebnissen gelangte: Auch im Bereich der Träume ist die Zeit relativ und die Begriffe von ›vorher‹ und ›nachher‹ verlieren ihre absolute Bedeutung. In den noch tieferen ›archetypischen‹ Schichten des Unbewussten verschwinden Raum und Zeit sogar beinahe völlig. Die Menschen haben dies irgendwie schon immer gewusst; denn in der ganzen Welt gibt es Erzählungen, in denen jemand in das Reich der Zwerge, der Elfen, der Toten oder ins Paradies geht und einen Abend oder eine Nacht dort verbringt: wenn er zurückkehrt, sind alle seine Zeitgenossen tot, das Dorf steht nicht mehr, nur ein Gerücht, dass ein Mensch vor mehr als hundert Jahren verschwunden sei, besteht noch. […]

Wann immer wir mit dem archetypischen Bereich der Psyche in Berührung kommen, erleben wir das Gefühl, mit etwas Unendlichem in Kontakt zu sein. Wie Jung betont, ist es sogar die entscheidende Frage in einem Menschenleben, ob man auf Unendliches bezogen ist oder nicht. ›Wenn man versteht und fühlt, dass man schon in diesem Leben an das Grenzenlose angeschlossen ist, ändern sich Wünsche und Einstellung. Letzten Endes gilt man nur wegen des Wesentlichen, und wenn man das nicht hat, ist das Leben vertan.‹«[98]

Was ist das Wesentliche? Wo finden wir es? Es kann uns nur von der Intuition überbracht werden. Wir müssen allerdings den Mut aufbringen, uns ihr anzuvertrauen bzw. uns in ihr Reich einladen zu lassen. Sehr deutlich finden wir diesen Vorgang im Märchen *Frau Holle* beschrieben. Dem Mädchen, das am Brunnen sitzt und spinnt, fällt seine Spindel in den Brunnen. Damit verliert es nicht nur seine – wohl lebenserhaltende – Tätigkeit, sondern auch seine Bestimmung. Märchen sind ja symbolisch zu betrachten und in dieser Sichtweise bedeutet die Spindel das Instrument, mit dem Fäden gesponnen werden, die man zu einem Gewebe zusammenfügen kann. Psychologisch heißt dies, dass es um die menschliche Gemeinschaft geht, die aus vielen Einzelnen besteht, wie zu einem Gewebe versponnen. Jeder Faden hat eine Beziehung zu einem anderen, sonst gäbe es kein großes Ganzes. Würde irgendwo ein Faden reißen, fiele dieser Knotenpunkt, dieser Mensch weg, entstünde ein Loch, das mit einem anderen Menschen gefüllt werden müsste. Insofern hat also eine jede

Person im Gewebe der Menschheit ihren Platz und damit auch ihre Bestimmung und ihren Sinn.

Nichts ist schlimmer für einen Menschen, als seinen Sinn verloren zu haben. Stets ist dann eine Depression die Folge und die Betreffenden sagen: »Es ist, als fiele ich in ein Loch.« Dahinein muss er dann auch fallen, wie das Mädchen in Frau Holle, die sich mit viel Angst in den Brunnen stürzt. Es bleibt ihr gar nichts anderes übrig. Dort kommt sie schließlich, nachdem sie einige Aufgaben erfüllen musste, zu Frau Holle, die sie endlich mit Gold, das wir hier als »Sinn« übersetzen können, übergießt. Zu unserem Thema passend erzählt dieses Märchen, dass man sich, um seinen Sinn im Leben zu finden, dem geistigen Bereich der Intuition anvertrauen muss. Wenn man sich nicht um das Wesentliche kümmert, sagt Jung, ist das Leben vertan.

Wir haben zu Beginn dieses Abschnitts von den vier bedeutenden Männern – Kant, Goethe, Schiller, Einstein – gesprochen, deren Jubiläum wir feiern. Sie haben uns Wesentliches aus den Bereichen des Denkens, Fühlens und Empfindens vermittelt, das sie überwiegend aus ihren Intuitionen gewonnen hatten. Deshalb sind sie berühmt geworden und geblieben, und viele Menschen finden bei ihnen Informationen, Rat, Trost, Anleitung sowie die Kraft und Ästhetik des Schöpferischen. Es muss ja nicht jeder in den Brunnen der Weisheit springen. Wir können auch von denen lernen, die für uns hineingesprungen sind.

Doch ganz ohne die eigene Intuition zu bemühen, geht es auch nicht. Jeder findet die Möglichkeiten dazu in seinen nächtlichen Träumen, in seinen Fantasien, in einer Aktiven Imagination – also in der Hinwendung zum eigenen Inneren, die in Märchen und Mythen auch als »Jenseits-Reise« beschrieben wird. Sie gehört einfach zur Heldin und zum Helden. Helden des Alltags sind wir alle, wenn wir uns klar machen, mit wie vielen Widrigkeiten wir im Leben zurechtkommen, wie viele Klippen umschiffen, wie viele Hügel besteigen, wie viele Steine beiseite räumen müssen. Das Ganze nennen wir Individuation und wir finden darin den Sinn in unserem Leben.

Die in Märchen, Mythen und Legenden oder auch in modernen

Romanen, Geschichten und Theaterstücken beschriebenen Reisen des Helden oder der Heldin befassen sich im Grunde mit dem Lebensweg, den jeder Mensch vom Tag seiner Geburt bis zu seinem Tod geht. Der Sinn dieses Lebensweges oder die Aufgabe, die in jedem Leben liegt, ist – will man den Märchen und Mythen folgen – die emotionale Reifung und die Erweiterung des jeweiligen Bewusstseins. Dieses kann jedoch nur dann verändert werden, wenn es sich von der Zeit, in der es eingebunden ist, abkoppelt, wenn es dem oder der Betreffenden gelingt, die Zeit zu transzendieren, aus ihr – immer mal wieder – »auszusteigen«. Denn unser Bewusstsein unterliegt der Zeit – wir können nur in den drei Phasen Vergangenheit, Gegenwart, Zukunft denken. Wir sehen, wie etwas entsteht oder geboren wird, wie es reift und wieder vergeht oder stirbt. Das ist der Kreislauf der Zeit ebenso wie der Kreislauf der Wiedergeburten, der in den östlichen Religionen beschrieben wird.

Dass es einen Zustand des Bewusstseins gibt, der nicht zeitgebunden, der frei von Raum und Zeit ist, können wir uns nicht so ohne weiteres vorstellen. Doch in unseren nächtlichen Träumen erleben wir dieses freie Bewusstsein, in dem es weder Vergangenheit noch Zukunft gibt, in dem alles miteinander da und verbunden ist. Ebenso berichten geübte Buddhisten über diesen Zustand in ihren Meditationen, die sie in einen zeitlosen Tiefenraum führen. Und wir lesen in den so genannten Jenseits-Märchen, wie es *Dornröschen* und *Frau Holle* sind, dass es so etwas für unseren rationalen Verstand Eigenartiges gibt wie den 100-jährigen Schlaf oder die Reise in einen »jenseitigen« Bereich, von dem hier die Rede ist.

Wenn wir nun diese »Heldenreisen« in die jenseitige Welt betrachten – dazu gehören, wie schon gesagt, auch die Einweihungsriten der Schamanen oder die biblische Geschichte von Jona, der eine Zeit lang in einem Fischbauch verbrachte – und sie auf den Lebensweg des einzelnen Menschen beziehen, dann erkennen wir folgendes Muster:

Die zögerliche Anfangssituation – ein Königspaar bekommt lange Zeit kein Kind; Goldmarie sticht sich die Finger blutig und muss ihrer Spindel in einen Brunnen hinterherspringen; Jona mag

Gottes Auftrag nicht erfüllen – entspricht der Zeit, in der nichts Neues passiert, obwohl es um der Weiterentwicklung willen nötig wäre. Es ist eine Situation der Stockung und der Not, die wohl ein jeder Mensch aus seinem Leben kennt.

Hier ist dann der Punkt gekommen, an dem dieser Mensch aus der Zeit »aussteigen« sollte, indem er sich dem Unbewussten überlässt und entweder seine innere Bedrängnis mit in seine nächtlichen Träume nimmt, sich mit seinen Fantasien ganz in sich selbst zurückzieht, eine Aktive Imagination beginnt oder sich auch in einer Psychotherapie helfen lässt.

Es ist die Zeit, in der sich eine Intuition einstellen muss, damit etwas Neues geschehen kann – wie der Adept bei Asklepios im Tempel so lange schlafen musste, bis ihm im Traum eine Schlange erschien. Wir haben ja gesehen, dass die Schlange die DNS symbolisiert, die nicht nur Trägerin der Erbinformationen, sondern sicher auch der Inutition ist. Manchmal braucht es allerdings ein bisschen Geduld, bis sie erscheint. Von besonderer Bedeutung in diesem Prozess ist, stehen zu bleiben, nichts zu tun (außer natürlich die üblichen Erfordernisse des Alltags). Es entspricht dem Tempelschlaf. Man muss darauf warten können, dass die Zeit sich erfüllt.

In vielen Mythen aus verschiedenen Kulturen, in denen es um die wundersame Geburt eines göttlichen Kindes geht – was ist die Intuition anderes als ein »göttliches Kind«?! – wird dieser Augenblick als ein Stillstehen der Zeit beschrieben. Bei der Geburt Jesu und bei der des späteren Buddha soll es so einen mysteriösen Zeitstillstand gegeben haben. Auch in dem griechischen Mythos von Demeter und Kore heißt es, dass in der Natur alles zu wachsen aufhörte, nachdem Hades, Gott der Unterwelt, die Tochter der Demeter geraubt hatte. Es begann eine Zeit der Dürre. Erst als die Götter des Olymp Angst bekamen, nun verhungern zu müssen, beschlossen sie, Hades zur Herausgabe der Kore zu bewegen. Doch da das Mädchen schon von der Unterweltsspeise gegessen hatte, einen Granatapfelkern, konnte Hades sie nicht vollständig freilassen, sondern nur für zwei Drittel des Jahres. Ein Drittel, den Winter über, musste sie bei ihm bleiben.

So geht es auch uns Menschen, denn Mythen beschreiben,

obwohl sie von Göttern handeln, menschliches, seelisches Schicksal. Immer wieder gibt es eine Dunkelzeit im Leben und da bleibt uns nichts anderes übrig, als uns in das Innere, in die Seele zurückzuziehen und auf die Intuition, den erhellenden Augenblick zu warten.

Das kann mitunter recht quälend sein. Künstlerinnen und Künstler z. B. kennen diesen Zustand. Nicht immer fallen ihnen neue Kreationen ein. Es kann eine Flaute im Schöpferischen geben. Und wenn sie von ihrer Kunst leben müssen, bekommen auch sie es dann mit der Angst zu tun.

In Partnerschaften, Ehen, Liebesbeziehungen schleicht sich ebenfalls öfter einmal so ein Gefühlstiefstand ein. Nach einem Streit beispielsweise gelingt es oft beiden Partnern nicht, den ersten Schritt zu tun, oder sie bringen es nicht über sich, einander zu vergeben. Dann ist Flaute in der Beziehung – für beide eine quälende Situation. Da können sie nichts anderes tun, als auf die erlösende Intuition zu warten. In irgendeiner Form kommt sie immer, denn nichts bleibt ewig wie es ist, alles ändert sich im Laufe der Zeit – weil unser Bewusstsein in Raum und Zeit eingebunden ist. Die Chance für etwas Neues liegt immer nur in der winzigen Öffnung zur Zeitlosigkeit, die wir im intuitiven Einfall erleben.

Wenn aber die »Zeit erfüllet« ist, dann wird »das Kind geboren«. Das heißt, die Lösung bahnt sich an: Dornröschen sucht neugierig Vaters Schloss ab und gerät in den Turm zur alten Weisen, zur Schicksalsfrau; Goldmarie springt in den Brunnen; Jona wird vom Fisch verschluckt. Das bedeutet, dass nun das Schicksal eingegriffen und die Reise in Gang gebracht hat. Ab hier beginnt eine Zeit der Individuationsarbeit: Goldmarie muss verschiedene Arbeiten im Reich von Frau Holle verrichten; Jona erlebt Angst und Pein; Dornröschen schläft einen langen, geheimnisvollen Schlaf, in dem sich, von außen unbemerkt, die Wandlung zum ganz persönlichen, einzigartigen Menschen vollzieht, die in der Analytischen Psychologie Individuationsprozess genannt wird.

Nach diesem Zeitraum, der im menschlichen Leben immer wieder, das ganze Erwachsenenalter hindurch, stattfindet, in dem wir mit Emotionen aller Art, mit Irrungen und Wirrungen, mit Angst, Not und Schmerz, aber auch mit Lebensfreude und Beglückendem konfrontiert werden – die Schicksalsmächte messen Jedem das ganz eigene, nur für diesen Menschen zugedachte Maß an verschiedenartigen Erlebnissen zu – gelangen wir zum Stadium des individuellen Seins, das, wenn es gut gelingt, von Demut, Mitgefühl und Weisheit erfüllt wird. Die Schicksalsmächte wollen die Seele des Menschen läutern, so wie Dante in seiner *Göttlichen Komödie* den Läuterungsweg beschrieben hat und wie es auch die Dichter aller Zeiten, z. B. die der alten Griechen, in ihren Dramen und Tragödien getan haben. Der Mensch möge nicht der Hybris, der Maßlosigkeit und Selbstüberschätzung verfallen, sondern dadurch, dass er mit dem unumgänglichen Leid und dem Schmerz, die beide zum Leben gehören, konfrontiert wird, endlich »Sophrosyne« = »Einsicht« erlangen und sich seinem Schicksal ergeben. »Den Willigen führt das Schicksal, den Unwilligen zerrt es«, erkannte schon der römische Dichter und Philosoph Seneca. Gerade im Märchen von Dornröschen wird im Bild des hundertjährigen Schlafs die Hingabebereitschaft des Menschen, die es ihm erleichtert, mit den Unbilden des Lebens fertig zu werden, dargestellt.

Wenn wir uns Mythen, Märchen und Geschichten genau anschauen, finden wir stets in Variationen dasselbe Muster. Es beginnt mit dem – archetypischen – Bild des Weges und endet mit dem Transzendieren der Zeit in das Tiefenbewusstsein hinein. Dies ist manchen Menschen allerdings erst in Todesnähe oder mit dem Tod möglich, worauf das Märchen von Dornröschen auch hinweist. In den hundert Jahren Schlaf verbergen sich sowohl Läuterung, Hingabe und Demut als auch Wandlung des Bewusstseins in diesem Leben und darüber hinaus eine Weitung des Bewusstseins, die vielleicht erst durch das Ablegen des Körpers ermöglicht wird.

Wichtige Begleiterin auf dieser Strecke der Läuterung ist die Intuition, die uns stets Hinweise auf mögliche Wegkorrekturen gibt. Sie betätigt sich also nicht nur als Wegbegleiterin, sondern auch als Wegweiserin.

In einer alten indischen Geschichte wird eindrucksvoll erzählt, wie auf einen intuitiven Einfall hin ein Suchender über das Wesen des Raum-Zeit-Kontinuums belehrt wird:

Naruda, so heißt der Suchende, bittet Gott Vishnu, ihm ein Beispiel seiner Macht zu zeigen. »Gerne«, meint Vishnu, »komm, wir gehen miteinander auf eine Wanderung.« Es ist sehr heiß und nachdem sie eine Zeit lang gegangen sind, bittet Vishnu den jungen Mann, ein Glas Wasser aus einem Haus des Dorfes zu holen, an dem sie gerade angelangt sind. Vishnu lässt sich im Gras nieder und Naruda geht zum ersten Haus und klopft dort an. Eine wunderschöne junge Frau öffnet ihm. Naruda und sie verlieben sich augenblicklich ineinander und er geht zum Vater der Frau und bittet ihn um die Hand seiner Tochter. Dem Vater gefällt der junge Mann, er willigt ein. Die Hochzeit wird gefeiert, alle im Dorf freuen sich mit dem jungen sympathischen Paar. Naruda baut für sich und seine Frau ein Haus, denn ein Kind kündigt sich an. Er bestellt zunächst den Hof seiner Schwiegereltern, dann einen eigenen, gelangt zu gewissem Wohlstand und ist sehr glücklich. Inzwischen gibt es vier Kinder, die alle gesund und wohl geraten sind.

Eines Tages jedoch bricht plötzlich ein mächtiger Sturm los, der nahe gelegene Fluss tritt über die Ufer und reißt die Häuser mit sich, die in seiner Nähe stehen. Auch Narudas Haus wird überschwemmt, die Kinder werden hilflos mitgerissen, nur seine Frau und ein größeres Kind kann Naruda noch halten. Doch der Strom wird immer wilder und Naruda verlassen die Kräfte. Obwohl er kämpft wie ein Löwe, vermag er weder seine Frau noch sein Kind zu retten. Er selbst wird fast Opfer der Fluten und bleibt schließlich halb bewusstlos, auf einer angeschwemmten Sandbank des Ufers liegen.

Der Sturm lässt nach, das Wasser sinkt und als er völlig erschöpft wieder zu sich kommt, hört er neben sich eine sanfte Stimme, die ihn fragt: »Naruda, hast du das Glas Wasser mitgebracht?«

Dass Raum und Zeit eigentlich eine Einheit sind, wird in dieser Geschichte sehr schön deutlich. Marie-Louise von Franz hat sich intensiv mit dem Thema Zeit beschäftigt:

»Im täglichen Leben setzen wir eine gewisse Dichotomie von Geist und Materie voraus, die jedoch nur eine Art der bewussten Wahrnehmung ist. In Wirklichkeit wissen wir weder, was Materie an sich, noch was Geist oder Psyche an sich sind. Sie sind nach Jung höchstwahrscheinlich einfach zwei Facetten desselben lebendigen Geheimnisses, das er ›Unus mundus‹ nannte, die ›eine‹ Welt.

Durch die Hypothese, dass Psyche und Materie zwei Formen ein und derselben Manifestation von Energie sind (die eine in niedrigen Frequenzen und Ausdehnung in Zeit und Raum, die andere als reine Intensität), wäre die Welt von Psyche und Materie tatsächlich eins. Wenn das stimmt, dann sind das Zeitliche und Nichtzeitliche auch nur zwei Facetten eines Geheimnisses, das man Zeit und Nicht-Zeit in einem nennen müsste. Die Zeit scheint mit anderen Worten als Aspekt des Gottesbildes oder des Selbst eine ›coincidentia oppositorum‹ zu sein.«[99]

■ Die Haltung der »gleichschwebenden Aufmerksamkeit«

»Man kann einen Menschen nichts lehren, man kann ihm nur helfen, es in sich selbst zu entdecken«, sagte nicht etwa Sigmund Freud, der Begründer der Psychoanalyse, sondern schon lange vor ihm Galileo Galilei. Dieser formulierte also bereits den Auftrag, dem die Psychoanalyse und in ihrer Folge die Psychotherapie heute nachkommen. Leider missverstehen diesen Satz viele Menschen und messen ihm nicht den Wert bei, den er wirklich verdient. Alles äußere Wissen, das heute gelehrt werden kann, ist für die meisten Menschen frei verfügbar, nicht zuletzt durch das Internet. Doch was fängt die Menschheit damit an, wenn sie nicht im Stande ist, mit sich selbst zurechtzukommen? Wenn der Einzelne nicht lernt, über sich selbst, über seine inneren Beweggründe für sein Handeln Bescheid zu wissen? Solange die Unbewusstheit über die Zusammenhänge, die uns alle miteinander verbinden, größer ist als die Bewusstheit, kann uns noch so viel äußeres Wissen nicht aus den Krisenherden heraushelfen, welche die ganze Welt umspannen. Unser Wissen muss sich also nach innen wenden, wenn wir hier auf diesem Planeten noch längere Zeit überleben wollen.

Um dafür zu sorgen, hat sich die Psychoanalyse aufgemacht, entsprechende innere Bedingungen zu finden und offen zu legen. Insofern beschreitet sie den gleichen Weg, den die Buddhisten in der östlichen Welt schon sehr lange gehen – sie nennen ihn »Meditation«. Wie in der Psychoanalyse geht es dort darum, sich der eigenen Gedanken, Gefühle und Antriebskräfte bewusst zu werden, sie gegebenenfalls zu verändern oder aufzulösen, um, wie Krishnamurti es nennt, die »vollkommene Freiheit« zu erreichen. Denn nur in ihr gibt es auch die vollkommene Verantwortlichkeit, für sich selbst und für alle und alles andere. So könnte man – ein wenig pathetisch – sagen: Wer in sich selbst, seine Seele, seinen Kopf hineinschaut, tut es gleichzeitig für alle anderen.

Was Galileo Galilei intuitiv exakt formulierte, ist allerdings nicht ganz leicht in die Tat umzusetzen. Natürlich wird in einer Psychoanalyse und Psychotherapie einiges gelehrt, manchmal muss die Persönlichkeit des Betreffenden zur Nachreifung angeregt werden. Doch das Hauptagens ist und bleibt die Selbsterkenntnis. Dazu hat Sigmund Freud eine Technik vorgelegt, welche die beste ist, die es gibt. Er nannte sie die »gleichschwebende Aufmerksamkeit« und damit ist der Mensch, der sich ihr aussetzt und der, welcher mit ihr arbeitet, direkt im Bereich der Intuition.

Lassen wir sie Freud direkt empfehlen:

»Indes ist diese Technik eine sehr einfache. Sie lehnt alle Hilfsmittel, wie wir hören werden, selbst das Niederschreiben ab und besteht einfach darin, sich nichts besonders merken zu wollen und allem, was man zu hören bekommt, die nämliche ›gleichschwebende Aufmerksamkeit‹ [...] entgegenzubringen. Man erspart sich auf diese Weise eine Anstrengung der Aufmerksamkeit, die man doch nicht durch viele Stunden täglich festhalten könnte, und vermeidet eine Gefahr, die von dem absichtlichen Aufmerken unzertrennlich ist. Sowie man nämlich seine Aufmerksamkeit absichtlich bis zu einer gewissen Höhe anspannt, beginnt man auch unter dem dargebotenen Materiale auszuwählen; man fixiert das eine Stück besonders scharf, eliminiert dafür ein anderes, und folgt bei dieser Auswahl seinen Erwartungen oder seinen Neigungen. Gerade dies darf man aber nicht; folgt man bei der Auswahl seinen Erwartungen, so ist man in Gefahr, niemals etwas anderes zu finden, als was man bereits weiß; folgt man seinen Neigungen, so wird man sicherlich die mögliche Wahrnehmung fälschen. Man darf nicht darauf vergessen, dass man ja zumeist Dinge zu hören bekommt, deren Bedeutung erst nachträglich erkannt wird.«[100]

Besser kann der Zustand der Intuition nicht beschrieben werden. Würde der Analytiker, die Analytikerin während des Zuhörens schon das Gehörte beurteilen oder über das Gesagte nachdenken, wäre die Aufmerksamkeit gestört und wesentliche Aussagen würden wahrscheinlich für immer verloren gehen. Beim gleichmäßigen Zuhören dagegen kann alles, was der Analysand oder die Analysandin sagt, im Bereich der Intuition gespeichert werden.

Die »psychoanalytische Grundregel« besagt also nichts anderes, als dass sich beide auf die Wahrnehmungsachse konzentrieren. Die entsprechenden Zusammenhänge, die sich daraus ergeben, werden von der Intuition hergestellt, nicht aus Nachdenken oder Beurteilen gewonnen. Das bedeutet, dass im Grunde die Intuition das Medium der Analyse ist, dass sie die Lösung für die Konflikte präsentiert, unter die der Analysand, die Analysandin leidet, dass sie als heilbringendes Agens in diesem Prozess tätig ist.

Die Wirksamkeit einer Psychoanalyse liegt demnach darin, inwieweit sich die Beteiligten auf die Intuition einlassen können. Es ist also erforderlich, sich während der psychoanalytischen Gespräche ganz und gar auf die Wahrnehmungsachse einzustellen. Für den Analysanden, die Analysandin gilt: Wahrnehmen, was mir durch Kopf, Herz und Seele geht, und dies aussprechen. Für den Analytiker, die Analytikerin gilt: Wahrnehmen, was ich höre, und wahrnehmen, was in mir selbst vorgeht. Alles andere, die eigentliche analytische

Arbeit, geschieht dann über die Intuition, die dem Analytiker, der Analytikerin zum rechten Zeitpunkt die richtigen Worte in den Mund legt. Auch hier heißt es, so lange zu sprechen und zuzuhören, bis »die Zeit erfüllet« ist. Dann meldet sich die Intuition und die Lage ist entwirrt.

Dazu bedarf es natürlich von beiden Seiten Geduld und vor allem Vertrauen. Das Vertrauen, dass es etwas gibt – wie nennen es Intuition –, das weiß, wann der rechte Zeitpunkt für etwas – das rechte Wort – gekommen ist. Wenn man dieses Vertrauen hat, dann muss man auf den günstigen Zeitpunkt, etwas zu unternehmen, warten können. Den rechten Augenblick nannten die Griechen des Altertums »Kairos«, was »erfüllte Zeit«, »Zeitwende«, der »Augenblick der Entscheidung« bedeutet. Auch in Indien gibt es eine ähnliche Zeitauffassung. Dort kennt man eine Göttin namens Kali. Ihr Name ist die weibliche Form von Kala = Zeit. Etymologisch ist Kala mit Kairos in Beziehung zu setzen, und dieses Wort wiederum steht in Zusammenhang mit kairoo = die Fäden eines Gewebes miteinander befestigen. Kairos heißt dann also genau: »die richtige Ordnung in der Zeit«. Wie sich die Fäden zu einem Gewebe verknüpfen, so stellt die Zeitgöttin Sinnverbindungen her. Zeit ist von daher nicht rational, sondern irrational zu verstehen.

Kairos wurde im alten Griechenland als ein junger Gott, Sohn des Zeus, verstanden und mit wehenden Haaren dargestellt. Sein Kopf schaute nach rechts, in die Zukunft, seine Haare wehten nach links, so dass man, wenn er an einem vorbeizog noch die Chance hatte, ihn am Schopf zu packen – und sei es in letzter Minute. Schaffte man das nicht, war der richtige Zeitpunkt für dieses Mal oder für immer vorbei und es lohnte sich nicht, danach noch eine Entscheidung zu treffen. Die war dann ganz sicher falsch.

Das Bild des Kairos beschreibt sehr anschaulich die Intuition. Die richtige Entscheidung kann letztlich nur intuitiv getroffen werden. Wenn aber, weil der Betreffende sich zu sehr durch Nachdenken oder Beurteilen ablenken lässt, die Gelegenheit verpasst wird, welche die Intuition zur Verfügung stellt, bleibt einem nichts anderes übrig, als auf die nächste Chance zu hoffen.

Der Neurophysiologe Detlef Linke hat sich damit beschäftigt, wie das Phänomen aus der Sicht des Gehirns zu verstehen ist:

»Wenn man die Zeit auf einer Linie abbilden will, gerät man zu zahlreichen Paradoxien. Die Hirnforschung ist in der Lage, einige Paradoxien durch die Analyse des Gehirns in ihrer Struktur offen zu legen. Wichtig ist der Befund, dass die beiden Hirnhälften unterschiedliche Zeitwahrnehmungen vollführen können. [...]

Versteht man Zeit auf diese Weise, so käme es nicht auf die optimale Ausbildung der Zeitquanten an, sondern darauf, den rechten Rhythmus verschiedener Zyklizitäten im rechten Moment zu erfassen und das heißt, den Kairos und die Gelegenheit der Integration so zur Wirklichkeit werden zu lassen, dass die Paradoxien eines Subjekts, das Herrschaft über alle Zeitmomente sein möchte, vermieden werden.«[101]

Sicher ist es nicht immer leicht, geduldig und vertrauensvoll darauf zu warten, dass die »Zeit erfüllt« und man genau weiß, was zu tun ist. Manchmal kann das Jahre dauern. Doch solange auch nur noch ein kleiner Zweifel besteht, ob die Entscheidung, die man gerade treffen will, die richtige ist, sollte man sich nicht festlegen.

Ein Beispiel aus unserer psychotherapeutischen Praxis soll dies veranschaulichen:

Eine Frau kam zur Therapie, weil sie unter Asthmaanfällen litt, die in letzter Zeit gehäuft auftraten, und die Medikamente des Hausarztes nicht halfen. »Intuitiv weiß ich, dass die Anfälle etwas mit meiner familiären Situation zu tun haben«, sagte sie.

In der Transaktionsanalyse erheben wir zu Beginn einer Behandlung keine Anamnese, fragen also nicht nach wichtigen Informationen aus der Lebensgeschichte. Der Intuition wegen. Je weniger konkrete Daten man über einen Menschen hat, desto besser funktioniert die Intuition. Denn das informative Wissen wird unwillkürlich beurteilt und durchdacht, so dass die volle Kapazität der gleichschwebenden

Aufmerksamkeit nicht mehr für die Intuition zur Verfügung stehen kann. Es geht in einer psychotherapeutischen Behandlung auch nicht um Wahrheitsfindung wie bei einem Verhör oder einem Protokoll nach einem Verkehrsunfall, wo es darauf ankommt, dass Tatsachen in ihrer genauen Reihenfolge berichtet werden. Das Erzählen der Lebensgeschichte während einer Psychoanalyse dient einem ganz anderen Zweck: Es bietet dem betreffenden Menschen die Möglichkeit, sich ein Bild von sich selbst zu machen und dieses Bild vom Psychotherapeuten oder von der Psychotherapeutin anschauen zu lassen. Es ist wie die Inszenierung auf einer Theaterbühne. Durch die Art des Erzählens, das von entsprechender Mimik und Gestik begleitet und vom Tonfall der Stimme untermalt wird, entsteht die lebendige Darstellung einer Lebensgeschichte, eines Skripts. Im Zuhörer oder in der Zuhörerin taucht dabei ganz spontan das innere Kind des oder der Erzählenden auf. Was ein Mensch in seiner Kindheit erlebt hat, bleibt ein Leben lang in der Seele gespeichert und mischt sich oft in manchen schwierigen Situationen des Erwachsenen in das Geschehen mit ein, so dass es zu inneren Konflikten oder unangemessenen Handlungen kommen kann.

Bei dieser Frau stellte sich nach einiger Zeit heraus, dass sie einen mustergültigen Ehemann an ihrer Seite hatte, der ihre Halbtagsberufstätigkeit akzeptierte, über Mittag die drei schulpflichtigen Kinder versorgte, bis seine Frau nach Hause kam, und sich in allen Bereichen bemühte, ihr das Leben so angenehm wie möglich zu gestalten. Wenn sie beispielsweise samstags auf den nahe gelegenen Markt ging, aber keinen Schirm mitgenommen hatte, obwohl es nach Regen aussah, brachte er ihr den Regenschirm nach. Er las ihr auch die Wünsche von den Augen ab, die sie gar nicht hatte.

»Er erdrückt mich«, seufzte sie. »Am liebsten will ich weg von ihm. Aber das kann ich doch nicht machen, ich habe ihm ja gar nichts vorzuwerfen. Er tut doch alles für mich und die Kinder.«

Niemand in ihrer und der Familie ihres Mannes hätte es verstanden, wenn sie diesen mustergültigen Ehemann verlassen hätte. Vor allem sie selbst würde von starken Schuldgefühlen geplagt. Also gab es nichts weiter zu tun, als abzuwarten. Hier eine Entscheidung aus rationalen Überlegungen zu treffen wäre völlig falsch gewesen. Wir mussten einfach auf die erlösende Intuition warten.

Nach drei, für sie zunehmend quälenden Jahren stellte sie sich ein:

An einem Sonntagmorgen – am Abend zuvor hatte es eine furchtbare Szene mit ihrem Mann gegeben, der daraufhin für Stunden das Haus verließ – entschloss sich die Frau, nicht wie gewohnt in die Kirche ihres Wohnviertels zu gehen, sondern eine andere Kirche aufzusuchen, in die sie nur gelegentlich ging. Sie war schon länger nicht mehr dort gewesen.

Hier ist bereits klar zu erkennen, dass die Intuition aktiviert war, indem sie die Frau in die andere Kirche führte.

Dort sah sie in einer der Bänke eine befreundete Frau sitzen, die sie länger nicht mehr gesehen hatte. Sie versuchte zunächst, sich unbemerkt gleich hinten in eine Bank zu setzen, denn sie wollte nicht gefragt werden, wie es ihr gehe. Doch die Freundin sah sie, winkte ihr, sich zu ihr zu setzen. Zunächst konnten sie nicht miteinander reden, weil der Gottesdienst begann, doch sie spürte ein unerwartetes starkes Gefühl für diese Freundin in sich aufsteigen. »Da schwang etwas Eigenartiges zwischen uns«, sagte sie in der nächsten Therapiestunde.

Nach dem Gottesdienst setzten sich die beiden auf eine Bank vor der Kirche, und die Freundin erzählte ihr, dass am Abend zuvor der Ehemann der Frau furchtbar unglücklich bei ihr anrief, ob er noch eine Weile zu ihr kommen könne, er müsse dringend mit jemandem reden. Obwohl die beiden sich auch schon länger nicht mehr gesehen hatten, führten sie daraufhin ein ausführliches Gespräch, in dem der Ehemann zum ersten Mal einem anderen Menschen die Situation zu Hause schilderte.

Nun konnte auch sie von ihren Schwierigkeiten erzählen und darüber sprechen, dass sie nicht wisse, was sie tun solle. Einerseits halte sie es in der Ehe nicht mehr aus, andererseits seien aber die Kinder da. Die Freundin meinte: »Wie wäre es, wenn du ausziehst? Wenn du dir eine Wohnung suchst, die so groß ist, dass dich dort deine Kinder jederzeit besuchen können? Wäre das eine Lösung?«

Plötzlich war alles klar. Sie wusste, dass es genau das ist, was sie tun muss. Auf einmal wurde ihr leicht ums Herz. Alle Zweifel verschwanden, Friede kehrte in ihre Seele ein, sie war wieder richtig glücklich.

Was war geschehen? Warum ist sie an diesem Sonntag in die andere Kirche gegangen? Warum saß da die Frau, bei der ihr Mann am Abend zuvor sein Herz ausgeschüttet hatte? Wie kam es, dass sie plötzlich wusste: »Das ist die Lösung!«?

Auf dem Nachhauseweg ging ihr all dies durch den Kopf und sie wunderte sich. Doch auf einmal wurde ihr klar: »Ich werde geführt. Gott hat meine Gebete erhört. Nicht ich habe entschieden, Gott hat entschieden. Er hat es so eingerichtet, dass ich jetzt weiß, was das Richtige für uns ist. Auf der Trennung von meinem Mann liegt Gottes Segen.«

Sie erlebte sehr eindrücklich, was Kairos ist, der richtige Augenblick der Entscheidung. Sie packte ihn am Schopf und setzte gleich am nächsten Tag eine Annonce in die Zeitung, dass sie eine Wohnung suche.

Wir sehen in dieser Geschichte auch ein synchronistisches Ereignis. Es besteht darin, dass die Seele schon weiß, was gerade konstelliert ist, doch das Bewusstsein will es noch nicht wahrhaben. Der Verstand dieser Frau, der sehr stark in Konventionen gefangen denkt, lässt sie die Lösung nicht einfach so sehen. Die moralische Instanz in ihr erlaubt es nicht. Da bemüht die leidende Seele, die »am Ende« ist mit ihren Kräften, den Geist. Und er bringt das, was unter dem Leid liegt, nämlich die Lösung, an die Oberfläche. Das ist reine Intuition. Diese vermochte die Lösung in ein äußeres, materielles Geschehen zu übersetzen. Dort kann das Bewusstsein sie dann wahrnehmen, kann sie da, im Äußeren eher sehen als unter dem »Müll« der leidvollen Verwirrung. Die Lösung, die im Unbewussten der Frau schon bereit lag, von ihr jedoch noch nicht wahrgenommen werden konnte, wurde von der Intuition über die Freundin – die persönlich nicht direkt betroffen war – ins Bewusstsein getragen. Dass Kairos sie unbemerkt in die andere Kirche dirigierte, gehört natürlich dazu. Synchronizitäten sind ebenso wie Intuitionen ein »moderner« Zugang zur uralten Frage der Religion, nach dem Weg zu Gott.

Und das Unglaubliche geschah:

Auf die Annonce, die sie gleich am Montag aufgegeben hatte, meldete sich prompt eine Frau, die meinte, sie habe eine Wohnung zu vermieten.

Nun weiß jeder, dass es nicht so einfach ist, rasch eine Wohnung zu finden, die wenigstens einigermaßen den Wünschen entspricht. Sie hatte sehr genaue Vorstellungen davon, wie die Wohnung sein sollte. Da sie auch Zimmer für die Kinder einrichten wollte, brauchte sie eine Vierzimmerwohnung, und diese sollte nach Möglichkeit in dem Stadtteil liegen, in dem sie bisher wohnte. Die Kinder sollten es einfach haben, zu ihr zu kommen oder auch eine Zeit lang bei ihr zu sein. Außerdem wünschte sie sich eine helle Wohnung, ein großer Balkon wäre schön, und sie durfte auch kein Vermögen kosten.

Die Frau vereinbarte mit der möglichen Vermieterin einen Besichtigungstermin für den kommenden Sonntagnachmittag.

Wie jeden Sonntag ging sie morgens wieder in die Kirche, dieses Mal in die ihres Bezirks. Anschließend war ihr noch nach einem Spaziergang zumute, sie nahm also nicht den gewohnten direkten Weg nach Hause. Ihr war leicht und froh ums Herz. Da sah sie unter einem Kastanienbaum Kinder, die eifrig und fröhlich die auf dem Boden liegenden Kastanien aufhoben und sie ihren Eltern brachten, die dabeistanden.

Aus ihrer gelösten Stimmung heraus gesellte sich die Frau zu den Kindern, hob ebenfalls einige Kastanien auf und gab sie ihnen, wofür diese sich artig bedankten. Sie wechselte noch ein paar freundliche Worte mit den Eltern und ging, ganz erfüllt und beschwingt von dieser heiteren sonntäglichen Begegnung, nach Hause.

Wie erstaunt waren alle Beteiligten, als der Frau am Sonntagnachmittag von den Vermietern der Wohnung, die sie sich anschauen wollte, die Türe geöffnet wurde und die Familie vor ihr stand, die sie am Vormittag beim Kastaniensammeln getroffen hatte!

Es erübrigt sich fast noch zu sagen, dass die Wohnung hell und freundlich ist, vier Zimmer und einen schönen Balkon hat, am Schulweg der Kinder liegt und dass sie sich den Mietpreis leisten kann – und natürlich, dass sie die Wohnung bekam, obwohl es mehrere Bewerber gab.

Wie ist dieser »glückliche Zufall«, die »intuitive Inszenierung« zu verstehen? Ganz sicher ist, dass der Zeitpunkt stimmte, zu dem die Frau die Wohnung suchte. Ihr gelang es, »Kairos«, den richtigen Augenblick, zu erfassen. Doch wodurch gelang ihr das? Kann jeder den geeigneten Zeitpunkt zum sicheren Handeln herausfinden? Gibt es dafür vielleicht sogar ein Rezept, eine stets funktionierende »Anweisung«?

Ja. Es kommt darauf an, nicht zu schnell und vor allem nicht unüberlegt zu handeln. Vor allem nicht aus einem Affekt heraus eine Entscheidung zu treffen. Denn im Affekt – in einem Erregungszustand, wenn man sich beispielsweise über jemanden sehr geärgert hat oder gar wütend ist, aber auch wenn man sich »unsterblich« verliebt hat, – kann man nicht klar sehen, was entscheidend für die Situation ist, in der man steckt. Selbst wenn man recht schnell eine Wahl treffen muss, was ja manchmal der Fall sein kann, tut man gut daran, sich die Zeit zum Nachsinnen zu nehmen.

Es scheint so zu sein, dass Kairos sich dann ereignet, wenn der betreffende Mensch in gewisser Weise in sich ruht. Das heißt nicht, dass man sich glücklich fühlen muss, man kann auch, wie im Fall dieser Frau, unglücklich sein. Doch die wahrnehmenden Sinne dürfen trotz eines intensiv erlebten Gefühls nicht getrübt sein. Im »Gefühlssturm« eines starken Affekts ist die Wahrnehmung eingeschränkt, und Kairos kann sich nicht einstellen.

Der Hinweis, eine wichtige Frage zu »überschlafen«, also sie im Schlaf dem Unbewussten zu übergeben, bevor man einen Entschluss fasst, ist ein guter Rat. Dies ist auch die Maßgabe im schöpferischen Prozess nach Poincaré (vgl. Kapitel 7). Es nützt nämlich oft wenig, die gegensätzlichen Aspekte einer bestimmten Frage nur zu betrachten. Das können wir in der Regel recht gut. Was uns dagegen eher schwer fällt, ist, die Gegensätze zu einer Einheit zu bringen. Nicht zu einem »Einheitsbrei«, sondern sie, nebeneinander bestehen lassend, auf die nächst höhere Ebene zu heben.

Dies vermag das menschliche Gehirn am Besten, wenn wir ihm die Gelegenheit dazu bieten, ihm Zeit lassen und nicht zu schnell entscheiden. Und wenn wir bereit sind, die Ungewissheit, die oft eine Qual sein kann, auszuhalten. So können sich die verschiedenen Aspekte der betreffenden Frage neu ordnen, und diese neue Ordnung ergibt dann das, was wir Kairos nennen bzw. was die Intuition uns bereitet. Das Stillhalten ermöglicht, dass wir im gegebenen

Augenblick die Aufmerksamkeit auf den Schopf des Kairos richten und ihn dort packen.

Lassen wir dazu noch einmal Detlef Linke zu Wort kommen:

>In der Hirnforschung gibt es eine ähnliche Herausforderung; in diesem Fall besteht auch die Chance, dass der Mensch eine Perspektive einnimmt, in welcher er zu sich selber kommt. [...] Der Perspektivwechsel, der die Hirnforschung in ihr Menschliches bringt, kann an den Themen von Glück, Schmerz und Gerechtigkeit zeigen, wie gerade die freie Bewegung zwischen diesen das spezifisch Menschliche ausmacht. Die Unfähigkeit zum Glück (Anhedonie) bringt den Menschen genauso aus dem Gleichgewicht wie die strikte Verweigerung des Schmerzes.«[102]

Hier sei noch von einer bemerkenswerten Intuition berichtet, die plötzlich in einem Arzt auftauchte, der in einem Krankenhaus tätig war. Auch er blieb so lange in der Haltung der »gleichschwebenden Aufmerksamkeit« einer Patientin gegenüber, bis die Intuition ihm die Lösung des schwierigen Falls zeigte. Das heißt, er versuchte nicht mit allen Mitteln, möglichst viele Daten und Informationen über die bisherige Lebensgeschichte der Patientin zu erfragen, weil er wusste, dass er damit ihren inneren Prozess eher stören als fördern würde. Die Seele braucht eben ihre Zeit, um sich öffnen und ihr Geheimnis preisgeben zu können.

»Zu einer stationären Behandlung kam eine junge Patientin, Mitte Zwanzig. Sie war braungebrannt mit kurzen, hellblond gefärbten Haaren und machte einen sportlichen Eindruck. Doch verspürte sie eine Schwäche in den Beinen, die es ihr nicht mehr erlaubte, längere Strecken zu laufen. Manchmal konnte sie einen kleinen Spaziergang machen, manchmal nur einige Schritte zurücklegen, und es plagte sie die Angst, dass sie eines Tages gelähmt sein würde und gar nicht mehr laufen könne. Körperliche Ursachen waren bereits vorher durch zahlreiche ärztliche Untersuchungen ausgeschlossen worden. Für ihren Beruf als Physiotherapeutin und Sportlehrerein bedeutete dieses Leiden das Aus.

In die Klinik war sie gekommen, weil ihre ambulante Psychotherapeutin es ihr geraten hatte, denn die Behandlung machte keine Fortschritte mehr. Sie selbst war nicht davon überzeugt, dass ihr eine Therapie helfen würde. Entsprechend gestaltete sich die Behandlung schwierig, die Gespräche verliefen zäh und hinterließen bei mir das Gefühl, dass etwas vor mir verborgen und geheim gehalten werden sollte, ohne dass sich ein Anhaltspunkt ergab, worum es sich dabei handeln könnte.

Die Zeit ihres Aufenthaltes war von vornherein mit nur drei Wochen sehr kurz bemessen und so schien es kaum möglich, dass sich etwas ändern konnte. In den Sitzungen thematisierte sie wiederholt, dass sie Gehhilfen brauchte, weil sie kaum noch gehen könne und sich die Lähmung in ihren Beinen weiter verschlechtere. Auch einen Rollstuhl wünschte sie sich. So erschöpften sich die Gespräche in den Diskussionen, warum diese Wünsche nicht erfüllt wurden. Über ihre Situation, ihre Familie und ihren Mann erfuhr ich nur wenig.

Eines Tages spitzte sich die Situation zu. Am Abend, als sich nur noch der diensthabende Arzt und eine Schwester im Haus befanden, meldeten sich mehrere Patienten aufgeregt mit der Nachricht, dass es der Patientin sehr viel schlechter gehe. Sie hatten irgendwoher einen Rollstuhl aufgetan und sie hineingesetzt. Nun ließ sie sich von ihren Mitpatienten umherfahren, die teils Anteil nahmen, teils sich über die Zustände in der Klinik empörten, die einer so kranken Frau die Hilfe verweigerte.

Einige Tage darauf fiel mir in einer Pause die Patientin ein. Ich hatte das Bild vor mir, wie sie als kleines Kind von vielleicht drei oder vier Jahren mit ausgebreiteten Armen auf ihre Mutter zurannte und sich auffangen lassen wollte. Im letzten Moment drehte sich die Mutter von ihr ab, ganz langsam und offensichtlich gezielt. Dann sah ich in das Gesicht des Mädchens, das nun stehen geblieben war und die Arme sinken ließ, und ich sah eine unsägliche Enttäuschung und Trauer in ihren Zügen. Ich wunderte mich über dieses Bild.

In derselben Woche sagte sie plötzlich in einer Sitzung, dass ihr am besten das Turnen mit den Kleinkindern gefalle, das sie bis vor kurzem geleitet habe. Das Schönste sei, wenn eines dieser kleinen Kinder mit ausgestreckten Armen auf sie zurenne und sie es dann auffange. Es berührte sie sehr, wie glücklich und wie zutraulich die Kinder dabei seien.

Nach dieser scheinbar nebensächlichen Bemerkung nahm die Behandlung eine grundlegende Wende. Sie konnte nun davon erzählen, wie sehr sie unter der Strenge und den Anforderungen im Elternhaus gelitten habe, unter den engen moralischen Regeln, und es wurde deutlich, wie viel Energie sie immer darein gegeben hatte, bemerkt und anerkannt zu werden, und wie sich darin erschöpft hatte. Danach wurde ihre Beziehung zu ihrem Mann zum Thema, die bisher als unantastbar erschien. Und es wurde ihr Wunsch deutlich, sich von den vielen Einengungen ihres Lebens zu befreien, ihr Wunsch ›zu gehen‹.

In den wenigen Tagen, die sie noch in der Klinik blieb, verlor sich die Schwäche in den Beinen immer mehr. Sie unternahm längere Spaziergänge und vom Rollstuhl war nicht mehr die Rede. Es blieb eine große Angst vor der Rückkehr nach Hause.

Auf einem Weg, den ich nicht weiter beschreiben kann, hat sich mir in diesem spontanen Bild von der Patientin als kleinem Kind etwas Wichtiges über sie mitgeteilt. Und offenbar ermöglichte das ein Vertrauen und ein Verständnis für das, was sie zuvor nicht hatte aussprechen, sondern nur zeigen können, nämlich dass sie von all dem fortgehen möchte und dass sie ein Bleiben lähmt. Und als es möglich wurde, über diese Seite ihrer selbst zu sprechen, war es für sie auch nicht mehr notwendig, es den Körper zeigen zu lassen.

Wie es allerdings nach der Rückkehr zu Hause weiterging, ist mir nicht bekannt.«

Diese Beispiele zeigen, wie wichtig es sowohl für den Therapeuten oder die Therapeutin als auch für den Patienten oder die Patientin ist, Zeiten der Stockung, des Nichtwissens, der scheinbaren, nämlich äußeren Untätigkeit auszuhalten. Und dennoch »da«zubleiben. Denn Aufmerksamkeit heißt nicht, dass man sich mit irgendetwas anderem, Interessanterem ablenkt, wenn sich offenbar nichts bewegt. Aufmerksamkeit heißt, ganz und gar präsent zu sein, in der Situation zu bleiben. Wenn ein Therapeut oder eine Therapeutin meint, er oder sie könne während eines unergiebigen zähen Gesprächs schon einmal in Gedanken den Einkaufszettel oder die Telefonliste für den nächsten Tag überlegen, bliebe er oder sie nicht in der Aufmerksamkeit. Dass dies nicht immer leicht ist, haben wir schon erwähnt. Doch ein entsprechendes Training lohnt sich. Nicht nur für Analytikerinnen und Therapeuten, sondern für alle Menschen. In jeder Beziehung, gleichgültig, ob es eine berufliche oder private ist, werden Gespräche geführt bzw. sitzen sich öfter zwei oder mehrere Menschen gegenüber. Wie unbefriedigend ist es da, wenn ich merke, dass der Gesprächspartner oder die Gesprächspartnerin gar nicht so recht bei dem ist, was ich ihm oder ihr erzähle. Für mich ist es vielleicht etwas Wichtiges, was mich innerlich sehr bewegt, und wenn ich dann feststelle, dass es beim anderen »zu einem Ohr rein und zum anderen wieder raus geht« – das praktizieren oft Kinder, wenn sie etwas Bestimmtes tun sollen, was sie nicht wollen –, bin ich enttäuscht. In der Regel nicht nur von diesem (Nicht-)Gespräch, sondern überhaupt von der Beziehung.

Vor allem Frauen hört man häufig klagen: »Mein Mann hört mir nicht zu.« Ganz so stimmt es meistens nicht, er hört schon zu, nur nicht wirklich aufmerksam. Während seine Frau ihm etwas erzählt, denkt er vielleicht daran, dass er gleich die Sportschau anschauen will, oder wenn sie ihn bittet, dieses oder jenes auf dem Nachhauseweg einzukaufen, vergisst er es, bringt nur die Hälfte oder das Falsche mit, weil er nicht ganz präsent war, als sie mit ihm sprach. Aber auch Frauen sind nicht gefeit gegen Unaufmerksamkeit beim Zuhören. Sie denkt vielleicht an den Speiseplan für die nächste Woche, während er ihr vom Streit mit einem Kollegen erzählt.

Es lohnt sich nicht nur um der befriedigenden Beziehungen willen, die »gleichschwebende Aufmerksamkeit« zu trainieren. Für die Intuition ist es von großer Bedeutung, das Bewusstsein von allem möglichen »Kram«, der sich dort ansammelt, zu befreien, sich gleichsam »leer« zu machen, um offen zu sein für das Wesentliche.

Kapitel 7

Wie man Intuition lernen kann

■ Überwindung der Angst vor dem Unbekannten

»Früh am Samstagmorgen klingelte das Telefon. Es war der Freund meiner Patientin Christine, die er bewusstlos im Flur ihrer Wohnung aufgefunden hatte. Nach der Einnahme einer Überdosis verschiedener Tabletten, von denen auch ich ihr einige verschrieben hatte, war sie in ein Koma gefallen, und man hatte sie in die Intensivstation eines Krankenhauses in Los Angeles eingeliefert, nicht weit von meiner Praxis entfernt.

Ich war sprachlos. Ein paar Minuten lang saß ich unbeweglich da und fragte mich: Wie hatte das passieren können? In meinen Sitzungen mit Christine hatte nichts in ihrem Verhalten auf einen drohenden Selbstmordversuch hingewiesen, zumindest nichts, worauf mich meine medizinische Ausbildung vorbereitet hatte. Dennoch war ich der Verzweiflung nahe und voller Selbstvorwürfe. Plötzlich war mir klar, dass ein Teil von mir diese Tragödie von Anfang an erwartet hatte. Eine Vorahnung hatte mich gewarnt, doch ich hatte diesem Gefühl nicht vertraut; ich hatte nicht hingehört.«[103]

So beginnt Judith Orloff ihr Buch *Jenseits der Angst*, in dem sie auf sehr persönliche Art beschreibt, wie sie als ausgebildete Ärztin und Psychotherapeutin wieder zurückfand zu ihrer Intuition, die ihr als Kind natürlicherweise nicht fremd war. Doch sie ist in der pragmatischen Sichtweise, die vielen Amerikanern eigen ist, aufgewachsen. Pragmatismus ist nichts Schlimmes. Da, wo er angebracht ist, hilft er, das Leben zu vereinfachen. Wenn man allerdings dadurch Fähigkeiten des Geistes, die oft »übersinnlich« genannt werden, ausschaltet, kommt es zu einer Verflachung der Persönlichkeit, der betreffende Mensch kann dann nicht in die Tiefe seines Inneren eintauchen. So berichtet Orloff weiter:

»Doch als ich an Christines Bett saß, hatte ich das Gefühl, als seien zwei grundverschiedene Aspekte meiner Person kollidiert. Ich konnte mein Gesicht sehen, als ich noch ein junges Mädchen war, wie es sich auf mein Gesicht von heute legte: zwei zusammen-hanglose Bilder, die übereinander lagen und im Begriff waren, sich zu verbinden. Vor was war ich so lange weggelaufen? Ich fühlte ein Flattern in meiner Brust, eine ruhige, kalte Spannung. Mein Inneres verhärtete sich, und ich hatte Angst, dass ich wie zerbrochenes Glas in Millionen von Scherben zerfallen würde, wenn ich mich bewegte. […]

Aus dieser Erfahrung heraus war mir klar geworden, dass ich einen Teil meines Selbst, den ich vor langer Zeit weggeschlossen hatte, ans Tageslicht holen musste – egal, wie viel Angst ich davor hatte.«[104]

Das ist leichter gesagt als getan: die Angst zu überwinden, die im Hintergrund lauert, wenn man sich auf den Weg macht, aus dem Dunkel des Unbewussten etwas Verlorengegangenes zurückzuholen oder etwas Neues kennen zu lernen und zu erleben. Die meisten Menschen ängstigen sich vor ihrem eigenen Inneren, als würde ihnen dort etwas Gefährliches begegnen, als greife von da heraus etwas Unheimliches nach ihnen. Viele scheuen sich aus diesem Grund, eine Psychotherapie aufzusuchen. Selbst dann, wenn sie eine benötigen, obwohl es sich mittlerweile herumgesprochen haben müsste, dass psychotherapeutische Gespräche sehr hilfreich sein können.

Angst ist deshalb schwer zu bewältigen, weil sie ursprünglich im Organismus als Signal einer drohenden Gefahr angelegt ist. Jedes Tier sichert sich zuerst ab, bevor es ein unbekanntes Gelände betritt.

Und das instinktive Grundwissen des Menschen reagiert ebenso. Erst muss eine fremde Lage sondiert, auf ihre Sicherheit hin überprüft werden, bevor man sich ihr aussetzt. Leider wird in der Gesellschaft, in der wir aufwachsen, der Seele und deren Regungen keine große Aufmerksamkeit geschenkt. In vielen »normalen« Familien spricht man nicht über das, was die einzelnen Familienmitglieder gefühlsmäßig betrifft oder was sie ängstigt. Wenn wir in unseren Therapien fragen: »Haben Sie mit Ihren Eltern als Kind über Ihre Gefühle gesprochen oder haben Ihre Eltern selbst ihre Gefühle geäußert?« wird diese Frage in den allermeisten Fällen erstaunt verneint. Gefühle werden in vielen Familien entweder gar nicht wahrgenommen oder sie werden nicht wertgeschätzt. Es kann sogar sein, dass sie als ungehörig oder als Schwäche, die zu bekämpfen ist, gesehen werden. Und dann spukt ja auch vielerorts noch die Auffassung herum, dass zwar Mädchen und Frauen etwas mit Gefühlen und Intuitionen zu tun haben dürfen, nicht jedoch Jungen und Männer. Die Seele ist aber geschlechtslos, wenngleich die Geschlechter verschieden sozialisiert werden.

Ebenso herrscht in unserer – so genannten aufgeklärten – Gesellschaft oftmals eine Ignoranz gegenüber Erscheinungen, die wir hier als Intuitionen bezeichnen, wie plötzliche Einfälle, Vorahnungen, kreative Ideen, ein »anderes« Wissen zu haben, Synchronizitäten zu erleben, über telepathische Fähigkeiten zu verfügen, unkörperliche Wesen aus einer anderen Welt wahrzunehmen usw. Sie werden manchmal milde lächelnd als bedeutungslose Spielerei oder grimmig ängstlich gar als Humbug bezeichnet.

Phänomene, die nicht rational zu begründen sind, die aus einer »anderen« Welt – nämlich aus dem Unbekannten, dem Unbewussten – kommen, werden oft abgelehnt, weil sie zunächst Angst auslösen. Vielleicht hat die Angst vor dem Unbewussten darüber hinaus auch damit zu tun, dass uns in der Kindheit beigebracht wurde, nach Möglichkeit immer gut, hilfreich und edel zu sein und nicht den Wünschen, Lüsten und Trieben zu folgen, die uns in das Reich des Bösen, Sündhaften locken wollen. Je strenger die Erziehung war, je nachhaltiger das Kind vor dem Teufel gewarnt wurde, desto stärker

erfüllt den erwachsenen Menschen die Furcht vor allem Unbekannten, gerade auch vor dem, was aus seinem eigenen Innern auftaucht.
Weil hierauf das Sündhafte projiziert wird. Hier zeigt sich wieder, wie
fatal es sich auswirken kann, wenn das natürliche Ganze auseinander gerissen, wenn eine Seite als die nur gute und die andere als die
nur schlechte bezeichnet wird.

Wenn wir uns für Intuitionen öffnen wollen, geht es um eine
erweiterte Sicht der eigenen Persönlichkeit, des Lebens als solchem
und seiner Vielfalt. Dabei dürfen wir nicht vergessen, dass das
Dunkle wesensmäßig zum Menschen dazu gehört. Es kann zwar verdrängt oder abgespalten werden, doch nur um den Preis gefährdeter
seelischer Gesundheit. Das Abgespaltene bleibt dennoch lebendig –
je konsequenter es verdrängt wird, desto energetisch aufgeladener
drängt es wieder ins Bewusstsein zurück. Dies führt zu neurotischen
Symptomen, zu schwer verstehbaren Ängsten und Fantasien oder gar
einem psychotischen Einbruch. Durch diese Dynamik verstärkt sich
die Angst vor der »anderen Seite« und blockiert die Möglichkeiten
der Intuition. Denn diese ist auf einen weitgehend freien inneren
Raum angewiesen, in den hinein sie sich entfalten und äußern kann.
Das bedeutet zugleich einen erheblichen Verlust an sinnvoller
kreativer und zukunftweisender Lebensbewältigung. Denn Intuitionen gehen immer über die gegenwärtige Situation und ihre oft
als bedrängend und beängstigend empfundenen Grenzen hinaus.
Genau da liegt das Problem: es braucht Mut und eine gewisse
Tapferkeit, bis an diese Grenzen zu gehen und dann den Sprung
darüber hinaus zu wagen. Die Intuition zeigt die Richtung an, auch
wenn sie sich nicht sofort klar formulieren lässt.

Dieses Thema behandelt auch das Märchen von Dornröschen.
Dort beginnt das Unheil damit, dass der König zum Tauffest der
lange ersehnten Tochter nur zwölf weise Frauen, die dem Kind ihre
Segenssprüche darbringen sollen, einlädt, obwohl es dreizehn
Glücksfeen in seinem Land gibt. Als Begründung gibt er an, nur
zwölf goldene Teller und zwölf goldene Bestecke zu haben. Er folgt
somit einem starren Denken – »weil … deshalb« – und nicht der
Intuition, die ihn über solch eine Festlegung mit Leichtigkeit hinweg

gehoben hätte. Die ausgeschlossene Fee wurde daraufhin böse, erschien voller Zorn auf dem Fest und wünschte dem kleinen Mädchen einen frühen Tod. Doch da die zwölfte Fee ihren Segen noch nicht gesprochen hatte, konnte sie den Todesfluch in einen 100-jährigen Schlaf umwandeln.

An diesem Beispiel ist deutlich zu erkennen, was passiert, wenn aus einem Ganzen, in diesem Fall den dreizehn weisen Frauen, eine Fee herausgerissen und ausgeschlossen wird. Das Weibliche, das von seiner Natur aus nicht nur mit dem Leben, sondern auch mit dem Tod verbunden ist, kann anders denken als das Männliche, das gewohnt ist, Eins und Eins zusammenzuzählen. Im weiblichen Wesen sind Leben und Tod nahe beieinander, denn allmonatlich stirbt in der gebärfähigen Frau das Ei, das nicht befruchtet wurde. Im männlichen Wesen nimmt dagegen die kontinuierliche, kausale Abfolge – erst … dann – einen großen Raum ein. Deshalb entspricht die Intuition eher dem weiblichen Wesen, weil sie stets aus dem Wissen um die Ganzheit kommt; das analytische, diskursive Denken beschäftigt dagegen eher den männlichen Geist.

Das Männliche und das Weibliche, wie immer wir es auch definieren mögen, sollte in lebendiger Verbindung bleiben. Das Ja zu dieser Verbindung ist ein wichtiger Schritt auf dem Weg des »Erlernens« der Intuition, bei dem der Mut von Nöten ist, der Intuition den ihr zukommenden Raum zu lassen oder erst überhaupt einzuräumen. Wir weisen hier noch einmal darauf hin, dass die Möglichkeit der Intuition dem Menschen angeboren ist, und von daher genauso wenig erlernt werden kann wie eine physiologische Reaktion, etwa der Blutkreislauf. Worum es geht ist, sie kennen zu lernen, anzunehmen, weil sie genauso zu unserer menschlichen Grundausstattung gehört wie das Denken, Sprechen, Musizieren und in diesem Sinne nicht erst erlernt werden muss. Was wir lernen können, ist der vertrauensvolle und zunehmend freie Umgang mit dieser wunderbaren Fähigkeit des menschlichen Bewusstseins. Hier eröffnen sich Bereiche, die sonst verschlossen bleiben, vergleichbar dem, der sich weigert, über wichtige Fragen seines Lebens nachzudenken, was übrigens gar nicht so selten ist. Die Folgen der Verweigerung, wichtige

Fragen zu durchdenken, sind offensichtlich; im Hinblick auf die Intuition können wir von einem ähnlichen Sachverhalt ausgehen.

Genau an dieser Stelle sollten wir vorsichtig und aufmerksam sein; wir dürfen hier nicht dasselbe tun, was der König im Märchen von Dornröschen getan hat, nämlich weiblich und männlich auseinander reißen. Denn damit schaffen wir erst das Unheil der Angst vor dem Unbekannten, dem Unbewussten. Wir weisen in diesem Buch immer wieder darauf hin, dass zu einem stabilen Ich, das uns innere Sicherheit vermittelt, alle vier Ich-Funktionen gehören. So ist es gerade dann wichtig, unsere Denkfähigkeit zu gebrauchen, wenn wir das Ängstigende überwinden wollen. Je mehr Informationen wir uns über das holen, was uns Furcht einflößt, desto mehr können wir es kennen lernen und so allmählich die Angst verlieren. Wenn wir z. B. eine Auslandsreise antreten, wissen wir zunächst wenig über die Sitten und Gebräuche des zu besuchenden Landes. Verfolgen wir jedoch aufmerksam und mit Interesse die Lebensgewohnheiten des fremden Volkes, werden wir bald unsere Unsicherheit überwinden. Sich gründlich informieren, Erfahrungen sammeln und Schritt für Schritt das noch unbekannte Gebiet abtasten, lässt die Angst vor dem Unbekannten schwinden. Auch Patientinnen und Patienten, die unter Angstattacken leiden, werden mit möglichst genauen und spezifischen Informationen über die Art und Weise, wie und aus welchen Gründen Angst entstehen und sich bemerkbar machen kann, »gefüttert«. Die Ratio einzusetzen ist äußerst wichtig, wenn wir lernen wollen, mit unseren – natürlichen und eingebildeten – Ängsten adäquat umzugehen.

Wissenswert ist auch die Tatsache, dass Angst und Aggression zusammengehören. Sie stellen gleichsam zwei Seiten einer Medaille dar. Denn ich habe deshalb Angst, weil ich mir etwas Schreckliches, Gewalttätiges vorstelle. Diese Vorstellung ist aggressiv. Wenn man genau hinschaut, bedeutet dies, dass man öfter als man denkt im Grunde Angst vor sich selbst hat, vor der eigenen, manchmal recht heftigen Aggression – allerdings ist diese in der Regel unbewusst. Zumindest wenn es sich um unangemessene Ängste handelt.

Dadurch, dass man sich die Dynamik der Angst in ihren verschiedenen Ausdrucksformen bewusst macht, kann man mit ihr besser umgehen. Sie zu vermeiden geht nicht. Es wird immer etwas auftreten, das uns zunächst ängstigt. Doch das kann man genauer anschauen, mit den rationalen Ich-Funktionen analysieren und bewerten, um eine realistische Sicht zu bekommen. So gerüstet, kann man der Angst beherzt entgegentreten. Doch wenn sie nicht auszuschalten ist, dann heißt es: mit der Angst gehen, sich einer Sache oder Situation stellen.

Sich der Angst auszusetzen, mit ihr umgehen zu lernen ist nicht nur bedeutungsvoll in Bezug auf das Intuitionserleben. Es ist darüber hinaus unabdingbar zur Befreiung der natürlichen Lebensenergie überhaupt. Das Wort »Angst« ist etymologisch mit dem Wort »eng« verwandt. Jeder kennt es: Angst kann die Empfindung einer zugeschnürten Kehle verursachen. Dann fällt das Atmen schwer und der Brustkorb fühlt sich ebenfalls wie eingeschnürt an. Lebensfreude ist so nicht möglich. Ist die Freude im Leben ausgeschlossen, bleiben auch die anderen als angenehm erlebten Gefühle auf der Strecke: der Frieden, die Liebe und das Glück.

Sie ergeben das Lebensgefühl der Geborgenheit und des Gehaltenseins und ermöglichen damit auch den Gang in die eigene Tiefe, was nicht möglich ist, wenn die Angst das Dasein beherrscht. Insofern fördert die Auseinandersetzung mit der Angst die Stabilisierung und Reifung der Persönlichkeit, die Individualität und die Autonomie. Und natürlich auch die Fähigkeit, Intuitionen wahrzunehmen und diese zur inneren Wertsteigerung einzusetzen.

Der erste Schritt, um Intuition zu lernen – diese Formulierung ist so eigentlich nicht richtig und genau, denn »Intuition« kann man nicht lernen, sie ist eine Gegebenheit, die wir weder herstellen noch schulen oder trainieren können; wir können nur unsere Wahrnehmung für sie öffnen –, besteht darin, sich der Ängste, die uns noch festhalten, bewusst zu werden und diese abzubauen, wenn sie unrealistisch sind, oder sie anzunehmen und mit ihnen zu gehen, wenn sie sich nicht ausschalten lassen. Intuitionen wahrzunehmen hat mit Mut zu tun. Nämlich den Mut aufzubringen, sich in etwas Unbekanntes, von dem wir nicht wissen, was es letztendlich beinhaltet und wohin es führt, einzulassen. Gegebenenfalls auch mit Angst. Die wir so aber im Laufe der Zeit und mit Hilfe von vielen entsprechenden Erfahrungen abbauen können. Also: keine Angst vor der Angst, sondern Mut, sich der Angst zu stellen, sie anzuschauen, mit den rationalen Funktionen zu analysieren und zu beurteilen und sie allmählich zu einer sicheren inneren Ratgeberin werden zu lassen.

■ Sich öffnen nach innen – Wege zur Förderung der Intuition

Erst nachdem wir uns unserer Ängste bewusst geworden sind, können wir es wagen, den Blick nach innen zu richten. Denn dort begegnet uns viel mehr Unbekanntes, als wir in der äußeren Welt aufspüren können. Das Bewusstsein, das den Menschen heute zur Verfügung steht, wird mit einem Eisberg verglichen, der nur mit einem Siebtel seiner Größe aus dem Wasser ragt und sichtbar ist, die restlichen sechs Siebtel befinden sich unsichtbar unter Wasser. Es ist heute relativ leicht, in ferne Länder zu reisen und fremde Kulturen kennen zu lernen, doch was in der Seele – nicht nur in der eigenen, sondern vor allem auch in der kollektiven – vor sich geht, bleibt geheimnisvoller, als wir es uns im Allgemeinen klar machen. Es sind die seelischen Abgründe, die Menschen veranlassen, die Welt zu erschüttern, z.B. durch Bombenattentate, die sie mit einer entsprechenden Ideologie rechtfertigen. »Was geht in den Terroristen vor, die sich zu Märtyrern machen und viele andere Menschen mit in den Tod reißen?« fragen sich diejenigen, die solchen Seelenregungen macht- und hilflos gegenüber stehen. »Wie lassen sich diese Leute zur Vernunft bringen?« drängt sich als nächste Frage auf. Und so können Fragen über Fragen gestellt werden, die alle darauf abzielen, diesen abgründigen Vorgängen auf die Spur zu kommen. Nur dann ließen sich die schrecklichen Taten verhindern – das ist zumindest die Hoffnung. Doch, das macht dieses Beispiel deutlich, wird das Böse in allen seinen vielen Erscheinungsformen wohl nie wirklich aus der Welt zu schaffen sein. Es kann jederzeit an jedem beliebigen Ort plötzlich, auch als Naturkatastrophe, hervorbrechen, ohne vorherige Warnung, ohne irgendein Anzeichen, dass es sich bereit macht, zu vernichten. Der Tsunami, der am 26. Dezember 2004 verheerende Schäden angerichtet und sehr viele Todesopfer gefordert hat, machte das deutlich. Es wird kein wirklich sicheres Vorhersagesystem für alle natürlichen zerstörerischen Kräfte geben.

So ist es auch mit der Seele des Einzelnen. Aus ihr kann ebenso unvermittelt ein Affekt hervorbrechen, der den Betreffenden erschreckt. »Dass ich derart ausrasten kann, hätte ich nie gedacht«, hören wir öfter in einer psychotherapeutischen Sitzung. Die archaischen Energien, die unter der – im Grunde äußerst dünnen – Zivilisationsschicht verborgen liegen, können jeden Menschen erfassen und über ihn hinwegrollen, wie der Tsunami über Sri Lanka. Der einzige Schutz, den wir haben, ist das Ich mit seinen vier Funktionen, dessen Aufgabe ja nicht nur die Orientierung in der Welt ist, sondern auch das Ausgleichen innerer Spannungen. Wir können es so sehen: In der Seele des Einzelnen spielt sich dasselbe ab wie im Inneren der Erde. Psyche und Materie, innen und außen, der Mikro- und der Makrokosmos bedingen einander.

Was aber heißt »Außen« und was bedeutet »Innen«? Sprechen Menschen diesbezüglich wirklich eine gemeinsame Sprache? Denn die meisten meinen ja, alles was in der Welt mit den fünf Sinnen erfasst werden kann – sehen, hören, tasten, riechen, schmecken –, stellt das Außen dar und alle Vorstellungen, Fantasien, Gedanken, Gefühle und Affekte bedingen das Innen. Hinduisten und Buddhisten allerdings denken nicht so. Für sie sind auch die Erscheinungen der Außenwelt, die uns so beständig und fest dünken, nur Schein, Täuschung, Illusion, der wir uns hingeben, weil es uns schwer fällt, mit der Einsicht zu leben, dass es nichts gibt, was bleibt, wenn wir gehen. Und auch bei uns im Westen hat sich in der Philosophie und Systemtheorie eine Sicht entwickelt, die besagt, das es nichts anderes gibt, als was wir selbst in unseren Köpfen konstruieren. Sie wird »Radikaler Konstruktivismus« genannt und entspricht der östlichen Anschauung ziemlich genau.

Wo kann also die Grenze gezogen werden zwischen »Außen« und

»Innen«? Gab es eine Welt, bevor der »homo sapiens« sie betrat? Oder haben wir sie erst dank unseres Bewusstseins und Intellekts geschaffen? Was auch immer damals im Außen dagewesen sein mag – die Begriffe, um diese Welt zu verstehen, hat nach und nach der Mensch geschaffen. Jede Bezeichnung ist, wenn sie gedacht oder ausgesprochen wird, mit einem bestimmten Gefühlszustand und verschiedenen, mit ihm einhergehenden Assoziationen verbunden, gleichgültig ob es sich um eine Landschaft, eine Pflanze, ein Tier, einen Menschen oder irgendeinen Gegenstand handelt. Selbst wenn wir die Assoziationen nicht bewusst wahrnehmen, stellen sie sich ein und zwar nach dem, was im Erinnerungsspeicher des Gehirns enthalten ist. Also kommt das Bild, das vor uns auftaucht, dem wir eine Bedeutung geben, aus unserem eigenen Inneren. Wir erkennen in der Außenwelt das am deutlichsten, was bereits in der Innenwelt gespeichert ist, und sehen deshalb das Äußere immer subjektiv gefärbt. Wir hatten schon in Kapitel 3 auf diesen Tatbestand hingewiesen, den Wolfgang Pauli mit einem »Zur-Deckung-Kommen von präexistenten inneren Bildern der menschlichen Psyche mit äußeren Objekten« bezeichnete. Daraus entwickelte sich das Orakelwesen, und das Erleben von Synchronizitäten ist nur deshalb möglich. Auch die Welt der Ideen des Plato oder die der Zahlen und der Geometrie des Pythagoras, die Formulierung der Relativitätstheorie durch Einstein und der Benzoltheorie durch Kekulé waren Ergebnisse des Inneren dieser Menschen, die sich durch eine Eingebung der Intuition zu verstehbaren Bildern formten.

Die Grenze zwischen Subjekt und Objekt ist nicht ohne weiteres und scharf zu ziehen. Schon gar nicht, wenn es sich um Intuitionen handelt. Denn die Intuition oder der intuitive Einfall erhält seine Bedeutung immer durch das Subjekt. Wenn *ich* weiß, welches Auto gleich aus der Kolonne ausscheren und sich vor *mich* schieben wird, geht es um *meine* Sicherheit. Wenn ein Arzt die richtige Diagnose stellt, bevor die Untersuchungsergebnisse vorliegen, hat dies etwas mit *seiner* Begabung als Arzt und *seiner* Erfahrung zu tun. Wenn jemand in seinem Leben etwas tut, für das er im Moment keine schlüssige Begründung abgeben kann, und es sich später herausstellt, dass dies genau das Glück Bringende war, weist die Intuition auf die Besonderheit *dieses Individuums* hin.

Die Intuition lässt sich nicht vom Subjekt trennen, und wenn jemand lernen möchte, seine Intuitionen besser wahrzunehmen und sich auf sie zu verlassen, darf er keine Scheu vor der Subjektivität haben, darf sich also nicht davor fürchten, in sein Inneres zu schauen und das zu betrachten, was sich darin abspielt. Das muss nicht immer gut und schön sein – das wäre eine Einseitigkeit und auf Dauer eine Täuschung – da kann es auch Erschreckendes zu sehen geben, was ganz normal, weil natürlich ist. In jeder menschlichen Seele befindet sich auch Teuflisches, selbst wenn der Betreffende es nicht weiß oder leugnet. Was richtig und gut, falsch und böse ist, wird kulturell festgelegt, und wie der Einzelne damit umgeht oder es auslegt, bleibt subjektivem Denken und Fühlen überlassen. Deshalb können uns manche Handlungen von Menschen, die einer uns fremden Kultur oder Religion angehören, so unverständlich und unerklärlich sein. Wenn wir allerdings damit rechnen, dass jede Handlung, auch die teuflischste, aus jeder Seele kommen kann, weil »zuunterst die Seele Welt ist«, wie Jung sagt, weil unter dem persönlich gefärbten ein ungefärbter kollektiver Teil bis weit und tief in die überkulturelle Vorzeit hineinreicht, dann wird sich eine mögliche Selbstgerechtigkeit nicht halten lassen.

Sigmund Freud baute seine Lehre der Psychoanalyse darauf auf, dass es ein Unbewusstes in der Seele gibt. »Wir sind nicht Herr im eigenen Haus«, sagte er, was Menschen, die das hörten, als Kränkung erlebten und erleben. Obwohl es sicher bisher keinem Menschen gelungen ist, nicht ein Mal oder öfter etwas zu vergessen oder sich zu versprechen. Freud bezeichnete dies als »Fehlleistungen«. Den Geburtstag eines Menschen, der einem eigentlich sehr wichtig ist, zu vergessen, oder die Konzertkarten so zu verlegen, dass sie nicht wiederzufinden sind, geschieht bestimmt nicht mit Absicht, und auch sich in Gegenwart von respektablen Personen auf beschämende Weise zu versprechen zeugt von einem inneren Mechanismus, der nicht bewusst wahrgenommen wird.

Manchmal sagt z. B. ein Mann »meine Mutter«, wenn er seine

Frau meint, oder eine Frau spricht von ihrem Sohn, wenn sie etwas von ihren Ehemann erzählt. Amüsant ist die Geschichte von der Rundfunksprecherin, die sich schon einige Male peinlich versprochen hatte. Eine freundliche Kollegin macht sie darauf aufmerksam: »Wenn du jetzt die Nussknackersuite von Tschaikowsky ankündigst, pass auf, dass du nicht wieder Nuss*kacker*suite sagst.« Die Angesprochene bedankt sich und verspricht, dieses Mal gut aufzupassen. Beim Sendetermin sagt sie dann: »Meine Damen und Herren, Sie hören jetzt die Nuss*knacker*suite von T*scheiß*kowsky.«

Ob diese Geschichte sich wirklich so abgespielt hat, ist nicht wichtig. Doch sie zeigt sehr gut, wie das Unbewusste uns regiert – mehr, als uns im Allgemeinen lieb ist. Es sind in der Regel unterdrückte Bedürfnisse und Wünsche, die uns zu solchen Peinlichkeiten veranlassen. Selbst bewusstes Aufpassen kann das Durchbrechen des Eigentlichen, das jemand sagen will, nicht verhindern. Vielleicht findet die Rundfunksprecherin, dass sie einen »Scheißjob« hat, vielleicht »stinkt« ihr so einiges an ihrem Arbeitsplatz, was sie sich aber nicht direkt zu sagen traut. So äußert es sich eben, auf versteckte Weise, ihr Unbewusstes.

So ist in Bezug auf das eigene Innere zweierlei zu beachten:

1. Ich muss mir bewusst machen, dass es ein rein objektives Äußeres nicht gibt. Das besagt schon die Heisenberg'sche Unschärferelation, nach der es kein vom Beobachter unabhängiges Objekt gibt und die betont, dass dieses durch den Einfluss des Beobachters verändert wird. Was nicht nur für den subatomaren Bereich, sondern auch für die menschliche Seele gilt. Denn Materie und Psyche gehören zusammen, sind nur zwei unterschiedliche Sicht- und Erlebensweisen. Es schwingen stets Projektionen meines eigenen Inneren mit, wenn ich etwas in der Außenwelt betrachte. Das lässt sich gar nicht vermeiden, weil ich die Welt nur mit meinen Augen sehen kann, und die sind eben individuell gefärbt.

2. Ebenso bedeutsam ist es zu erkennen, dass ich nicht »Herr im eigenen Hause« bin, dass unterdrückte Konflikte in das, was ich sage, oder wie ich handle, hineinspielen und mich verraten können.

Diese hier dargestellten Fakten sind auch für die Intuition grundlegend wichtig. Bei intuitiven Einfällen und Fantasien kann ich nicht davon ausgehen, dass sie sich auf ein rein objektives Äußeres beziehen, auch wenn wir dies gern so annehmen. Es handelt sich immer um eine Verbindung von äußeren Tatbeständen, die ich wahrgenommen habe, und Reaktionen aus der eigenen Psyche. Die Intuition jedoch trägt wesentlich zur Erweiterung meines Bildes von der Außenwelt bei. Das Geniale besteht darin, dass dies immer in einem sehr engen Bezug zu meiner Persönlichkeit geschieht. In diesem Sinne baut die Intuition mit der Möglichkeit der kreativen Ergänzung und Ausgestaltung eine Brücke zwischen mir und meiner Umwelt.

Natürlich spielen, wie schon mehrfach erwähnt, auch persönliche Konflikte und Komplexe in das intuitive Geschehen hinein, weswegen es häufig nicht so leicht ist zu entscheiden, was der intuitive Einfall bedeutet und wohin er mich führt. Damit begründen wir häufig unsere Angst, den intuitiven Eingebungen zu folgen. Wir bezeichnen sie eher abwertend und ängstlich als »nur so ein Gefühl«, damit wir uns nicht näher auf sie einlassen müssen. In dem hier angesprochenen Lernprozess geht es allerdings darum, sehr sorgfältig zu prüfen, inwieweit der intuitive Einfall sich in meine jetzt gegebene Lebenssituation, meist eine kleine Alltagsbegebenheit, einfügen lässt und mir damit eine neue Perspektive eröffnet.

Die Intuition bezieht sich eindeutig auf unsere Fähigkeit, immer wieder innezuhalten und unsere Aufmerksamkeit zu bündeln. Wir sind dann in der Lage, genau zu beobachten. Hier ergibt sich ein scheinbarer Widerspruch: Intuitionen haben immer etwas Plötzliches und Unerwartetes an sich, aber sind sie einmal da, so entfalten sie ihre volle Wirksamkeit nur dann, wenn wir sie gleichzeitig sorgfältig anschauen und über den Prozess der Beobachtung den Geist zur Ruhe bringen. Gerade Menschen, die manchmal von Intuitionen förmlich heimgesucht werden, also immer wieder neue Ideen und Vorstellungen entwickeln, sowohl was das eigene als auch das Leben anderer Menschen betrifft, bedürfen dieser Bündelung und dieser Beobachtung. Es ist eine Frage der Konzentration und der geistigen Disziplin. Das mag zunächst befremden, weil wir auf die spielerischen Seiten der Intuition immer wieder hingewiesen haben, doch auch diese »Spiele« bedürfen der Unterstützung und Einbettung in das Gesamte der psychischen und geistigen Fähigkeiten und Möglichkeiten. Insofern ist die Entfaltung der Intuition daran gebunden, Achtsamkeit zu entwickeln für das, was in uns und um uns im gegenwärtigen Moment geschieht.

Das bezieht sich allerdings nicht nur auf die Intuition, sondern auf sämtliche Ich-Funktionen. So ist es oft schwierig, das Denken abzuschalten, insbesondere nachts und wenn uns Probleme beschäftigen, für die wir noch keine Lösung gefunden haben. Es entsteht der Eindruck, dass sich »im Kopf alles dreht«, dass wir das Problem »hin und her wälzen«, ohne zu einem befriedigenden Ergebnis zu kommen. Das geschieht meistens leider erst am nächsten Morgen, dann fällt es leichter, die Denkfunktion wieder zu kontrollieren und sinnvoll in das übrige psychische Geschehen zu integrieren. Das gilt auch für Wahrnehmungen und Urteile. Manche Menschen nehmen einfach alles wahr – Autonummern, Anzahl der Bäume, an denen sie vorbeifahren, Kleidung der Leute, die ihnen begegnen usw. und sie werden von gefühlsmäßigen Wertungen förmlich überschwemmt, sofort ist ein Urteil da, es fällt ihnen schwer, die Dinge einfach zu nehmen wie sie sind, ohne sie sofort als gut und schlecht oder angenehm und unangenehm zu bewerten.

Das gilt genauso für die Intuition, wenn dies auch weniger bekannt ist. Hier kommt es wieder darauf an, das Denken von der Fülle der Einfälle und Fantasien, die mit der Intuition verbunden sind, zu unterscheiden. Es sind eben gerade keine Gedanken, die mir »einfallen«, sondern es ist die Intuition, die sich gewissermaßen aus dem Kontext der übrigen Ich-Funktionen herauslöst und ein freies Spiel der Kräfte entfaltet. Das erleben die Betreffenden oft als quälend, da sie nur mit Mühe bei einer Sache bleiben können, sie sofort von neuen und ergänzenden Einfällen bedrängt werden. Beim Reden kann es sein, dass sich die Sätze förmlich überstürzen, weil immer neue Einfälle zufließen. Ein Kollege berichtete, er müsse sich beim Schreiben eines Aufsatzes, der ihn sehr engagiert, der Kurzschrift, der

Stenografie bedienen, um einigermaßen mit dem Festhalten und Formulieren der Fülle von Ideen Schritt zu halten.

In gewisser Weise ist es schwieriger, die Fülle der Intuitionen zu bändigen und einzugrenzen, als bei den bisher beschriebenen Ich-Funktionen, weil uns diese vertrauter sind und wir mit ihnen mehr bewusste Erfahrung gemacht haben. Ein Psychotherapeut, der seit vielen Jahren im Rahmen der Konzepte der Analytischen Psychologie arbeitet und sich diesen Ideen sehr verbunden fühlt, sich auch selbst typologisch dem intuitiven Typ zurechnet, träumte Folgendes:

»Ich stand in meinem Garten vor den Johannisbeersträuchern und war erstaunt, wie schnell und groß sie gewachsen waren, viele Triebe waren länger als ich selbst. Anfänglich fühlte ich mich etwas hilflos, war mir aber bald darüber im Klaren, dass ich die Zweige hier zurückschneiden musste. In dem Moment erschien C. G. Jung mit seiner Gärtnerschürze und einem großen Strohhut und übernahm diese Aufgabe. Er schnitt die zu langen Triebe zurück, so dass die Büsche wieder eine normale Form annahmen und nicht mehr wie wild gewachsene Pflanzen im Garten standen. Ich war über diese Hilfe, die mir von Jung zuteil wurde, sehr froh und dankbar, was ich ihm auch sagte, und er lächelte mir freundlich zu.«

Der Traum drückt zum einen aus, mit welcher Dynamik die jeweiligen Funktionen in der Psyche aktiviert werden können und dann wie autonom wachsen und eine beherrschende Position einnehmen; zum anderen auch, dass es möglich ist, sie zu begrenzen und zu beschränken, zu beschneiden, wie man Pflanzen kürzt. Die Johannisbeerbüsche nahmen dann wieder die ihnen gemäße Form an, sie waren nicht mehr größer als der Gartenbesitzer und hinterließen bei ihm auch den Eindruck, diese Wachstumsenergie beherrschen zu können.

Wir können dem Traum allgemein entnehmen, dass den Ich-Funktionen auch eine relativ autonome Dynamik innewohnt, die das Bewusstseinsfeld zum Teil völlig besetzt. Das ist genau das, was jeder kennt, wenn er innerlich nicht zur Ruhe kommt, von seinen Einfällen, Gedanken Emotionen ausgesetzt ist und Mühe hat, sie so zu beherrschen, dass sie zur Bewältigung des Alltags sinnvoll eingesetzt werden können. Um dieser notwendigen Aufgabe effektiver gerecht zu werden, können wir die hilfreiche, Jahrtausende alte Tradition in Anspruch nehmen, dem Atem bewusst und aufmerksam zu folgen. Auf diese Weise kommt der Strom der störenden Gedanken allmählich zur Ruhe und wir können die Erkenntnismöglichkeiten der Intuition Schritt für Schritt besser wahrnehmen. Es ist immer wieder erstaunlich, mit welch einfachen »inneren Methoden« große Wirkungen erzielt werden. Aber, das sei noch einmal gesagt, die Intuition bedarf der Pflege und der sorgfältigen Beachtung, sonst verweht sie mit der Schnelligkeit, mit der sie oft auftaucht, im Wind und kann ihre kreativen Möglichkeiten nicht zur Verfügung stellen.

■ Intuition im kreativen Tun

»Wenn Intuition keinen entsprechenden Ausdruck in unserem Denken findet, so wird sie nie einen wirklichen Einfluss auf unser Leben haben, denn keine Kraft kann wirksam werden, es sei denn, sie ist gestaltet und zielgerichtet. [...] Jedoch diejenigen, die im Stande sind, ihre Gedanken und Emotionen zu harmonisieren und zu koordinieren, gewinnen das Beste von beiden: Sie genießen die Freiheit eines intuitiven Geistes, der von Begriffen und Vorurteilen ungehindert wirkt. Sie haben die schöpferische Freude und Genugtuung, aus den Elementen ihres intuitiven Erlebens eine allumfassende Weltanschauung aufzubauen und sie zu einer Lebensphilosophie zu entwickeln, die dauernd ihren Ausblick erweitert, bis sie ihre Vollendung im Zustand völliger Erleuchtung findet.«[105]

Besser als Lama Anagarika Govinda dies sagt, kann man nicht beschreiben, wie wichtig und zentral es ist, der Intuition Form und Ausdruck zu verleihen. Wie kann das geschehen? Nicht jeder ist ein Poet, eine Malerin oder ein Komponist. Dennoch gibt es im Leben für alle Menschen irgendetwas, das sich gestalten lässt. Schon beim

Tischdecken, beim Aufräumen der Wohnung kann man seiner Kreativität freien Lauf lassen. Wer einen Garten hat, wird auf ganz natürliche Weise gestalterisch tätig sein. Auch Köchinnen und Köche vertrauen auf ihren Einfallsreichtum, wenn sie mit Vergnügen und Hingabe ihre Speisen zubereiten. Büroarbeiten müssen ebenfalls nicht langweilig, sondern können kreativ variiert sein. Jeder Lebensbereich kann von Routine befreit und fantasievoll gestaltet werden.

Man braucht nur kleine Kinder zu beobachten, wie sie sich ganz konzentriert und aufmerksam einer Tätigkeit hingeben, diese fantasievoll gestalten. Meistens nennen wir ihr besonnenes Tun »Spiel«, dem wir oftmals keine große Bedeutung beimessen, es manchmal für unnütz halten. Doch ein richtiges Spiel ist eine sehr ernsthafte und wichtige Angelegenheit. Natürlich macht es auch Spaß, doch dieser Spaß ist nicht bedeutungslos. Er bringt Freude und Fröhlichkeit ins Leben, er lockert das Dasein auf, macht, dass wir es als leicht und angenehm – eben spielerisch – empfinden. Jedes Spiel ist schöpferisch, denn es belebt Fantasie, Kreativität und Intuition. Es gibt kein Spiel – und letztlich auch kein Leben – ohne Intuition. Das Leben selbst ist ein kreativer Prozess. Ohne Kreativität gibt es keine Kreationen, kein Leben. Das Schöpferische ist gestaltetes Leben, ist Form. »Zuunterst«, sagen die Physiker, »ist allein die Möglichkeit zur Form.« Das heißt, da ist eigentlich nichts, doch das Nichts birgt die Möglichkeit, dass etwas, dass alles entsteht. Die Antriebskraft ist die der Energie innewohnende Kreativität. Wir schaffen also – und wenn wir nur den Tisch zum Abendessen decken – jedes Mal eine neue Welt, indem wir unsere Fantasie und schöpferischen Kräfte betätigen. In jedem schöpferischen Tun steckt ein intuitiver Einfall, denn ich greife nicht von ungefähr nach diesen Servietten, nach jenen Gläsern, nehme Kerzen von einer bestimmten Farbe. Ohne lange nachzudenken, rein intuitiv gestalte ich ein besonderes Bild des Tisches, schaffe eine dem Abend und meiner Stimmung gemäße Atmosphäre. Das Wichtige daran ist: Jede schöpferische Tätigkeit, und sei sie scheinbar noch so gering, öffnet den Geist für die Intuition. Doch nicht nur die Gestaltung unserer persönlichen Welt braucht Fantasie und Kreativität, wenn wir uns in ihr wohl fühlen und Harmonie erleben wollen. Auch die Wissenschaft basiert auf der Freude am Spiel:

>»Die Wahrscheinlichkeitsrechnung wurde von zwei großen Männern erfunden: dem französischen Mathematiker und Philosophen Blaise Pascal und einem anderen Franzosen, der vielleicht der größte Mathematiker aller Zeiten war, Pierre de Fermat. Ein Spieler schrieb an Pascal und fragte ihn nach einem System für das Spielen. [...] Pascal gewann ein mathematisches Interesse daran und begann mit Fermat einen Briefwechsel darüber. Man kann nicht genau sagen, wer die Idee als erster hatte, aber im Hin und Her ihrer Korrespondenz entdeckten sie die Wahrscheinlichkeitsrechnung. So ist also die geschichtliche Wurzel der Wahrscheinlichkeit das Spielen. [...] Das legt den Gedanken nahe, dass die archetypische Wurzel dieses Kalküls der Archetyp des Spielens und des Spielers ist.«[106]

Über die Intuition, die mit den Ideen der beiden Mathematiker verbunden war, wurde also auch die Wahrscheinlichkeitsrechnung gefunden. Dies zeigt wieder deutlich, dass die Intuition vor dem Denken steht, dass wahrscheinlich nichts gedacht werden kann, wenn es nicht schon durch die Intuition inspiriert wurde. Man könnte neben den ersten Satz des Johannes-Evangeliums »Am Anfang war das Wort« die Idee »Am Anfang war die Intuition« stellen. Oder: »Das Wort am Anfang war Intuition.«

Das »Wort« zu Beginn der Schöpfung führt uns zur Sprache, die den Menschen befähigt, Bewusstsein zu entwickeln und sich als Mittler zwischen dem Materiellen und dem Geistigen zu verstehen. Die Sprache ist Ausdruck der wahrnehmenden Intelligenz, der Erkenntnis und des Abstraktionsvermögens. Sie bildet die Grundlage des Denkens und lässt dieses aber auch wieder zurück zu den Bildern fließen, um dadurch unser Innerstes, den Kern unseres unmittelbaren Verstehens, zu erreichen. Insofern ist sie unser höchstes Gut, sie greift so nachhaltig nach uns, dass wir gar nicht anders können, als sie schöpferisch zu gestalten. Und in der Tat ist es für die meisten

Menschen von zentraler Bedeutung, Sprache zu verdichten, indem sie Geschichten erzählen – wobei wir gleichzeitig die Mathematik mit einbeziehen, denn »erzählen« hat immer mit »zählen«, bzw. »aufzählen« zu tun. In den großen Erzählungen der Menschheit – der jüdischen Bibel, der griechischen Ilias, der isländischen Edda, dem indischen Mahabharata – finden wir in den dort geschilderten Schicksalen einzelner Menschen Teile unseres eigenen Schicksals. Dadurch können wir das persönliche Leben, in dem es vielleicht mehrere oder auch viele Frustrationen und Enttäuschungen gibt, einbetten in die große Gemeinschaft aller Menschen aller Zeiten und fühlen uns nicht mehr so allein oder benachteiligt mit dem, was das Schicksal uns zuweist. Ein Gefühl von Zugehörigkeit, Geborgenheit und Verbundenheit kann das Leben erträglicher machen. Aus den Geschichten, welche die Menschen schon immer bewegt haben, können wir auch Lösungsmöglichkeiten für viele Lebenssituationen ziehen. Vor allem in den Volksmärchen, die ja Kinder gerne hören, finden wir viele Anregungen, wie schwierige Verhältnisse zu meistern sind. Der kleine Junge, das kleine Mädchen sucht und findet in Märchen und Geschichten den Helden und die Heldin, mit dem und der es sich selbst identifizieren kann. Dann ist das eigene Dasein nicht mehr so bedrohlich, denn im Märchen gibt es eine – meistens gute – Lösung. Natürlich ist es die Intuition, über die das unbewusst suchende Kind die für seine Gegebenheiten richtige Erzählung findet. Dank seiner Intuition kann es die Geschichten, die es hört, schnell sortieren in diejenigen, die für sein Problem eine Hilfe darstellen, deshalb wichtig sind, und anderen, denen es weniger Bedeutung zumisst. Intuitiv begreift so das Kind sein Leben, weiß, wozu es auf der Welt ist, welche Kraft es leitet, welche Aufgabe ihm zufällt.

Eric Berne hat seine Skript-Theorie entwickelt, als ihm klar wurde, dass jeder Mensch nach einem »Drehbuch« lebt, das er in der frühen Kindheit für sich »geschrieben« hat (vgl. Kapitel 3).

Wer möchte, kann einmal schauen, wie sein persönliches Skriptmuster aussieht:

Am Anfang steht die Frage, an welche Ereignisse man sich erinnert, als man vier oder fünf Jahre alt war? Wie hat man sich damals in der Familie, in der man aufgewachsen ist, gefühlt? Man schreibt alles auf, was einem dazu einfällt.

Nun schreibt man eine kurze Inhaltsangabe des Märchens, an das man sich aus der Vorschulzeit erinnert. Es geht um das Märchen, das einen als vier- bis fünfjähriges Kind am meisten beeindruckt hat. Es ist wichtig, aus dem Gedächtnis aufzuschreiben, an was man sich noch erinnert. Das soll wirklich nur kurz sein, das Wesentliche in wenigen Sätzen zusammengefasst.

Dann soll ebenfalls eine kurze Inhaltsangabe des Lieblingsbuches (es kann auch ein Theaterstück oder ein Kinofilm sein), das in der Zeit der Pubertät, also zwischen cirka zwölf und achtzehn Jahren wichtig war, erstellt werden. Und als Drittes schreibt man noch eine kurze Zusammenfassung des Inhalts eines Buches (auch hier kann es wieder ein Theaterstück oder ein Film sein) auf, das in den vergangenen zwei Jahren von Bedeutung gewesen ist.

Anschließend schaut man, welche Gemeinsamkeiten diese drei Geschichten aufweisen. Manchmal findet man das Gemeinsame in allen drei Geschichten, manchmal ist es so, dass sich die erste Geschichte (aus der Vorschulzeit) und die dritte (aus den vergangenen zwei Jahren) ähneln, während die Pubertätsgeschichte eher das Gegenteil darstellt. Das liegt daran, dass in der Zeit der Pubertät vieles einem seelischen Umbruch unterworfen ist. Man kann auch in der mittleren Geschichte eine Lösungsmöglichkeit für eine eventuelle Problematik, die in den beiden anderen Geschichten deutlich wird, finden. Oft jedoch gibt es eine gemeinsame Grundlage in allen drei Geschichten.

Bei dieser Analyse des Lebensthemas ist die Intuition sehr hilfreich. Mit ihrer Hilfe findet man, ohne lange nachzudenken, die »richtige« Geschichte. Günstig ist auch eine Gruppe, in der man eine solche Skriptanalyse durchführt. Wenn man keine Gelegenheit dazu in einer Selbsterfahrungsgruppe hat, kann man auch eine Familien- oder Freundesgruppe in Anspruch nehmen. Denn intuitive Einfälle von mehreren Menschen erweisen sich als sehr wertvoll. Meistens fällt den anderen ja etwas auf, das man bei sich selbst nicht so gut sehen kann, weil man unmittelbar davon betroffen ist.

Das beste Ergebnis erzielt man, wenn man die Gemeinsamkeit, die man aus den drei Geschichten heraus gefunden hat, zu einer neuen kurzen Inhaltsangabe zusammenfasst und diese schließlich zu einem einzigen Satz verdichtet.

Wann und mit wem auch immer wir diese Art der Lebensdrehbuchanalyse durchgeführt haben – es war jedes Mal erstaunlich, beeindruckend und berührend, mit welcher Präzision das jeweilige Thema zum Ausdruck gelangte und wie viel unmittelbare Betroffenheit beim jeweiligen Menschen damit ausgelöst wurde. Eine solche Skriptanalyse ist also auf alle Fälle sinnvoll.

Das Überraschende dabei ist auch: Man kann sie mehrere Male, vielleicht über viele Jahre hinweg durchführen, man kann sich jeweils an andere Geschichten erinnern – denn die Erinnerung ist nicht statisch, sondern sie wandelt sich im Laufe der Zeit –, dennoch ist das Ergebnis, d. h. das zentrale Lebensthema immer wieder dasselbe. Denn dieses mag sich in verschiedene Gewänder kleiden, sein Kern bleibt jedoch erhalten.

Um die Intuition, mit deren Hilfe man sein Lebensdrehbuch gefunden hat, zu überprüfen, kann man sich nun das anschauen, was man sich zu Beginn über die Ereignisse der frühen Kindheit aufgeschrieben hat. Man wird entdecken, dass sie mit dem herausgearbeiteten Thema übereinstimmen, dass sie zusammenpassen wie die Rädchen eines Uhrwerks. Das liefert wiederum den Beweis für die Kraft und Stimmigkeit der Intuition, mit der ein Kind sich in seinem Leben einrichtet. Es ist nicht das absichtsvolle Denken, das ein Kind und später den Erwachsenen veranlasst, sich diesen oder jenen anderen Menschen anzuschließen, sich einer entsprechenden Tätigkeit zu widmen und sich schließlich bestimmten Geschichten zuzuwenden. Das alles geschieht einfach aus der Intuition heraus, absichtslos und unvermittelt, sozusagen in »kindlicher Unschuld«. Niemand kann dies im Grunde verhindern. Es geht wie von selbst. Die Intuition wirkt zur Entfaltung der individuellen Lebensgeschichte als Mittlerin oder Botin des Selbst. Insofern nimmt sie gleichsam die Stellung eines Engels ein, der jeden Menschen führt – ob dieser Mensch daran glaubt oder nicht. Man braucht gar nicht daran zu glauben, denn dass sich das Dasein nach bestimmten inneren Richtlinien entfaltet, ist an der Gestaltung des jeweiligen Lebensvollzugs in der Realität klar zu erkennen. Von daher ist es einsichtig, dass man Intuition nicht erlernen kann wie irgendeine handwerkliche oder geistige Tätigkeit, man braucht es gar nicht, denn sie ist sowieso immer schon da. Zumindest dann, wenn es sich um das Wesentliche – in der direkten Bedeutung dieses Wortes – der individuellen Existenz handelt. Doch man kann in sich die Bereitschaft fördern, die zahlreichen Intuitionen, die sich ereignen, mit offenen Augen und geweitetem Bewusstsein wahrzunehmen.

Manche Menschen beobachten, dass intuitive Einfälle bei ihnen auch von der Tageszeit abhängig sind. Die Disposition für Intuitionen ist z. B. oft höher, wenn das Bewusstsein noch nicht oder nicht mehr mit den vielen Anforderungen des Tages beschäftigt, sondern dem Nachtbewusstsein näher ist, also am frühen Morgen oder vor dem Schlafengehen. Eine Frau berichtete, die besten und häufigsten intuitiven Einfälle habe sie morgens im Bad.

Einige Menschen stellten auch fest, dass sie vor einem intuitiven Einfall einen Augenblick lang so etwas wie einen Black-out erleben. Dann sei für eine kurze Zeit »gar nichts da«, kein Gedanke, kein Gefühl, nur eine eigenartige Stille. Mit der Intuition, die sich dann einstellt, kommt jedoch alles wieder, vor allem die Gefühle, aber auch die Gedanken. Es ist wie vor einem Wirbelsturm: da kann vorher eine fast unheimliche Stille herrschen.

Es ist hilfreich, solche Beobachtungen bei sich selbst zu machen. Am besten ist, man schreibt in der ersten Zeit, wenn man lernt, sich für Intuitionen zu öffnen, alles auf, was sich im Umkreis der erlebten Intuition ereignet hat.

■ Die vier Stufen des schöpferischen Prozesses nach Poincaré

Darüber hinaus gibt es eine Technik, die man anwenden kann, um sich für die Intuition bereitzumachen. Sie wurde von dem Mathematiker Henri Poincaré entwickelt – wir erwähnten ihn schon – und kann von jedem Menschen angewendet werden, der die Lösung eines Problems oder einer Aufgabe sucht. Zunächst betrachten wir Poincarés eigenes Erlebnis, wie Marie-Louise von Franz es darstellt:

>>Henri Poincaré beschreibt, wie er wochenlang an einem Problem arbeitete, das sich mit den so genannten automorphen Funktionen befasste [...]. Er konnte die Lösung nicht finden und ging dann zum Militär. Eines Abends, als er sehr müde war, trank er Kaffee und konnte danach nicht schlafen, und plötzlich sah er, wie er selbst sagt, wie Ideen und mathematische Kombinationen atomgleich im Raum umherflogen, sich verbanden und wieder trennten und plötzlich eine richtige Art von Verbindung eingingen, und dann sah er die ganze Lösung. Blitzartig! Er stand auf, aber es kostete ihn über eine halbe Stunde, den Beweisgang zu entwickeln und aufzuschreiben. Der bewusste Geist brauchte eine halbe Stunde für ein Argument nach dem anderen: aus dem folgt das, und daraus folgt dies, bis er endlich den Beweis hatte, der ihn in der Welt der Mathematik berühmt machte – er sah ihn aber in einer blitzartigen Erleuchtung.<<[107]

Der schöpferische Prozess, den Poincaré durchlaufen hat, gliedert sich in vier Stufen:

1. Präparation (= Vorbereitung einer bestimmten Aufgabe).

In Bezug auf den schöpferischen Prozess bedeutet dies, dass man sich gedanklich eingehend mit der bestehenden Aufgabe oder dem zu lösenden Problem beschäftigt, es wieder und wieder von allen Seiten betrachtet, nach Lösungsmöglichkeiten abtastet und auch bewertet, ob es überhaupt wichtig genug ist, sich damit zu befassen. Nicht nur das: Man sollte darüber hinaus prüfen, ob es auch den gegebenen moralischen und ethischen Richtlinien, denen wir alle unterworfen sind, entspricht. Nur dann können wir der Intuition, welche die Lösung bringen soll, vertrauen, dass sie das Beste für uns will.

Nachdem man dies ausgiebig getan hat, lässt man die Fragestellung los und gibt sie in die *Inkubation*.

2. Inkubation (= in der Medizin wird so die Zeit zwischen der Ansteckung mit Erregern bis zum Ausbruch der Krankheit genannt; in der Biologie meint dieser Begriff das Ausbrüten von Vogeleiern; in der Antike bezeichnete man damit den Tempelschlaf, der zur Heilung führen sollte).

In Bezug auf den schöpferischen Prozess bedeutet dies, dass man die Fragestellung nun vollkommen ignoriert, überhaupt nicht mehr an sie denkt, etwas ganz anderes tut, sich von ihr ablenkt. Man kann zu Bett gehen und schlafen. Wenn es dazu nicht die richtige Tageszeit ist, geht man spazieren (ohne über das Problem nachzudenken!), trifft sich mit anderen, unterhält sich (nur nicht über die gestellte Frage!), auch ins Kino zu gehen ist eine gute Möglichkeit, oder man liest einen spannenden Krimi usw. Man tut also, nachdem man das Problem in die Inkubation gegeben hat, nichts mehr, was mit ihm zusammenhängt, sondern »vergisst« es, macht etwas ganz anderes.

Irgendwann dann kommt es zur *Illumination*.

3. Illumination (= nach der theologischen Lehre des Augustinus: Einstrahlung ewiger Wahrheiten in den erkennenden menschlichen Geist).

In Bezug auf den schöpferischen Prozess bedeutet dies die plötzliche »Erleuchtung«, die Intuition, die aufleuchtet wie ein Blitzstrahl. Man »sieht« die Antwort, die Lösung; man »weiß« sie. Dieses Geschehen wird in der Tat oft von dem Phänomen begleitet, dass im Kopf eine Helligkeit wahrgenommen werden kann, er fühlt sich auch frei und leicht an.

Die vierte Stufe schließlich ist dann die *Verifikation*.

4. Verifikation (= eigentlich »Bewahrheitung« einer Behauptung durch wahrnehmungsmäßige Überprüfung oder durch einen logischen Beweis).

In Bezug auf den schöpferischen Prozess bedeutet dies, dass nun ein sehr wichtiger Teil kommt, den man auf keinen Fall unterlassen darf, wenn man ernsthaft mit Intuitionen arbeiten will. Die intuitiv gefundene Antwort auf die Ausgangsfrage, die Lösung des Problems, muss unbedingt durch das kritische Denken und das urteilende Fühlen auf Wahrheit und Ethik überprüft werden. Erst danach und wenn man sicher ist, dass die Lösung so stimmt und moralisch einwandfrei ist, kann man von einer echten Intuition sprechen. Wenn nicht, wenn es Zweifel gibt bzw. wenn sich herausstellt, dass die Antwort auf die Ausgangsfrage eher einer schönen Fantasie gleicht, nicht so ganz ernst genommen werden kann oder eine »Lumperei« beinhaltet, war das Ganze vielleicht ein interessantes Spiel, aber kein echter schöpferischer Prozess, den es zu verwirklichen gilt. Zumindest nicht im Sinne Poincarés.

■ Und zu guter Letzt: die Liebe

Nichts fördert die Intuition mehr als die Liebe. Die Intuition und die Liebe sind Schwestern, die gern gemeinsam auftreten. Jeder, der schon einmal »bis über beide Ohren« verliebt war, weiß es: in dieser Zeit regnet es gleichsam intuitive Einfälle. Selbst wer noch nie einen Liebesbrief geschrieben hat, wird im Stadium der Liebe ein glühender Poet oder eine Poetin, und wer sonst völlig rational seinem Alltag nachgeht, hält plötzlich beim Vorüberfahren an einem Sonnenblumenfeld an, pflückt die schönste Blüte und legt sie der Geliebten in den Schoß. Es werden Herzen auf kleine Zettel gemalt und der/dem Geliebten heimlich zugesteckt, sinnige Postkarten verschickt, sehnsuchtsvolle Gedichte geschrieben und vieles andere mehr. Die Liebe öffnet also nicht nur die Herzen, sondern auch den Geist für die Intuition.

Es ist bekannt, dass die schönsten der dichterischen und musikalischen Werke aus der Liebe heraus entstanden. Oftmals auch aus unerwiderter oder heimlicher Liebe – weil die Angebetete z. B. schon mit einem anderen liiert war. Gerade die so genannte »unglückliche« Liebe scheint besondere intuitive Kräfte zu mobilisieren. Vielleicht sieht das aber nur so aus, weil die nicht erfüllte Liebe länger währt als jene, die Erfüllung findet.

Weshalb ist das so, dass im Stadium des Verliebtseins der schöpferische Prozess und damit die Intuition besonders stark angeregt werden? Wir meinen, da wirkt eine andere psychische Energie in den betreffenden Menschen, als sie im ganz gewöhnlichen Alltagsbewusstsein vorhanden ist. Das Verliebtsein ruft ein bestimmtes Erregungsniveau hervor. Das ist sowohl körperlich – mit stärkerem Herzklopfen bzw. dem »Schmetterlingsgefühl im Bauch« – als auch seelisch – mit höherer Wachheit und dem Gefühl von Freude – zu spüren. Die psychische Energie wird im Zustand der Liebe gleichsam »gebündelt«, denn die Aufmerksamkeit ist auf einen Punkt gerichtet, auf die/den Geliebte/n. Diese Art der Energie erlebt ein Mensch auch im schöpferischen Prozess, wenn er sich ganz auf die zu gestaltende Arbeit konzentriert. Der Glücksforscher Csikszentmihalyi nennt sie »flow«. Er meint damit das Glücksgefühl, das sich einstellt, wenn jemand ganz bei einer Sache ist, die ihm Freude bereitet.

In der indischen Mystik werden sieben verschiedene Arten der Liebe beschrieben, die auf verschiedene Energiestufen verteilt dargestellt werden. Die ersten sechs Stufen nehmen die Mutterliebe, die Kindesliebe, die Gattenliebe, die Freundesliebe, die Nächstenliebe und die Gottesliebe ein. Die siebte Stufe ist die höchste, sie wird der verbotenen Liebe zugeordnet. Wieso? Hier, so heißt es, ist der Mensch Gott am nächsten, hier braucht er die göttliche Güte, das göttliche Verständnis direkt und unmittelbar.

Dass im schöpferischen Prozess sowie im Stadium des Verliebtseins besonders häufig Intuitionen wahrgenommen werden bzw. in beidem die Intuition ganz selbstverständlich erscheint, den schöpferischen Prozess und das Lieben gleichsam ständig durchdringt, zeigt, dass es sich bei der Intuition um eine psychische Energie von fein schwingender Energie handelt. Auf die neue Hypothese C. G. Jungs, nach der die Psyche als unausgedehnte Intensität aufzufassen wäre und das Gehirn eine Umschaltstation sein könnte, in der die relativ unendliche Spannung oder Intensität der Psyche in wahrnehmbare Frequenzen oder Ausdehnungen gewandelt wird, haben wir schon hingewiesen. Mit dieser Hypothese hat Jung im Grunde auch das »Rätsel Intuition«, nämlich die Frage danach, wo sie herkommt, gelöst.

Da wir es gewohnt sind, in den Kategorien von Raum und Zeit zu denken, wozu auch die Kausalität gehört, werfen Phänomene wie

Intuition, Synchronizität, Präkognition, Telepathie, Channeling, das Auftreten von Engeln und das Orakelwesen viele Fragen auf und erscheinen uns rätselhaft. Wenn wir hingegen bereit sind, die vertrauten, jedoch einseitigen Denkschemata aufzugeben und die Phänomene, die wir ja selbst schon wahrgenommen und erlebt haben, frei von den Einengungen des rationalen Denkens zu betrachten, fallen auch die Beschränkungen von Zeit und Raum weg und wir verstehen intuitiv, dass wir frei sind, uns von der Energie, die sowohl der Liebe als auch der Intuition innewohnt, erfassen und erfüllen zu lassen.

Anhang

Anmerkungen

1 Stuttgarter Zeitung online. 17.5.2004. www.s-i-r.de/stz/page/detail.php/730141.
2 Lévy-Bruhl, Lucien: Die Seele der Primitiven. Wien: Braumüller, 1930, S. 13.
3 Jung, Carl Gustav: Erinnerungen, Träume, Gedanken. Hg. v. Jaffé, Aniela. Olten: Walter, 1987, S. 341.
4 Krishnamurti, Jiddu: Vollkommene Freiheit. Frankfurt/M.: Fischer, 2001, S. 11.
5 Wolf, Christa: Kassandra. Erzählung. Darmstadt: Luchterhand 1983, S. 121; 122.
6 Coelho, Paulo: Der Fünfte Berg. Zürich: Diogenes, 1998, S. 27 .
7 Seifert, Ang Lee / Seifert, Theodor / Schmidt, Paul: Der Energie der Seele folgen. Düsseldorf/Zürich: Walter 2003.
8 Meyers Großes Taschenlexikon. Bd. 10. Mannheim: B. I. Taschenbuchverlag 1995, S. 230.
9 Zimbardo, Philip G.: Psychologie. Heidelberg: Springer 1988, S. 371.
10 Damasio, Antonio R.: Descartes' Irrtum. München: List, 1994, S. 257.
11 Ernst, Heiko: Intuition. Können wir unserem Bauchgefühl vertrauen? In: Psychologie Heute. März 2003, S. 23.
12 Assmann, Jan: Die mosaische Unterscheidung. München: Hanser, 2003.
13 Ranke-Graves, Robert von: Griechische Mythologie. Reinbek: Rowohlt, 1984, S. 339.
14 Narby, Jeremy: Die kosmische Schlange. Stuttgart: Klett-Cotta, 2001, S. 149.
15 West, John Anthony: Die Schlange am Firmament. Frankfurt/M.: Zweitausendeins, 2000, S. 84.
16 Sheldrake, Rupert: Das Gedächtnis der Natur. München: Piper, 1993, S. 44.
17 International PcE Network: Eterna Management S. L. 2004: www.ipn.at.
18 Jung, Carl Gustav: GW 9/II. Olten: Walter, 1978, S. 12.
19 Ebd., S. 15.
20 Ebd., S. 527.
21 Adam, Klaus-Uwe: Therapeutisches Arbeiten mit dem Ich. Düsseldorf/Zürich: Walter, Patmos, 2003.
22 Ebd., S. 51.
23 Ebd., S. 54.
24 Ebd., S. 58.
25 Ebd., S. 68.
26 Ebd., S. 69.
27 Ebd., S. 93.
28 Berne, Eric: Transaktionsanalyse der Intuition. Paderborn: Junfermann, 1991, S. 62.
29 Pauli, Wolfgang: Naturerklärung und Psyche. Zürich: Rascher, 1952, S. 111.
30 Ebd., S. 111.
31 Ebd., S. 112.
32 Fischer, Ernst Peter: An den Grenzen des Denkens. Freiburg: Herder, 2000, S. 115.
33 Pauli: Naturerklärung und Psyche, S. 112.

34 Lissner, Ivar / Rauchwetter, Gerhard: Der Mensch und seine Gottesbilder. Olten: Walter, 1982, S. 225.

35 Popper, Karl R. / Eccles, John, C.: Das Ich und sein Gehirn. München: Piper, 1982, S. 216.

36 Klösch, Gerhard / Kraft, Ulrich: Der Stoff, aus dem die Träume sind. In: Gehirn und Geist. 2/2004, S. 60.

37 Ebd., S. 60.

38 Jung, Carl Gustav: GW 4. Olten: Walter, 1978, S. 269.

39 Franz, Marie-Louise von: Träume. Zürich: Daimon, 1985, S. 46.

40 Ebd., S. 48.

41 Ebd., S. 48; 49.

42 Clarus, Ingeborg: Du stirbst, damit du lebst. Fellbach: Bonz, 1979, S. 76.

43 Gerken, Gerd: Die Mystik der Evolution. In: Mind-Management. 2/2002, S. 20.

44 Seifert, Theodor / Seifert, Angela: So ein Zufall! Freiburg: Herder, 2001.

45 Franz, Marie-Louise von: Psychotherapie. Einsiedeln: Daimon, 1990, S. 155.

46 Hüther, Gerald: Die Macht der inneren Bilder. Göttingen: Vandenhoeck & Ruprecht, 2005, S. 108.

47 Ebd., S. 110 f.

48 Franz, Marie-Louise von: Wissen aus der Tiefe. München: Kösel, 1987.

49 Greene, Brian: Das elegante Universum. Berlin: BvT, 2005, S. 22.

50 I Ging. Das Buch der Wandlungen. Köln: Diederichs, 1986.

51 Wilhelm, Hellmut: Sinn des I Ging. München: Diederichs, 1988, S. 12 f.

52 Franz: Wissen aus der Tiefe, S. 8.

53 Karcher, Stephen: Divination. Die Kunst der Weissagung. Wettswil: Edition Astrodata, 1997.

54 Riemann, Claus: Der tiefe Brunnen. München: Goldmann, 2003.

55 Roberts, Jane: Gespräche mit Seth. Genf: Ariston, 1972.

56 Klimo, Jon: Channeling. Freiburg: Bauer, 1988, S. 302 f.

57 Fox, Matthew / Sheldrake, Rupert: Engel. Die kosmische Intelligenz. Augsburg: Weltbild, 1996, S. 40 f.

58 Ebd., S. 42.

59 Ebd., S. 19.

60 Franz, Marie-Louise von: Traum und Tod. München: Kösel, 1984, S. 188.

61 Ebd., S. 189.

62 Grof, Stanislav: Der Werdegang der Transpersonalen Psychologie. In: Transpersonale Psychologie und Psychotherapie. 1/2005, S. 10.

63 Franz: Träume, S. 19/20.

64 Angel, Hans-Ferdinand / Krauss, Andreas: Der interdisziplinäre Gott. In: Gehirn und Geist. 4/2004, S. 71/72.

65 Adam: Therapeutisches Arbeiten mit dem Ich, S. 91.

66 Jung, Carl Gustav: GW 7. Olten: Walter, 1978, S. 266.

67 Müller, Lutz / Müller, Anette (Hg.): Wörterbuch der Analytischen Psychologie. Düsseldorf/Zürich: Walter, 2003.

68 Jung, Carl Gustav: GW 7. Olten: Walter, 1978, S. 114–116.

69 Ebd., S. 116.

70 Johannes vom Kreuz: Aufstieg auf den Berg Karmel. Freiburg: Herder, 1999, S. 104.

71 Ebd., S. 103.

72 Weil, Andrew: Drogen und höheres Bewusstsein. Aarau: AT, 2000, S. 28 f.

73 Hofmann, Albert: Erinnerungen eines Psychonauten. Audio-CD. Köln: supposé, 2003.

74 Seifert, Ang Lee / Seifert, Theodor (Hg.): Sinn erleben. Berlin: Pro Business, 2004, S. 28.

75 Teresa von Avila: Gotteserfahrung und Weg in die Welt. Hg. v. Ulrich Dobhan, Olten: Walter, 1979, S. 37.

76 Ebd., S. 19 f.

77 Ebd., S. 40.

78 Ebd., S. 53.

79 Ebd., S. 58.

80 Ebd., S. 59.

81 Ebd.

82 Ebd.

83 Ebd.

84 Ebd., S. 121.

85 Ebd., S. 104.

86 Johannes vom Kreuz: Aufstieg auf den Berg Karmel. Hg. v. Ulrich Dobhan, Freiburg/Br.: Herder, 1999, S. 139.

87 Ders.: Die dunkle Nacht. Freiburg/Br.: 1995, S. 65.

88 Ebd., S. 66.

89 Ders.: Aufstieg auf den Berg Karmel, S. 142.

90 Ders.: Die dunkle Nacht, S. 153.

91 Ders.: Aufstieg auf den Berg Karmel, S. 155.

92 Ebd., S. 117.

93 Ebd., S. 41 f.

94 Bauer, Joachim: Warum ich fühle, was du fühlst. Hamburg: Hoffmann und Campe, 2005, S. 17.

95 Kast, Bas: Die Liebe und wie sich Leidenschaft erklärt. Frankfurt/M.: Fischer, 2004, S. 83.

96 Varela, Francisco J.: Ethisches Können. Frankfurt/M.: Campus, 1994, S. 35 f.

97 Penrose, Roger: Das Große, das Kleine und der menschliche Geist. Berlin: Spektrum Akademischer Vlg., 1998, S. 43 f.

98 Franz, Marie-Louise von: Psyche und Materie. Einsiedeln: Daimon, 1988, S. 93 f.

99 Ebd., S. 179.

100 Freud, Sigmund: Ges. Werke. Bd. VIII. Frankfurt/M.: S. Fischer, 1964, S. 377.

101 Linke, Detlef: Das Gehirn. München: Beck, 1999, S. 84 ff.

102 Ebd., S. 25 f.

103 Orloff, Judith: Jenseits der Angst. Ullstein, 2004, S. 14.

104 Ebd., S. 21/22.

105 Lama Anagarika Govinda: Schöpferische Meditation und multidimensionales Bewusstsein. Freiburg/Br.: Aurum, 1988, S. 49,

106 Franz: Wissen aus der Tiefe, S. 44.

107 Ebd., S. 124.

Literatur

Adam, Klaus-Uwe: Therapeutisches Arbeiten mit dem Ich. Düsseldorf/Zürich: Walter, Patmos, 2003.

Angel, Hans-Ferdinand / Krauss, Andreas: Der interdisziplinäre Gott. In: Geist und Gehirn. 4/2004, S. 71/72.

Assmann, Jan: Die mosaische Unterscheidung. München: Hanser, 2003.

Bauer, Joachim: Warum ich fühle, was du fühlst. Hamburg: Hoffmann und Campe, 2005.

Berne, Eric: Transaktionsanalyse der Intuition. Paderborn: Junfermann, 1991.

Clarus, Ingeborg: Du stirbst, damit du lebst. Fellbach: Bonz, 1979.

Coelho, Paulo: Der Fünfte Berg. Zürich: Diogenes, 1998.

Damasio, Antonio R.: Descartes' Irrtum. München: List, 1994.

Ernst, Heiko: Intuition. Können wir unserem Bauchgefühl vertrauen? In: Psychologie Heute. März 2003, S. 23.

Fischer, Ernst Peter: An den Grenzen des Denkens. Freiburg: Herder, 2000.

Fox, Matthew / Sheldrake, Rupert: Engel. Die kosmische Intelligenz. Augsburg: Weltbild, 1996.

Franz, Marie-Louise von: Psyche und Materie. Einsiedeln: Daimon, 1988.

Franz, Marie-Louise von: Psychotherapie. Einsiedeln: Daimon, 1990.

Franz, Marie-Louise von: Traum und Tod. München: Kösel, 1984.

Franz, Marie-Louise von: Träume. Zürich: Daimon, 1985.

Franz, Marie-Louise von: Wissen aus der Tiefe. München: Kösel, 1987.

Freud, Sigmund: Ges. Werke. Bd. VIII. Frankfurt/M.: S. Fischer, 1964.

Gerken, Gerd: Die Mystik der Evolution. In: Mind-Management. 2/2002, S. 20.

Govinda, Lama Anagarika: Schöpferische Meditation und multidimensionales Bewusstsein. Freiburg/Br.: Aurum, 1988.

Greene, Brian: Das elegante Universum. Berlin: BvT, 2005.

Grof, Stanislav: Der Werdegang der Transpersonalen Psychologie. In: Transpersonale Psychologie und Psychotherapie. 1/2005, S. 5.

Hofmann, Albert: Erinnerungen eines Psychonauten. Audio-CD. Köln: supposé, 2003.

Hüther, Gerald: Die Macht der inneren Bilder. Göttingen: Vandenhoeck & Ruprecht, 2005.

I Ging. Das Buch der Wandlungen. Köln: Diederichs, 1986.

International PcE Network: Eterna Management S. L. 2004: www.ipn.at.

Johannes vom Kreuz: Aufstieg auf den Berg Karmel. Hg. v. Ulrich Dobhan, Freiburg/Br.: Herder, 1999.

Johannes vom Kreuz: Die dunkle Nacht. Freiburg/Br.: 1995.

Jung, Carl Gustav: Erinnerungen, Träume, Gedanken. Hg. v. Jaffé, Aniela. Olten: Walter, 1987.

Jung, Carl Gustav: Gesammelte Werke. Bd. 4. Olten: Walter, 1978.

Jung, Carl Gustav: Gesammelte Werke. Bd. 7. Olten: Walter, 1978.

Jung, Carl Gustav: Gesammelte Werke. Bd. 9/II. Olten: Walter, 1978.

Karcher, Stephen: Divination. Die Kunst der Weissagung. Wettswil: Edition Astrodata, 1997.

Kast, Bas: Die Liebe und wie sich Leidenschaft erklärt. Frankfurt/M.: Fischer, 2004.

Klimo, Jon: Channeling. Freiburg: Bauer, 1988.

Klösch, Gerhard / Kraft, Ulrich: Der Stoff, aus dem die Träume sind. In: Gehirn und Geist. 2/2004, S. 60.

Krishnamurti, Jiddu: Vollkommene Freiheit. Frankfurt/M.: Fischer, 2001.

Lévy-Bruhl, Lucien: Die Seele der Primitiven. Wien: Braumüller, 1930.

Linke, Detlef: Das Gehirn. München: Beck, 1999.

Lissner, Ivar / Rauchwetter, Gerhard: Der Mensch und seine Gottesbilder. Olten: Walter, 1982.

Meyers Großes Taschenlexikon. Bd. 10. Mannheim: B. I. Taschenbuchverlag 1995.

Müller, Lutz / Müller, Anette (Hg.): Wörterbuch der Analytischen Psychologie. Düsseldorf/Zürich: Walter, 2003.

Narby, Jeremy: Die kosmische Schlange. Stuttgart: Klett-Cotta, 2001.

Orloff, Judith: Jenseits der Angst. Ullstein, 2004.

Pauli, Wolfgang: Naturerklärung und Psyche. Zürich: Rascher, 1952.

Penrose, Roger: Das Große, das Kleine und der menschliche Geist. Berlin: Spektrum Akademischer Vlg., 1998.

Popper, Karl R. / Eccles, John, C.: Das Ich und sein Gehirn. München: Piper, 1982.

Ranke-Graves, Robert von: Griechische Mythologie. Reinbek: Rowohlt, 1984.

Riemann, Claus: Der tiefe Brunnen. München: Goldmann, 2003.

Roberts, Jane: Gespräche mit Seth. Genf: Ariston, 1972.

Seifert, Ang Lee / Seifert, Theodor (Hg.): Sinn erleben. Berlin: Pro Business, 2004.

Seifert, Ang Lee / Seifert, Theodor / Schmidt, Paul: Der Energie der Seele folgen. Düsseldorf/Zürich: Walter 2003.

Seifert, Theodor / Seifert, Angela: So ein Zufall! Freiburg, Herder, 2001.

Sheldrake, Rupert: Das Gedächtnis der Natur. München: Piper, 1993.

Stuttgarter Zeitung online. 17.5.2004. www.s-i-r.de/stz/page/detail.php/730141.

Teresa von Avila: Gotteserfahrung und Weg in die Welt. Hg. v. Ulrich Dobhan, Olten: Walter, 1979.

Varela, Francisco J.: Ethisches Können. Frankfurt/M.: Campus, 1994.

Weil, Andrew: Drogen und höheres Bewusstsein. Aarau: AT, 2000.

West, John Anthony: Die Schlange am Firmament. Frankfurt/M.: Zweitausendeins, 2000.

Wilhelm, Hellmut: Sinn des I Ging. München: Diederichs, 1988.

Wolf, Christa: Kassandra. Erzählung. Darmstadt: Luchterhand 1983.

Zimbardo, Philip G.: Psychologie. Heidelberg: Springer 1988.

Zitatnachweise

27 © Christa Wolf, Kassandra. Erzählung und Voraussetzungen einer Erzählung: Kassandra, erschienen im Luchterhand Literaturverlag, München, einem Unternehmen der Verlagsgruppe Random House GmbH.

33 Aus: Paulo Coelho, Der Fünfte Berg. Aus dem Brasilianischen von Maralde Meyer-Minnemann. Copyright © 1998 Diogenes Verlag AG Zürich.

Ingrid Riedel
**Die Welt
von innen sehen**
Gelebte Spiritualität

220 Seiten. Gebunden
mit Schutzumschlag
ISBN 3-530-42198-7

»Die Welt von innen sehen« – das heißt, auf ganzheitliche
Weise in der Welt zu sein, sich nach innen und außen zu
öffnen. In Träumen, Fantasien und auch Gestaltungen der
Kunst und Literatur bringt das Unbewusste Gegenbilder
hervor, die auf die Notstände einer Zeit hinweisen und wie
im Fall von Harry Potter der Entzauberung unserer Welt
etwas entgegensetzen. Was es bedeutet, diese Signale aus den
Tiefen unserer Seele wahrzunehmen und mit den Anforderungen der Außenwelt in Einklang zu bringen, illustriert
dieses Buch. Vor dem Hintergrund ihrer jahrzehntelangen
Erfahrung zeigt die renommierte Jungianerin Ingrid Riedel,
wie gelebte Spiritualiät neue Perspektiven eröffnet, an der
Veränderung einer entseelten Welt mitzuwirken.

Hans Morschitzky
**Die Angst zu versagen
und wie man sie besiegt**

230 Seiten
Englische Broschur
ISBN 3-530-40183-8

Erfolgszwang, Leistungsdruck, Perfektionismus – dies sind
Symptome unserer Zeit. Was kann uns dabei unterstützen, die
Angst vor Scheitern und Misserfolg zu verringern? Wie können
wir besser mit den Erwartungen anderer umgehen? Und was
hilft uns, die eigenen Ansprüche an uns selbst zurückzuschrau-
ben? In diesem Ratgeber zeigt der erfahrene Psychotherapeut
Hans Morschitzky die Hintergründe der häufigsten Ver-
sagensängste auf und ermutigt uns dazu, unsere Stärken und
Fähigkeiten, aber auch unsere Fehler und Schwächen besser
wahrzunehmen und zu akzeptieren. In einem 20-Schritte-
Programm gibt er konkrete Hilfestellungen, wie Betroffene
ihre Ängste überwinden und zu einem bewussteren und liebe-
volleren Umgang mit sich selbst finden können.